와이코프 패턴

전설적인 트레이딩 교과서

와이코프 패턴

데이비드 와이스 David H. Weis
지음

TRADES
ABOUT
TO HAPPEN

: A Modern Adaptation
of the Wyckoff Method

김태훈
옮김

이레미디어

이 책을 나의 아내인 카렌(Karen)
그리고 부모님에 대한 기억에 바칩니다.

신은 미래의 일을 인식하고,
평범한 사람은 현재의 일을 인식하지만,
현명한 사람은 곧 일어날 일을 인식한다.

— 필로스트라토스(Philostratus),
《티아나의 아폴로니우스의 삶(Life of Apollonius of Tyana)》

차례

서문

"호수에서 낚시를 할 때는 그냥 가운데로 노를 저어 가 낚싯줄을 던지지 않아요. 고기들이 사는 가장자리나 물에 잠긴 나무 근처로 가죠. 마찬가지로 어떤 종목에 진입할 때는 매수세와 매도세가 모두 기운이 빠져서 작은 압력으로도 추세가 반전되는 밀집 구간의 경계에서 진입해야 합니다."

나는 우리의 트레이더 캠프(Traders' Camp)에서 데이비드가 남부 억양으로 이런 말을 하는 것을 자주 들었다. 이제 기쁘게도 그의 말을 책으로 접할 수 있게 되었다. 덕분에 트레이더 캠프에서 일주일 동안 데이비드와 같이 주식투자를 공부할 수 없는 사람도 이제 그의 가르침을 받을 수 있게 되었다.

데이비드는 트레이딩룸에서 며칠씩 혼자 지낼 정도로 조용한 사람이지만, 그가 수많은 진지한 트레이더를 탄생시키는 데 막중한 역할을 했다는 점에 대해서는 모두가 동의할 것이다. 나는 친구들과 시황에 대한 이야기를 할 때 "데이비드라면 여기에 선을 그었을 거야"라는 말을 자주 듣는다. 수백 명의 제자가 그의 차트 분석법을 받아들였다.

데이비드는 리처드 와이코프(Richard Wyckoff)가 거의 1세기 전에 쓴 고전적인 투자서들을 토대로 시장 분석에 대한 현대적인 초대형 구조물을 건설했다. 거래량의 등락을 수반하는 가격 바(bar)의 높이 변화는 데이비드가 시장 분석 이론을 구축하는 기본적이고도 근본적인 요소다. 그는 이 패턴을 활용하여 대중의 행태를 읽어낸 다음 주문을 넣는다.

모든 거래는 가격과 거래량 차트에 지울 수 없는 흔적을 남긴다. 데이비드는 거기에 주목한다. 이 차트들은 그에게 말을 건다. 그는 이 책을 통해 그 말을 알아듣는 방법을 가르치고 있다.

가격/거래량의 행태에 초점을 맞추는 데이비드의 방식은 내가 다녔던 의과대학의 교수를 연상시킨다. 그녀는 숫기가 없고 귀가 잘 들리지 않았으며, 회진을 다닐 때 대개 뒤에 서 있었다. 그래도 그녀는 환자의 신체언어를 매우 잘 관찰하고 파악했다. 다른 교수들은 진단에 이견이 있을 때 그녀에게 의견을 물었다. 상당한 경험을 갖추고 숨은 의도 없이 주의 깊게 관찰하는 사람은 다른 사람보다 깊이 볼 수 있다.

이 책을 꼼꼼히 읽으면 거짓 돌파(false breakout)의 중요성에 눈뜨게 될 것이다. 데이비드는 이를 스프링(spring, 하방일 때)과 상방 돌출(upthrust, 상방일 때)이라고 부른다. 그는 이렇게 약속한다. "스프링과 상방 돌출의 행태에 익숙해지면 모든 기간에 걸쳐 통하는 매매 신호에 눈뜨게 될 것이다. 스프링은 데이 트레이더들이 활용할 수 있는 단기적 움직임에 동력을 제공하거나 장기적 투자 소득을 위한 촉매가 될 수 있다."

나는 매매 사례를 설명하는 데이비드의 강의를 오랫동안 들었고, 거짓 돌파는 내가 매매에 활용하는 핵심 패턴 중 하나가 되었다. 이제 여러분도 데이비드가 제시하는 여러 차트를 통해 그의 가르침을 받을 수 있다. 그는 가격 바를 하나씩 짚어가며 그 메시지를 읽고 추세 반전을 예상하는 방법을 가르쳐줄 것이다.

흡수(absorption)를 다룬 부분은 현 추세의 강도를 측정하는 방법을 가르쳐줄 것이다. 데이비드의 표현에 따르면 추세가 '트로이 평원을 가로질러 발맞춰 행진하는 그리스 창병 부대처럼' 전진하는가? 아니면 상승세가 증가하는 매도 물량에 흡수되어 반전으로 이어지는가? 데이비드가 제시하는 차트들을 살펴보면 가격 및 거래량 패턴이 은밀한 약점 또는 강점을 드러내는 양상을 알 수 있게 될 것이다.

이 책은 서둘러 읽으면 안 된다. 최대한 많은 것을 얻어내려면 이 책에 담긴 수많은 메시지가 머릿속에 자리 잡도록 해야 한다. 데이비드가 제시한 개념을 현재 차트에 적용해보라. 그 개념들이 구체적인 의미를 드러내는 모습을 지켜보라. 그다음에 다시 진도를 나가라. 이 책은 대충 훑어보아서는 안 된다. 데이비드는 몇 년을 들여 이 책을 썼다. 이 책에 더 많은 주의를 기울일수록 더 큰 혜택을 얻게 될 것이다. 행복한 독서와 투자가 되기를 바란다.

알렉산더 엘더 박사

2013년 뉴욕시에서

www.elder.com

감사의 글

나는 오랜 친구로서 특별한 트레이딩 캠프에 참여하도록 해준 알렉산더 엘더 박사에서 큰 빚을 졌다. 그는 이 책을 집필할 수 있는 힘과 지원과 유익한 조언을 기꺼이 제공해주었으며, 이 책을 와일리(Wiley)에서 출판할 수 있도록 다리를 놓아주었다. 알프레드 태거(Alfred Tagher)와 밥 풀크스(Bob Fulks)에게도 감사드린다. 두 사람은 내가 개발한 차트 분석 도구를 제작하는 데 반드시 필요한 역할을 해주었다. 와이코프 투자법을 가르치는 데 있어 다양한 접근법을 확립하도록 도와준 많은 수강생에게도 감사드린다. 그들의 성공은 교사로서 내게 가장 큰 보상이 될 것이다.

들어가는 글

리처드 와이코프(Richard Wyckoff)는 1888년에 월가에 들어왔다. 40년에 걸친 그의 자세한 투자 경력은 자서전인 《월가에서의 투자와 모험(Wall Street Ventures and Adventures)》(1930)에 기록되어 있다. 그가 관찰한 큰손들의 이야기와 주가 조작 비화는 흥미롭다. 또한 트레이딩에 필요한 '훈련된 판단력'을 개발하기 위한 그의 노력은 강력하고 인상적인 이야기를 제공한다. 그는 1905년에 자신이 처한 답보 상태에 대해 이렇게 썼다.

"소년 시절부터 지금까지 사환, 거래소 청산회사의 비상임 파트너 및 경영 파트너로 17년 가까운 세월을 월가에서 보냈다. 그동안 많은 것을 보고, 공부하고, 관찰했지만 아직도 고객을 위해 또는 나 자신을 위해 주식시장에서 돈을 버는 확실한 계획이나 방법론을 갖지 못했다.[1]"

---

1.   Richard D. Wyckoff, *Wall Street Ventures and Adventures*(Greenwood Press, 1968), 134p.

그가 경험으로 알게 된 두 가지 중요한 사실이 있었다. 첫째, 대형 트레이더들은 티커 테이프(ticker tape, 전산화 이전에 활용하던 수단으로써 시세가 표시된 테이프- 옮긴이)에 나오는 거래 현황을 몇 시간 동안 분석했다. 둘째, '주식시장이 돌아가는 방식'을 가르칠 대학이나 교육 서비스가 필요했다. 그는 일반 투자자들이 시장에서 대형 주가 조작 세력에게 계속 당하는 양상을 알리고 싶었다. 월가가 또 다른 패닉의 여파에 시달리던 1907년 말에 그는 투자 교육을 위해 〈티커(The Ticker)〉라는 월간지를 펴내기로 결심했다. 이 잡지는 주식시장에 대한 기사들로 구성되어 있었다. 대부분의 기사는 와이코프가 썼다.

새로운 기삿거리를 찾아야 한다는 압박감은 그를 주식, 채권, 상품시장의 다양한 측면으로 이끌었다. 그는 통계학뿐 아니라 독자들이 제시한, 수많은 이론에 근거한 기계적 트레이딩 방법을 시험했다. 그 결과, 궁극적으로 다른 방향으로 나아가기는 했지만 차트가 순수한 통계보다 주가의 역사를 더 잘 기록한다는 사실을 깨달았다. 차트와 투자법에 대한 연구가 진전됨에 따라 그는 티커 테이프로 눈길을 돌렸다. 그는 "주가의 움직임이 시장을 장악한 세력의 계획과 목적을 반영한다는 사실이 갈수록 분명해졌다. 티커 테이프를 통해 그들의 동향을 판단할 수 있는 가능성이 보이기 시작했다"라고 말했다.[2]

와이코프는 전 주식거래소 장내 거래인의 지도 아래 티커 테이

2.　　　Richard D. Wyckoff, 같은 책, 168p.

프 분석법을 본격적으로 공부하기 시작했다. 그 과정에서 배운 내용은 〈티커〉에 실린 테이프 분석 관련 연재 기사를 쓸 수 있는 동력을 제공했다. 독자들은 더 많은 기사를 요구했다. 이 연재 기사는 와이코프가 쓴 첫 책인 《테이프 분석법 연구(Studies in Tape Reading)》의 자료가 되었다. 그는 1910년에 롤로 테이프(Rollo Tape)라는 가명으로 이 책을 출간했다. 와이코프는 자서전에서 이 책에 대해 이렇게 썼다.

"《테이프 분석법 연구》에 제시한 방법은 직관적 판단력을 개발하고자 한 내 노력의 산물이다. 몇 년, 몇 달에 걸쳐 일주일에 27시간 동안 티커를 분석하면 자연스럽게 얻을 수 있다."[3]

이후 몇 년 동안 주가 등락 폭은 더욱 커졌다. 와이코프는 테이프 분석법을 시장의 폭넓은 움직임에 적용했다. 일반 투자자들은 분석에 대한 내용을 줄이고 종목 추천을 더 자주 해달라고 요구했다. 그 결과, 추천 종목을 담은 1페이지짜리 주간 정보지인 〈트렌드 레터(The Trend Letter)〉가 만들어졌다. 이 정보지는 시간이 갈수록 인기를 끌었다. 나중에는 참고하는 사람이 너무 많아졌고 영향력은 감당하기 힘든 지경에 이르렀다. 이에 와이코프는 프라이버시를 원하게 되었다. 1917년, 결국 그는 〈트렌드 레터〉의 발행을 중단했다.

이후에도 와이코프는 활동을 계속 이어나가면서 여러 권의 책을 펴냈다. 〈티커〉는 〈매거진 오브 월스트리트(Magazine of Wall

---

3.　　　Richard D. Wyckoff, 같은 책, 176p.

Street)〉로 바뀌었다. 그는 이 잡지를 만드는 일에 깊이 참여하다가 건강 악화로 1926년에 어쩔 수 없이 빠졌다. 와이코프는 말년에 일반인을 위한 투자 교육에 다시 관심을 갖고 월스트리트 대학교(Wall Street College)를 구상했다. 그러나 건강 때문에 대규모 프로젝트를 추진할 수 없었다. 그는 1932년에 주식투자법을 가르치는 강좌로 눈길을 돌렸다. 원래 이 강좌는 2부로 구성되어 있었다. 1부는 '주식투자의 과학과 기법 강좌'였고, 2부는 '테이프 분석과 적극적 트레이딩 강좌'였다. 와이코프는 1934년에 사망했다.

1934년 이후 이 '와이코프 강좌'로 와이코프는 투자 대가의 전당에 이름을 올렸다. 수천 명의 트레이더와 투자자가 이 강좌를 들었다. 이 강좌는 지금도 애리조나주 피닉스에 있는 주식시장연구소(Stock Market Institute)에서 제공하고 있다. 지난 80년 동안 이 강좌는 와이코프가 만든 본래의 골자를 훼손하지 않고 시장 여건의 변화를 반영하여 수정되고 갱신되었다. 거기에는 와이코프가 개발한 트레이딩 및 분석 방법론의 구체적인 세부 내용이 담겨 있다. 특히 '뉴욕타임스 50 주가지수 바 차트를 통한 시장 추세 판단' 부분은 그 핵심을 포착하며, 이 책을 위한 지침을 제공한다.

현재 와이코프 강좌를 듣는 많은 학생은 매집, 분산 모형에 초점을 맞춘다. 하지만 와이코프는 매집과 분산을 이런 방식으로 해석한 적이 없다. 이 내용은 그의 사후에 추가된 것이다. 물론 그가 해당 모형에 통합된 일부 시장 행태의 속성을 이야기한 적은 있다. 매집과 분산은 현재 거래량을 수반한 바 차트에서 드러나는 행태로 가르친다. 그러나 와이코프는 주로 포인트 앤드 피겨 차트(point-

and-figure chart, 시간을 무시하고 주가 등락만 O, X로 표시하는 차트-옮긴이)
와 관련하여 이런 용어들을 언급했으며, 구체적인 요소를 제시하지
는 않았다. 내 생각에 해당 모형은 전 동료들이 강좌의 구체성을 보
강하기 위해 만든 것 같다.

와이코프는 자서전에서 밝힌 대로 트레이더의 감, 즉 직감을 개
발하는 방법을 가르치고 싶어 했다. 구체성은 직감보다 잘 팔린다.
보다 가시적이기 때문이다. 하지만 나는 해당 모형이 바 차트 분석
기술보다 행태 패턴 파악에 너무 많이 의존한다고 생각한다. 이런
패턴은 기하학적 형태 같은 일정한 틀로 굳어지기 쉽다. 아무 생각
없이 빠르게 돈을 벌려는 사람들은 가격 동향을 그 틀에 끼워 맞춘
다. 이런 양상은 창의적 사고가 아닌 경직된 사고로 이어진다. 또한
와이코프 분석법을 처음 배우는 사람들은 차트의 세계가 흑백이 아
니라 회색이라는 사실을 깨닫지 못하고 좌절한다. 이미 정해진 추
상적 형태에 고착되지 말고 열린 태도를 지녀야 한다.

와이코프 강좌의 유명 강사인 밥 에번스(Bob Evans)는 스프링, 상
방 돌출, 얼음선(ice line) 등에 대해 다채롭고 유익한 비유를 만들어
냈다. 그러나 와이코프는 이런 용어를 한 번도 쓴 적이 없다. 그렇다
고 해서 쓰지 말아야 한다거나, 쓸모없다는 뜻은 아니다. 오히려 매
우 유용하다.

와이코프는 애초에 테이프 분석가였다. 그러다가 시장이 갈수
록 활발하게 변동함에 따라 테이프 분석 기술을 바 차트 분석에 적
용했다. 핵심은 가격 구간, 종가 위치, 거래량이었다. 와이코프는 분
명히 추세선, 채널, 지지선/저항선의 중요성을 알고 있었다. 지금은

강좌에서 이런 부분이 더 많이 다뤄진다.

나는 와이코프의 원래 글뿐만 아니라 밥 에번스의 개념들도 빌려왔다. 가격 구간, 종가, 거래량을 참고하는 나의 접근법은 소위 '선들의 이야기(The story of the lines)'도 활용한다. 이는 차트에 그려지는 선들을 통해 구획되고 서로 연결되는 가격/거래량 행태의 이야기를 말한다. 이 선들은 가격 변동에 초점을 맞추며, 시장에서 행위를 촉발하는 행태로 이끈다. 그래서 나는 매집이나 분산이 이뤄지는지를 파악하기보다 차트에서 매매 기회를 찾으려 노력한다. 진정한 정보의 금광은 바 차트를 분석하는 와이코프의 방법론에 있다. 잊히고 만 방법론이지만 말이다.

이 책은 바 차트와 파동 차트를 논리적으로 해석하여 곧 다가올 매매 기회를 찾는 방법을 보여준다. 이 책에 나오는 차트들을 분석하면 시장이 하는 말을 이해할 수 있는, 엄청난 통찰력을 얻을 것이다. 이 작업이 처음에는 따분할 수 있다. 그러나 연습하고 반복하면(반복은 지혜의 어머니다!) 몸에 익게 될 것이다. 또한 다양한 규모의 전환점을 파악하는 능력도 생길 것이다.

앞으로 우리는 다음과 같은 일을 할 것이다.

• 매수 또는 매도의 노력과 보상을 비교한다(즉 거래량 대 상방 및 하방 진전).
• 변동의 수월성 또는 부재를 살핀다(즉 긴 바 대 짧은 바).

- 바 차트 구간 안에서 형성되는 종가의 의미를 고찰한다.

- 상방 돌출 또는 하방 돌출의 단축을 살핀다.

- 지지선/저항선 돌파 이후 후속 진행(follow-through)의 존재 또는 부재를 살핀다(이 부분은 스프링과 상방 돌출이라는 개념을 포함한다).

- 가격이 상방 및 하방으로 가속하는 높은 거래량 또는 '수직' 구간에 대한 시험을 살핀다.

- 대개 가격/거래량 이야기를 부각하는 가격과 추세선, 채널, 지지선/저항선의 상호 작용을 고찰한다.

이 책의 두 번째 부분에서는 와이코프의 테이프 분석 도구를 응용하는 방법을 소개할 것이다. 이 방법은 오늘날의 주식시장 및 선물시장이 지닌 엄청난 변동성에 더 적합하다. 또한 일중 및 일간 가격 변동에 적용할 수 있으며, 실시간으로 활용할 수 있는 프로그램이 만들어졌다. 우리는 다양한 유형의 차트에서 매매 기회를 찾고자 오래전에 와이코프가 남긴 다음의 말을 지침으로 삼을 것이다.

"성공적인 테이프 분석(차트 분석)은 힘을 파악하는 것이다. 이 작업에는 어느 쪽이 가장 강한 견인력을 지녔는지 판단하는 능력이 필요하다. 또한 그 쪽과 함께 가는 용기를 지녀야 한다. 기업이나 개인의 삶에서도 그렇듯이 모든 변동에는 결정적인 지점이 있다. 이 지점에서는 어느 쪽으로든 깃털처럼 가벼운 무게만 실려도 즉각적인 추세가 결정되는 것처럼 보인다. 누

구든 이 지점을 포착할 수 있다면 많이 얻고, 적게 잃을 것이다.[4]"

 이 책을 읽고 나면 절대 이전의 차트 분석 방식으로 돌아가지 않을 것이라고 장담한다. 나는 아무것도 숨기지 않으며, 와이코프와 가격/거래량 행태에 대해 내가 아는 모든 것을 가르쳐줄 것이다. 공자는 이렇게 말했다. "진정한 스승은 오래된 것을 되살려서 새것을 아는(알려주는) 사람이다."

4.　　Rollo Tape(가명), *Studies in Tape Reading*(Fraser, 1910), 95p.

1장

매매 기회
탐색 지점

개요

◆

　매매 기회를 찾는 일은 물고기를 찾는 일과 같다. 물고기는 호수
의 어느 곳에서든 잡을 수 있지만, 시기에 따라 특정한 곳으로 모이
는 경향이 있다. 마찬가지로 대형 매매 기회는 차트의 어느 지점에
서든 낚을 수 있지만 매매 구간의 경계에서 더 자주 나타난다.

　매매 구간에는 정해진 패턴이 없다. 매매 구간이 종결되기 전에
가격은 수많은 방식으로 방향을 바꾼다. 다만 일반적으로는 가격이
상단 경계와 하단 경계 사이를 오가며 직사각형 형태를 띠거나 똬
리를 틀며 꼭짓점에 이른다. 그러나 우리는 기하학적 형태가 아니
라 매매 구간의 역학에 관심을 가져야 한다.

　매매 구간은 몇 달 또는 몇 년에 걸쳐 진화하는 과정에서 수많
은 작은 구간을 포함하며 경계를 넓힌다. 매매 구간의 경계는 거듭
시험받으며, 매수자와 매도자가 우위를 놓고 싸우는 동안 뚫리기도
한다. 경계가 무너질 때마다 후속 진행이 나타나는지 여부가 결정
적인 요소가 된다. 상방 돌파 또는 하방 돌파 이후 가격은 흔히 해당
지점을 다시 시험한다.

　앞으로 몇 장(章)에 걸쳐 이 다양한 지점에서 나타나는 가격/거
래량 행태의 특징들을 살필 것이다. 우리는 천장이나 바닥만이 아
니라 모든 매매 구간을 다룰 것이다. 여기서 설명하는 행태는 기간
과 무관하게 모든 차트에서 발생한다. 누구나 훈련을 통해 [그림
1.1]에서 원으로 표시된 행태 구간을 쉽게 파악할 수 있다. 첫 번째

단계는 매매 구간을 그리는 것이다. 이 일은 쉬워 보이지만 수평을 이루는 구간을 인지하는 눈이 필요하다.

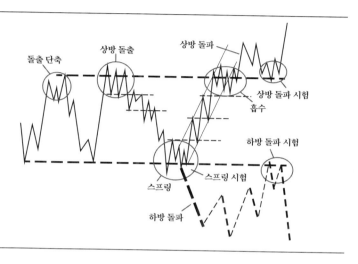

그림 1.1 매매 기회 탐색 지점

나스닥 선물 지수를 나타내는 [그림 1.2]에 나오는 6개의 매매 구간(TR1-TR6)을 보라. 지지선과 저항선을 계속 그려가다 보면 개별 구간들로 추세가 형성되고, 복잡하게 얽힌 가격 변동 속에서 전환점이 등장하는 양상을 볼 수 있다. 이 전환점, 즉 스프링, 상방 돌출, 흡수, 상방 돌파/하방 돌파 시험 지점은 매매 신호의 기능을 한다.

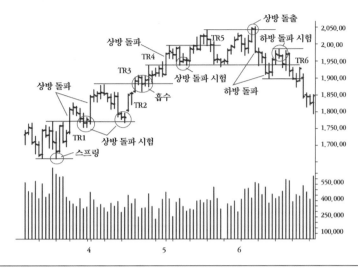

출처: 트레이드스테이션(TradeStation)

그림 1.2 나스닥 연속 일간 차트

앞으로 이런 가격 행태를 이해하는 작업에 거래량을 반영할 것이다. 그전에 먼저 여러 선에 초점을 맞출 것이다. 선 없이 차트를 분석하는 것은 경계선 없이 지도를 분석하는 것과 같다. 여러 선은 다음 두 장의 주제로 나의 차트 분석법의 첫 번째 단계이다.

2장

선 긋기

◆

　매매 분석 및 기술적 분석은 대부분 쉬워 보인다. 예를 들어 인
터넷에는 A 지점에서 매수하여 B 지점에서 매도하면 4개월 만에
3,000퍼센트의 수익을 낼 수 있는 온갖 매매 시스템이 있다. 기술적
분석을 다루는 책은 추세선의 상방 돌파 지점 또는 관통 지점에서
매수하는 방식을 찬양하기도 한다. 추세가 지속하려면 상방 돌파가
필요하다. 그러나 안타깝게도 많은 상방 돌파는 실패로 돌아간다.
추세선 관통 자체는 아무것도 보장하지 않는다. 추세선 돌파 이전
의 행태와 돌파 양상이 더 많은 것을 말해준다. "선을 그어봐야 깨지
기 마련이다"라는 오랜 격언에 기대는 회의론자들이 있다. 그래서
어쩌란 말인가! 가격 변동은 진화하기 마련이고, 거기에 맞춰 다시
선을 그으면 된다.

　지지선과 저항선을 긋는 일은 차트 분석의 기초이다. 하지만 초
보자나 배워야 하는 일이라며 지지선과 저항선을 긋는 일조차 하지
못하는 사람이 놀랄 정도로 많다. 가격이 맴도는 수평선을 파악하
는 법을 배운 사람은 더 적다. 먼저 전형적인 매매 구간을 살펴보자.

　[그림 2.1]은 레벨3 커뮤니케이션스(Level 3 Communications)의
차트다. 우측 끝(2003년 12월 26일)을 기준으로 이 차트를 분석해보
자. 보다시피 9월 25일 고점 이후 횡보가 이뤄진다. 이 고점을 기
점으로 저항선이 그어지며, 10월 2일의 첫 저점은 지지선의 기점
이 된다. 이 두 지점을 기점으로 삼은 이유가 무엇일까? 10월 15일과

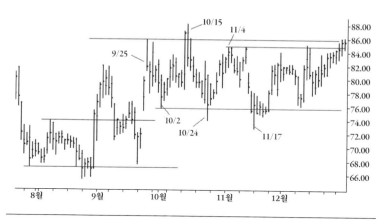

출처: 트레이드스테이션

그림 2.1 레벨3 커뮤니케이션스(LVLT) 일간 차트

24일의 고점과 저점을 얼마든지 기점으로 삼을 수 있다. 어쩌면 10월 15일에 천장이 나오기 때문에 더 나을 수도 있다. 실시간으로는 10월의 고점과 저점을 기점으로 매매 구간을 구획할 수도 있다. 그러나 시간이 지난 후 우측에서 좌측으로 차트를 살펴보면 2개의 굵은 선이 더 나은 이야기를 들려준다. 이 선들은 10월과 11월에 가격이 더 위로 또는 아래로 나아가지 않는 양상을 잘 보여준다.

이 두 지점에서 매도자들은 주도권을 잡기 위해 가격을 낮추려고 시도한다. 그러나 그때마다 매수자들이 하락세를 막고 가격을 회복시킨다. 이는 중요한 정보다. 매수자들이 여전히 주도권을 잡고 있음을 말해주기 때문이다. 지지선은 매수자와 매도자의 싸움을 명확하게 보여준다. 12월 후반기 동안 매수자들이 점차 매도세를 극복하면서 지지대가 높아지는 것에 주목하라. 이처럼 대부분의 종가가 일간 고점 근처에 형성되면서 가격이 계속 오르는 것은 큰 폭의 등락이 나오는 경우보다 상승세가 강함을 말해준다. 즉 강한 매수세의 존재를 나타낸다.

9월 25일 고점을 기점으로 그어진 저항선은 10월 14일에 뚫린다. 당시 가격은 최고 종가를 기록한다. 이 지점에서는 매수자들이 통제권을 쥐고 있는 듯 보인다. 그러나 다음 날, 매도자들이 상승세를 누르고 가격을 매매 구간으로 되돌린다. 이 반전은 8월 저점에서 시작된 상승 추세를 위협한다. 이후 가격은 10월 24일과 11월 17일에 하방 돌파를 거부한다. 10월 고점이 이 매매 구간에서는 아무런 역할을 하지 않는다는 점에 주목하라. 11월 4일 고점을 기점으로 형성된 저항선은 12월에 나온 두 번의 랠리를 막는다. 또한 이 저항선은 10월 24일 저점에서 시작된 매매 구간의 고점을 나타낸다. 매매 구간이 더 큰 매매 구간 안에서 나오는 것은 드문 일이 아니다. 특히 여러 달에 걸쳐 형성된 경우는 더욱 그렇다.

LVLT의 매매 구간은 10월 정점 가격의 약 20퍼센트에 걸쳐 형성된다. 따라서 중간 규모로 간주해야 한다. 시간별 차트를 보면 고점에서 저점까지 1퍼센트 미만으로 오르내리는 작은 매매 구간이 많다. 이런 매매 구간은 기껏해야 며칠 동안만 유지된다. 지지선/저항선은 LVLT 차트에서 본 것처럼 실패한 돌파 기회에 대해 생생한 이야기를 들려주지 않을 수도 있다. 그래도 (하락 추세의 경우) 저점과 고점이 꾸준히 낮아지는 것을 보여준다.

[그림 2.2] 애그니코 이글 마인즈(Agnico Eagle Mines)의 시간별 차트에서처럼 선들은 가격이 이전에 그어진 선들과 상호 작용하는 양상을 드러낸다. 매매 구간 A-A'는 차트를 지배한다. 또한 주가를 지지하

는 데 실패한 더 작은 매매 구간 B–C를 포함한다. 지지선 D의 하방 돌
파는 더 큰 매매 구간으로의 마지막 랠리로 이어진다. 이 랠리는 2012
년 1월 17일의 상방 급등으로 끝난다. 해당 가격 바의 약한 종가는 매도
세의 존재를 드러낸다. 지지선 D는 가격이 아래에서 계속 회복을 시도
하는 과정에서 축선(axis line) 역할도 한다. 마지막 회복 시도는 지지선
E에서 시작되는 상승 움직임에서 이뤄진다. 이 선들을 그어보면 가격이
이전 지지선/저항선 근처에서 정점 또는 바닥에 이를 것임을 예측할 수
있다. 그래서 이 선들은 트레이더의 분석 도구에서 중요한 요소가 된다.
특히 추세선, 채널, 가격/거래량 행태와 결합할 때는 더욱 그렇다.

가장 유용한 일부 축선은 일간 차트에서 나타난다. [그림 2.3]

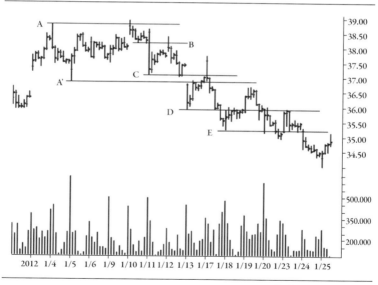

출처: 트레이드스테이션

그림 2.2 애그니코 이글 마인즈 시간별 차트

의 2006년 3월물 채권의 일간 차트를 보면, 2005년 11월 말의 고점에서 그어진 저항선 A는 2006년 1월에는 지지선 역할을, 2006년 2월에는 두 번이나 저항선 역할을 했다. 2월에 나온 두 번의 랠리는 A선 아래로의 하방 돌파에 대한 시험이었다. 축선만으로는 강세나 약세가 드러나지 않으며, 매수 신호나 매도 신호를 얻을 수 없다. 축선은 단지 지지선이나 저항선으로 여러 번 기능한 선일 뿐이다. 가격은 이 선 주위를 몇 주 또는 몇 달 동안 맴돌 수 있다. 대부분의 경우, 천장형에서의 최종 랠리나 바닥에서의 최종 하락이 축선을 따라 일어난다. 이 선을 가장 의미 있게 만드는 것은 그 근처에서 형성되는 가격/거래량 행태다. 하지만 우선은 선들을 파악할 줄 알아야 한다. 여러분도 훈련하면 여러 선의 관계를 한눈에 파악할 수 있다.

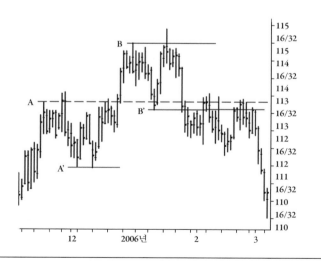

그림 2.3 2006년 3월물 채권 일간 차트

이 선들을 그을 때 매매 구간의 양쪽에서 나오는 거짓 움직임을 거듭 보게 된다. [그림 2.1] LVLT 차트에서 10월 15일에 나온 거짓 돌파와 [그림 2.3] 차트에서 1월에 나온 급등을 비교해보라. 이 모든 행태는 여러 선의 도움을 받아 두드러진다. [그림 2.1] LVLT 차트에서 2003년 7~8월에 형성된 작은 매매 구간을 보라. 이 매매 구간은 11월 17일에 나온 급락처럼 가짜 하방 돌파 이후 강세 반전으로 이어졌다. 매매 구간은 횡보 패턴이며, 세 가지 방식으로 종결된다. 하나는 끈질긴 보유자들을 지치게 만들면서 장기간 횡보하는 것이고, 다른 하나는 평형 지점으로 가격 등락의 진폭이 좁아지면서 꼭 짓점을 형성하는 것이다. 또 다른 하나는 가짜 상방 돌파/하방 돌파를 하는 것이다. 앞으로 이 행태들을 보다 자세히 설명할 것이다.

추세선은 상승이나 하락의 각도를 나타낸다. 그래서 매매 구간을 구획하는 정적인 수평선에 비해 역동적인 지지선 및 저항선을 이룬다. 하락 추세에서 추세선은 연이어 낮아지는 고점을 걸쳐서 그어진다. 가령 1월과 3월의 고점을 걸쳐서 그은 추세선이 이후 7월과 9월에 저항선으로 작용한다는 사실은 놀라워 보인다. 7월과 9월의 저항 지점은 접촉 지점이라고도 한다. 이는 추세 안에서 랠리가 추세선에 막혀 멈추는 지점을 말한다. 접촉 지점은 추세선의 타당성을 강화한다. 상승 추세에서 추세선은 상승하는 지지 지점을 걸쳐서 그어진다. 이는 매수세가 거듭 나오는 지점을 나타내기 때문에 '수요선(demand line)'이라고도 한다. 마찬가지로 여러 고점을 걸쳐서 그어진 하락 추세선은 '공급선(supply line)'이라고 한다. 나중에 살펴보겠지만 이 선들이 추세 채널(추세대)을 형성한다.

상승 추세선의 몇 가지 사례부터 살펴보자. 대개 상승 추세선은 하락의 저점을 걸쳐서 그어진다. 추세선을 그을 때 두 번째 기준점(anchor point)으로 나아가는 가격 변동 구간을 지나가서는 안 된다. [그림 2.4] 10년물 국채의 일간 연속 차트를 보면 아주 단순한 상승 추세선이 나온다. 11월 4일과 12월 5일의 저점은 기준점 역할을 한다. 이 선은 세 번의 추가적인 조정에서 지지선 역할을 한다. 지점 3에서 가격이 추세선 아래로 약간 내려오지만 빠르게 회복하면서 신고가를 만든다. 이것만 봐도 상승 추세선이 뚫렸다는 이유만으로 공매도하는 것이 위험하다는 사실을 바로 알 수 있다. 앞서 언급한 대로 추세선 돌파 이전의 행태와 그 양상이 진공매도하는 것이 위

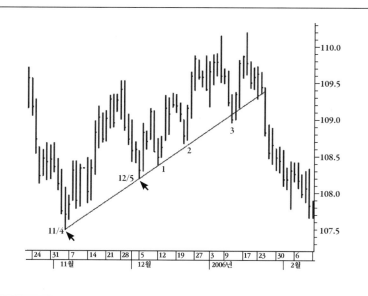

출처: 메타스톡(MetaStock)

그림 2.4 10년물 국채 일간 연속 차트

험하다는 5일의 하방 돌파 이전에 나온 약세 행태가 분명하게 보일 것이다. 실제로 2개월 후 가격이 105.24포인트 아래로 떨어졌다.

추세선은 차트에 나오는 마지막 날을 기준으로 그어진다. 우리는 개발 목적으로 땅을 측량하는 측량사처럼 차트를 살펴볼 수 있다. [그림 2.5] LVLT의 두 번째 일간 차트는 2005년 12월 1일까지의 가격 변동을 보여준다. 그 이전으로 거슬러 올라가면 10월 저점에서 시작되는 랠리 구간에 작은 추세선을 넣을 수 있다. 이때 최저점을 첫 번째 기준점으로 삼지 않는다. 그렇게 하면 추세선을 상승각에 맞출 수 없다. 대신 네 번째 날의 저점(지점 1)에서 추세선을 긋

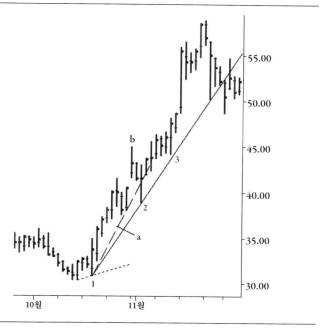

출처: 트레이드스테이션

그림 2.5 LVLT 일간 차트

는다. 이 저점에서 가파른 상승 추세선(a)을 그으면 가격 변동 구간을 지나게 된다. 그래서 지점 2의 저점이 더 나은 두 번째 기준점이다. 이 경우 추세선이 다른 바들로부터 떨어져 있으며, 나중에 지점 3에서 지지선 역할을 한다. 한 가지 더 지적하자면 우리는 지점 2에서 가격이 계속 상승할지 알 수 없다. 지점 1과 2를 이으면 가격이 고점 'b'를 넘을 때까지 잠정적인 선이 나온다. 'b'를 넘어서는 랠리는 상승 추세를 형성한다. 나는 그다지 완고하지 않다. 선은 나중에 언제든 다시 그을 수 있다. [그림 2.4] 10년물 국채 차트에 같은 논리를 적용하면 상승 추세선은 12월 말의 랠리가 11월 고점을 넘어설 때까지 확증되지 않는다. 그래도 나는 접촉 시점 1과 2가 12월과 선을 이루기 때문에 주저 없이 그릴 것이다.

만약 LVLT(그림 2.5)에서 주가가 12월 1일 이후 58.95달러 위로 바로 상승했다면 추세선은 상승 각을 제대로 나타내지 못할 것이다. 또한 지점 1에서 긋는 새로운 추세선은 상승 각을 제대로 포착하지 못할 것이다. 더 큰 상승 추세 안에서 장기간 횡보가 나온 후에도 이런 일이 일어난다.

2003년 3월 저점 이후의 다우지수 월간 차트(그림 2.6)가 좋은 예다. 이 차트에서는 2003년 저점과 2004년 저점을 걸쳐서 상승 추세선이 그어진다. 그러다가 2005년 3월 고점부터 나온 조정이 이 추세선을 관통한 후 6개월에 걸친 횡보가 뒤따른다. 이후 추세가 재개되었을 때 2003년 저점과 2005년 10월 저점을 걸쳐서 추세선을 다시 그을 수 있지만, 그러면 너무 각도가 낮아진다. 더 나은 선택은 2005년 저점을 기준으로 두 번째 평행선을 긋는 것이다. 그러면 원래의 상승 각을 유지할 수 있다. 다만 2007년 10월 고점을 잘 잡아내지는 못한다.

평행선에 대한 언급은 추세 채널이라는 주제를 제기한다. 상승 채널에서 수요선은 저점들을 걸쳐서 그어지고, 이와 평행하는 공급선은 그 사이의 고점을 걸쳐서 그어진다. [그림 2.7]은 여러 기준점과 그것들이 이어지는 순서를 보여준다.

LVLT 차트(그림 2.5)에서 지점 'b'의 고점을 걸쳐서 선을 그으면 바로 이 패턴을 볼 수 있다. 이상적인 상승 채널은 여러 개의 추가 접촉 지점을 지닐 것이다. 또한 그 경계 안에서 이뤄지는 대부분의 가격 변동을 담아내야 한다. 상승 채널의 최상단을 넘어서는 랠리는 대부분의 수학적 도구보다 과매수 상태를 더 잘 말해주는 지표다.

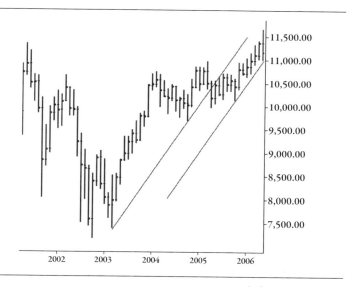

출처: 트레이드스테이션

그림 2.6 다우존스 산업평균지수 월간 차트

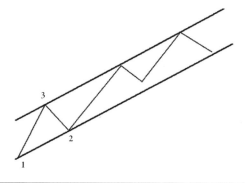

그림. 2.7 일반적인 상승 채널 형태

2006년 4월물 비육우 일간 차트(그림 2.8)를 보면 보다 흥미로운 채널들이 등장한다. 상승의 초기 단계에 저점 1과 2가 나오지만 이 둘의 고점을 걸쳐서 평행선이 그어지지는 않는다. 평행선은 10월 초의 고점인 90센트를 지나 그어진다. 9월 말에 나온 중간 고점을 걸쳐서 평행선을 그리면 공급선이 거의 모든 가격 변동 구간을 지나게 될 것이다. 선의 위치를 잡을 때는 자유롭고 창의적인 시각을 가져야 한다. 동시에 강제로 위치를 잡아서는 안 된다.

차트 상단에 형성된 매매 구간은 바로 파악할 수 있다. 이 구간은 고점을 넘어서는 거짓 상방 돌파와 구간의 하단을 관통하는 깊은 돌파로 구성되어 있다. 이는 가격이 하락 반전한다는 일부 단서다. 2006년 4월 저점까지 이어지는 가파른 하락 채널도 빠뜨릴 수 없다. 여기서는 3개의 기준점과 3월 중순의 맥없는 랠리를 볼 수 있다. 이 소규모 횡보가 나오는 동안 가격이 작은 공급선 위로 나아가는 양상

038

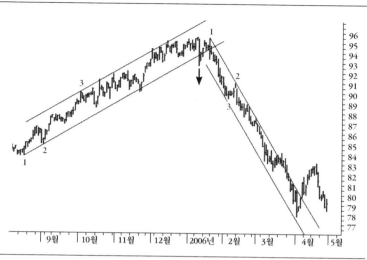

그림 2.8 비육우 일간 차트

에 주목하라. 가격은 4월에 수요선으로 급락한 후 상승 반전한다. 이
는 하락 움직임 내에서 나온 가장 큰 랠리다. 이 하락 채널에서 활용
한 기준점들이 자유롭게 선정되었다는 점을 알 필요가 있다. 아마 실
시간으로 그렸다면 다르게 시작했을지도 모르지만 그래도 가격이
90센트 선을 깬 다음에는 채널이 명백하게 드러났을 것이다.

상승 채널과 관련하여 언급할 다른 사항이 있다. 와이코프 강좌
의 가장 유명하고 열성적인 강사 중 한 명인 밥 에번스는 차트 분석
의 여러 측면을 논의하는 녹음테이프를 제작했다. 그는 다양한 종
류의 시장 행태를 묘사하기 위해 다채로운 비유를 고안했다. 그는
강의에서 어떤 학생이 이전에 고안한 학습 도구에 대한 이야기를
들려주었다.

'조개 캐는 잠수부의 비극'이라고 불리는 이 도구는 상승 채널에서 수요선 아래로 내려가는 하방 돌파 이후의 행태를 다루었다. 그는 채널 안에서 가격이 상승하는 것을 해저에서 조개를 캔 잠수부가 수면(즉 공급선)으로 돌아오는 것에 비유했다. 잠수부는 수면에서 바구니에 조개를 넣는다. 이런 활동을 하는 동안 어느 시점이 되면 잠수부는 평소에 내려가던 깊이(수요선) 아래로 내려갔다가 다리에 쥐가 난다. 그는 수면으로 올라오려고 애쓰지만 결국 실패하고 마지막으로 다시 내려간다.

비육우 차트(그림 2.8)에서 지점 1은 상승 채널의 최상단에 이르려는 마지막 시도를 나타낸다. 이 이야기에서 우리는 수요선 돌파에 뒤이은 랠리의 특성을 주의 깊게 살펴야 한다는 것을 배운다. 가격이 회복하여 신고가로 부상한다면 상승 추세가 재개될 가능성이 크다.

상품가격조사기관(Commodity Research Bureau, CRB) 지수의 월간 차트(그림 2.9)를 보면 2001년 저점에서 '비인플레적(noninflationary)' 상승이 이뤄진다. 이 가파른 상승은 원래 지점 1, 2, 3에서 그은 상승 채널과 멋지게 맞아떨어진다. 그 이후에 나온 수많은 접촉 지점에 주목하라. 에너지 가격이 기하급수적으로 상승하기 시작한 2005년 1월 저점 이후 상승 각이 가팔라지고 가격은 공급선을 따라간다. 두 번째 평행선은 지점 4의 고점에서부터 그어지며, 다음 두 번의 상승 움직임을 막는다. 다우 월간 차트(그림 2.6)에서 볼 수 있듯이 두 번째 평행선은 채널을 확장하며, 가격 변동을 살피는 데 유용한 지침을 제공한다. CRB 지수의 경우 추세선들은 상승 추세가 끝났음을

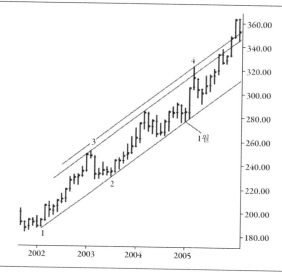

출처: 트레이드스테이션

그림 2.9 CRB 지수 월간 차트

말해주지 않는다. 오히려 각도가 가팔라지면서 몇 년 동안 더 지속한다.

　주의를 기울일 만한 선이 하나 더 있다. 그것은 바로 역추세선 〈reverse trend line〉 및 역추세 채널〈reverse trend channel〉이다. 기본적인 형태는 [그림 2.10]에 나와 있다. 이 선들은 대개 일반적인 추세선/추세 채널과 구분하기 위해 점선으로 그어진다. 일부 상승 추세는 앞서 논의한 일반적인 채널에 맞지 않는다. 이런 추세는 가파른 각도 때문에 상승하는 고점, 즉 지점 1과 2를 걸쳐서 역추세선을 그려야 한다. 중간 저점을 걸쳐서 평행선을 그으면 역상승 채널이 만들어진다. 이 그림에서 가격은 상승 채널의 하단 선과 상호 작용하지 않는다. 하지만 이 선은 나중에 지지선 역할을 할 수 있다. 많은 경우 일반적인 상승

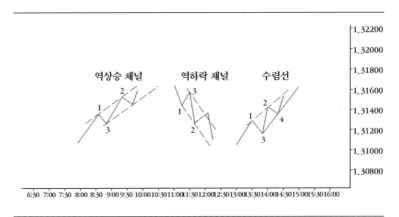

출처: 트레이드스테이션

그림 2.10 역추세 채널

추세선은 역추세선과 잘 어울려서 수렴선을 만든다. 일부 기술적 분석 가들은 이를 상승 쐐기형이라고 부른다. 상승 추세의 경우 수렴선은 흔히 상승세가 동력을 잃고 있음을 나타낸다. 가격이 수렴선 패턴 안 으로 들어오는 것은 대개 하락이 저점 근처에 이르렀음을 말해준다.

　[그림 2.11]은 앞에서 언급한 세 가지 유형의 역추세선/채널을 보여주는 익명의 차트다. 좌측의 하락은 역하락 채널(AA')에 맞아 들어간다. 이 채널은 두 개의 저점을 이은 다음, 중간 고점에 평행선 을 그어서 그린다. 역상승 채널 CC'는 훨씬 가파르며, 가격이 C선 위로 움직인다. 이 고점에서 나온 급락이 평행선 C'에서 지지선을 찾았다는 점에 주목하라.

　역추세선 위나 아래로 나아가는 움직임은 흔히 등락의 끝을 나 타낸다. 내가 아는 한 독창적인 트레이더는 하루에 얼마나 많은 종 목이 역추세선에 이르렀거나, 역추세선을 넘어섰는지 보여주는 프

그림 2.11 역채널 예시

로그램을 개발했다. 상승 추세에서 이런 종목의 수가 크게 늘어나는 것은 흔히 시장이 하락 반전에 취약하다는 것을 나타낸다. BB'선은 역채널을 형성하지 않는다. B선은 역추세선으로서 일반적인 추세선 B'와 함께 수렴 패턴 또는 쐐기 패턴을 형성한다. 나는 이 패턴을 제외하고 어떤 중요한 차트 패턴도 고려한 적이 없다. 이 패턴은 종료 행동(ending action)과 가장 관련이 깊기 때문이다.

역추세선/채널 위나 아래로 나아가는 움직임이 추세 반전으로 이어지는 경우가 많다는 사실은 아무리 강조해도 지나치지 않다. S&P 연속 일간 차트(그림 2.12)는 2011년 8월 저점 이후의 가격 동향을 보여준다. 변동성이 심한 매매 구간 AB는 신저가로 나아가는 돌출과 상방 반전으로 종결된다. 이 반전은 하락 쐐기형 안에서 역추세선 아래로 돌파가 나온 후 이뤄졌다는 점에 주목하라. 10월 4일 저점과 10월 27일 고점에서 나온 초과(overshoot) 지점은 원으로 표시해두었다. 10월 27일 고점은 역추세 채널 위에 있으며 142포인트 급락으로 귀결되었다. B선은 몇 달 동안 저항선과 지지선 역할을 모두 수행했다. 이 선은 12월 저점에서 시작되는 대규모 상승을 위한 발사대였다.

비육우 분기 차트(그림 2.13)는 여러 해에 걸친 역추세 채널을 보여준다. 1993~2003년 고점을 걸쳐서 2011년까지 역추세선(A)이 그어지는 것을 알 수 있다. 2011년의 수직 상승은 가격을 이 선 위로 밀어올린다. 이 역추세선의 평행선(A')은 1996년 저점을 걸쳐서 만들어진다. 이 상황에서 이 선은 일부 가격 변동 구간을 지나지만 출발선이 아니라 평행선이어서 무방하다. 이를 통해 시장 참여자들이 평행선을 매우 강하게 인지했다는 사실을 알 수 있다. 그래

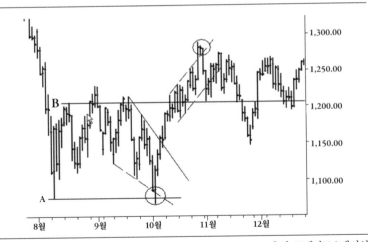

출처: 트레이드스테이션

그림 2.12 S&P 연속 일간 차트

도 2003년 고점이 나오기 전까지는 이 선을 그을 수 없다. 일반적인 상승 채널은 2002~2009년 저점(B)을 잇는 선과 2003년 고점(B')을 걸치는 평행선을 통해 그어진다. 이때 가격은 채널의 최상단까지 상승하며, 이 지점에서 두 선이 합류한다. 이 두 선은 주가의 잠재적인 힘을 보여준다.

　주식시장은 2007년 10월에 주요 고점에 이르렀다. 그에 따라 대다수 종목이 하락했다. 한 가지 예외는 U.S. 스틸(그림 2.14)인데, 이 종목은 2007년 내내 횡보했다. 그러다가 2008년 4월에 급등했고, 이후 두 달 동안 거의 주당 70달러나 상승했다. 이 상승은 일반적인 상승 채널의 경계를 넘어섰다. 상승 추세는 2008년 6월에 주가가 역추세선을 넘어선 후에야 끝났다. 이후 주가는 급락했다. 보다

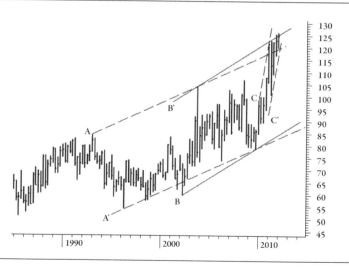

그림 2.13 비육우 분기 차트

시피 가격이 역추세선을 상하로 넘어서면 추세 반전을 경계해야 한
다. 다른 어떤 추세선 돌파도 이런 예측적 가치를 지니지 않는다.

　일부 가격 추세는 채널을 거스른다. 그 상승 또는 하락은 너무
가팔라서 일반적인 채널 또는 확장된 채널에 맞지 않는다. 2006년
7월물 설탕 차트(그림 2.15)에서 2005년 5월부터 2006년 2월까지
이어진 상승 추세는 그 문제를 전형적으로 보여준다. 차트에 표시
된 5개 지점을 보라. 내가 떠올릴 수 있는 유일한 선은 지점 3과 5에
서 시작된다. 지점 2에서 두 번째 평행선을 그으면 확장된 채널로
최종 고점까지 대부분의 가격 변동을 포괄한다. 그러나 이는 완전

그림 2.14 U.S. 스틸 월간 차트

히 '적법한' 방식은 아니다. 두 번째 평행선의 고점이 지점 3과 5 이전에 나왔기 때문이다. 그래도 통하기는 한다. 지지선/저항선, 추세선, 채널(일반적인 것, 반전된 것, 확장된 것)을 그리는 일은 열린 마음가짐을 요구한다. 언제나 다른 가능성을 고려해야 한다.

구조에 대한 이야기는 이것으로 충분하다. 이제는 선들의 이야기를 할 차례다.

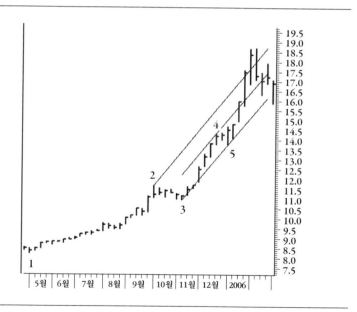

그림 2.15 2006년 7월물 설탕 주간 차트

TRADES
ABOUT
TO HAPPEN

3장

선들의 이야기

차트에 선을 긋는 일의 중요성은 아무리 강조해도 지나치지 않다. 선들은 이야기를 들려주고, 가격/거래량 행태를 두드러지게 만든다. 또한 가격 추세 안에서 상승 및 하락의 각도를 정의하고, 가격이 과매수 또는 과매도 지점에 이른 때를 알려준다. 매매 구간을 구획하고, 가격이 평형 지점(꼭짓점)을 향해 똬리를 트는 양상을 묘사하며, 조정 시 어디서 지지선이나 저항선을 기대할 수 있을지 예측하는 데 도움을 준다. 먼저 대두유 차트부터 살펴보자.

[그림 3.1]은 2001년 12월부터 2002년 5월 6일까지 대두의 연속 일간 차트에 나타난 가격 변동을 보여준다. 오늘이 5월 6일이고, 우리가 이 차트에 드러난 행태를 분석하기 시작했다고 가정하자. 나는 먼저 지지선과 저항선부터 긋는다. 지지선 A는 1월 28일 저점, 저항선 B는 2월 5일 고점, 저항선 C는 3월 15일 고점을 걸쳐서 그어진다. 이 수평선을 차트 끝까지 연장하면, 3월과 5월에 나오는 조정에서 B선을 따라 지지가 이뤄지는 양상을 확인할 수 있다. 나는 이처럼 지지선과 저항선 역할을 번갈아 하는 선을 '축선'이라 부른다.

가격은 이 축선을 맴도는 경향을 보인다. 로버트 에드워즈(Robert Edwards)와 존 매기(John Magee)는 《주식 추세의 기술적 분석(Technical Analysis of Stock Trends)》이라는 기념비적인 책에서 지지선과 저항선을 매우 폭넓게 다룬다. 비록 그들은 축선을 언급한 적이 없지만, 수

평선이 지지선과 저항선 역할을 번갈아 하는 현상에 대해 다음과
같이 설명한 바가 있다.

"차트를 가볍게 분석하는 많은 사람이 신기하게도 간파하지 못하는 흥미
롭고 중요한 사실이 있다. 그것은 이 중요한 가격 수준이 지지선에서 저항
선으로, 또 저항선에서 지지선으로 계속 역할을 바꾼다는 것이다. 이전의
천장은 일단 뚫린 후에는 뒤이은 하락 추세에서 바닥 구간이 된다. 또한 이
전의 바닥은 일단 뚫린 후에는 뒤이은 상승 국면에서 천장이 된다.[5]"

출처: 트레이드스테이션

그림 3.1 대두유 연속 일간 차트

5.   Robert Edwards and John Magee, *Technical Analysis of Stock Trends*
(John Magee, 1987), 212p.

지지선/저항선은 또한 [그림 3.1] 차트 영역에서 두 개의 매매 구간을 구획한다. 이 선들을 그리면 양쪽에서 이뤄지는 돌파 시도를 더 잘 관찰할 수 있다. 이는 마치 제1차 세계대전 기간에 벌어진 참호전의 양상과 비슷하다. 매매 구간의 양쪽에서 나오는 수많은 거짓 돌파는 반대 세력의 힘을 가늠하는 중요한 시험이다. 나중에 다루겠지만 이 시험은 많은 저위험 매매 기회를 제공한다.

이 시장 전개 단계에서는 오직 하나의 중요한 추세선을 그릴 수 있다. [그림 3.2]에서 추세선 T는 1월과 2월의 저점을 걸쳐서 그어진다. 5월 초에 가격이 이 선과 상호 작용하는 양상에 주목하라. 평행선 T'는 3월 고점을 걸쳐서 그어진다. 이는 정상적인 상승 채널로서 지지선(또는 수요선)은 두 개의 저점을 걸쳐서 그어지고, 평행하는 저항선(또는 공급선)은 중간 고점을 걸쳐서 그어진다. 이 경우 중간 고점은 2월 말에 나온 것이다. 뒤이은 가격 변동을 고려할 때 실제 중간 고점을 걸치는 선은 의미가 없다. 따라서 차트에 나오는 더 높은 지점을 걸쳐서 선이 그어진다.

상승 채널 TT'로 표시되는 상승 각은 가파르지 않으며, 더 큰 랠리를 포함하지 않는다. 이 채널 안에 두 개의 소규모 상승 채널이 보인다. 첫 번째는 2월 말부터 3월 15일까지 형성되는 것이고, 두 번째는 3월 저점부터 4월 고점까지 이어지는 것이다.

4월에 이 상승 채널의 최상단 및 저항선 C선 위로 후속 진행 없이 가격이 상승하는 양상에 주목하라. 채널의 공급선을 넘어서는 상승은 과매수 상태를 만든다. 이는 수학적 지표보다 더 신뢰할 만한 지표다. 천장을 찍은 날의 종가 위치는 시장이 매물(매도세)에 직

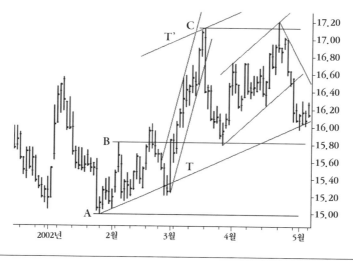

출처: 트레이드스테이션

그림 3.2 대두유 일간 차트 2

면했음을 추정할 수 있다.

4월 고점에서 시작되는 하락은 너무 가팔라서 채널을 그을 수 없다. 그래서 단순한 하락 추세선이 그어진다. 매수자와 매도자의 싸움이 벌어지는 동안 특정 시점이 되면 가격은 선들이 결합 내지 합류하는 지점에 도달한다. 대부분의 경우, 이 영역은 중요한 전환점이 된다. 4월 고점에서 소규모 상승 채널의 공급선이 저항선 C를 만나는 것을 볼 수 있다. 5월 저점에서는 추세선 T, 저항선 B, 소규모 하락 추세선이 한데 모이는 것을 볼 수 있다. 이처럼 여러 선이 합류할 때는 전환점이 나올 가능성을 경계해야 한다. 나는 추세선에 따른 증거만 가지고 매매하는 경우가 드물다. 나중에 다루겠지만 다른 요소들도 고려한다. 다만 오로지 하나의 기술적 현상만을 토대로 매매하고 싶다면, 이런 선들이 탁월한 지침 역할을 할 것이다.

[그림 3.3]은 2002년 7월 둘째 주의 가격 변동을 보여준다. 이 차트를 보면 가격이 5월 저점에서 4일 동안 급등한 후 속도를 늦춰서 질서정연한 계단형 상승을 한다는 것을 바로 알 수 있다. 5월 저점에서부터 여러 전환점을 토대로 몇 가지 채널을 그을 수 있다. 그중 5월 30일(고점에서부터 5일 전) 무렵에 그어지는 채널 VV'가 가장 잘 들어맞는다. 이 랠리는 채널 TT'의 최상단을 훌쩍 넘어선다. 6월 6일 고점에서부터 새로운 매매 구간이 형성된다. 이 구간의 하단 경계가 이전 저항선 C에 접근하는 양상에 주목하라. 나라면 가격이 5월 고점 위로 상승한 후에 채널 XX'를 그었을 것이다. 이 선은 5~7월 저점을 연결하고, 6월의 중간 고점을 걸치는 평행선으로 그려진다.

대두유 시장에 대한 분석을 끝내기 전에 마지막으로 [그림 3.4]를 살펴보자. 이 차트에서는 7월 저점에서 시작된 랠리가 채널 XX'

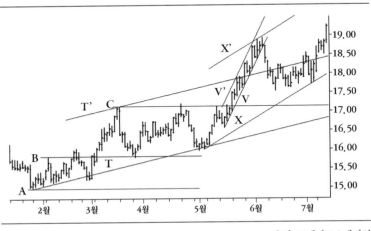

출처: 트레이드스테이션

그림 3.3 대두유 일간 차트 3

를 약간 넘어서면서 과매수 상태를 만드는 것을 알 수 있다. 저항선 E는 7월 고점을 걸쳐서 그어진다. 가격은 이 고점에서 하락하여 D 선에서 지지된다. 그러다가 다시 급등이 나온 후 추세선 Y가 그어진다. 이 선과 X'선은 상승 쐐기형을 만든다.

나는 기하학적 패턴을 찾는 데 관심이 없다. 그러나 수렴하는 선들은 상방 돌출이 단축될 것임을 명확하게 보여준다. 가격이 채널 XX'의 공급선을 계속 밀어붙이지만 더 가파른 상승 각을 만들지 못하는 양상에 주목하라. 나는 채널 위에 형성된 마지막 고점에서 급락이 나온 후 저항선 F를 그렸다. 급락하는 가격은 Y선 근처에서 지지되며, F선 위에서 미미한 신고가를 만든 후 하락 반전한다. 이 지점에서 선들이 합류하는 양상에 주목하라. 저항선 F, 공급선 X', 지지선 Y는 모두 이 지점에서 수렴한다. 지지선 G는 마지막 두 고점 사이의 저점을 걸쳐서 그어지며, 이후 몇 주 동안 중요한 역할을 한다.

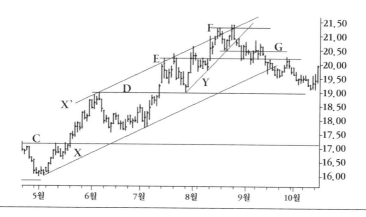

출처: 트레이드스테이션

그림 3.4 대두유 일간 차트 4

지금까지 우리는 가격 변동이 전개되는 동안 차트에 형성되는 선들만 다루었다. [그림 3.5]는 논의를 위해 대두유 차트에서 가장 중요한 8개 지점을 숫자로 표시했다. 이 지점들에서 종료 행동 또는 임박한 종료 행동에 대한 단서를 식별할 수 있다. 지점 1은 C선을 넘어서는 거짓 상방 돌파다. 여기서 가격은 저항선 위로 상승하지만 다시 아래로 내려와 그날의 저점 근처에서 마감한다. 이틀 후, 조밀한 매매 구간은 수요가 지쳤으며, 가격이 후퇴할 것임을 보여준다. 뒤이은 급락은 B선 위에서 멈춘다. 급락의 저점이 나온 날에 가격 구간이 좁아지는 것에 주목하라. 이 지점에서는 매도자들이 우위를 잡은 것처럼 보인다. 그러나 지점 2에서 가격이 상향 반전하여 전날 고점 위에서 마감한다. 그에 따라 시장이 강한 위치에 선다. 이 반전은 6월 초에 상승세가 꺾일 때까지 가격을 밀어올린다.

6월 고점에서 매매 구간이 좁아지고 종가가 약세인 것에 주목하

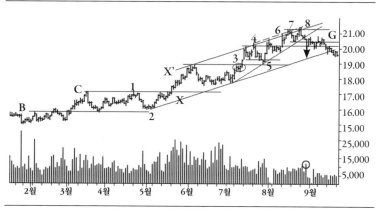

그림 3.5 대두유 일간 차트 5

라. 가격은 후퇴와 보합을 거쳐 새로운 매매 구간의 상단으로 돌아온다. 이후 3일 동안 조밀한 구간이 이어지다가 2거래일에 걸쳐 상방으로 가속한다. 지점 3은 상방 돌파 이전의 조밀한 구간 안에서 이뤄지는 흡수를 나타낸다. 지점 4에서 가격은 5월 저점에서 시작된 상승 채널 위로 올라선다. 그러나 종가 위치는 매도세가 존재함을 나타낸다. 지점 5로의 후퇴는 가격이 수직으로 상승한 영역을 시험한다. 지점 5에서 종가 위치는 매수세의 존재를 반영한다.

지점 6과 7에서는 가격이 계속 올라가기 위해 고전하는 양상이 보인다. 지점 4와 6의 고점을 걸쳐서 역추세선(점선)을 그을 수 있다. 이 선은 가격이 상방으로 나아가지 못하는 양상을 부각한다. 지점 8의 미미한 신고가는 약한 종가와 더불어 매수세가 소진되었음을 나타낸다. 지점 4와 8 사이의 누적된 행태(지점 5 제외)는 상승 추세가 지쳐가고 있으며, 조정 가능성이 커졌음을 나타낸다.

지지선 G를 뚫는 고거래량 돌파(화살표 참고)는 매도세가 매수세를 이겼음을 나타낸다. 매수자들은 지지선 G 아래에서 빼앗긴 땅을 되찾으려고 시도한다. 그러나 매도자들이 두 번의 시도를 물리치면서 랠리는 약한 종가로 끝난다. 이 모든 지점은 나중에 자세히 다룰 것이다.

우리가 대두유 일간 차트에 그린 선들은 장기 차트에도 적용할 수 있다. 장기 차트에서는 일부의 경우에 수년 또는 수십 년 동안 지지선과 저항선을 제공한 더 큰 전선(戰線)에 주의를 집중하도록 도와준다. 역사적 틀 안에서 시장의 위치를 인식하는 일은 주식투자자뿐 아니라 선물시장에서 활동하는 포지션 트레이더나 실물 트레이더의 필요에도 맞는다. 장기 지지선/저항선, 추세선, 채널은 가격바(주간, 월간, 연간)의 구간 및 종가 위치와 더불어 앞서 논의한 것과 같은 방식으로 해석할 수 있다.

장기 차트를 분석할 때 유일한 차이는 시간이다. 시간별 또는 일간 차트에서 가격 변동은 월간 또는 연간 차트에서보다 훨씬 빨리 해석할 수 있다. 하지만 장기적 기회가 형성되고 있음을 알아차릴 때 가장 큰 보상을 얻는다. 이 정보를 토대로 일간 차트에 초점을 맞출 수 있다.

2002년의 대두유 시장이 그런 기회를 제공한다. [그림 3.6]은 1931년부터 2003년까지 대두유의 연간 현물 가격을 보여준다. 이 차트는 지난 75년 동안 많은 상품이 지나온 과정에 대한 이야기를 들려준다. 그 내용은 다음과 같다.

- 가격이 대공황이 한창이던 1930년대 초에 바닥을 친다.
- 가격이 1940년대 말에 마셜 플랜(Marshall Plan)이라는 부양책에 힘입어 고점으로 상승한다.
- 가격이 극도의 침체기에 접어들었다가 1960년대 말에 깨어난다.
- 가격이 1970년대 중반에 인플레이션 압력으로 급등한다.
- 가격이 극도로 변동성 심한 매매 구간으로 접어들었다가 1999~2002년 기간에 바닥을 친다.

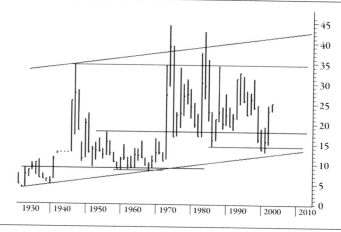

그림 3.6 현물 대두유 연간 차트

이는 미국에서 생산된 여러 농업 상품의 일반적인 가격 패턴이었다. 1935년, 1947년, 1956년 고점을 걸쳐서 수평 저항선이 그어진다. 이 선들과 가격이 상호 작용하는 양상을 보라. 1952년부터 1972년까지 대두유 가격은 1935년 고점 위에서 안정된다. 1956년 고점은 부분적으로 수출 수요 덕분에 나온 1973년의 엄청난 상승으로 뚫린다. 이 폭발적인 랠리는 1947년 고점까지 상승한다.

그러나 가격이 빠르게 1956년 고점 구간으로 돌아서면서 상승은 오래가지 못한다. 대략 이전 저항선 위에서 새로운 매매 구간이 형성된다. 1985년 이후에는 가격이 13년 동안 꼭짓점을 향해 똬리를 튼다. 1998년부터 2000년까지의 하방 돌파는 1975년 저점에서 시작된 더 큰 매매 구간을 벗어나는 최종적인 폭락이었다.

우리의 일간 차트 분석이 시작되기 직전인 2001년에 가격은

2000년 고점 위로 반등하여 중간 범위 근처에서 마감한다. 이는 훨씬 큰 상승을 위한 도약대를 제공한다. 2002년 초에 장기 차트에서 시장의 위치를 이해하는 일은 5월과 7월에 나올 전환점에 더 큰 의미를 부여한다. 2004년 초에 가격은 34센트 구간으로 상승한다. 이후에는 2008년 고점(71센트)까지 다시 두 배로 상승한다.

[그림 3.7]은 1930년까지 거슬러 올라가는 코코아 현물 가격의 역사를 보여준다. 이 차트의 주요 전환점은 대두유 차트와 일치한다. 즉 1930년대 초반의 저점, 1947년의 천장, 1960년대의 저점까지 이어지는 긴 매매 구간, 1970년대의 거대한 상승 파동, 20세기 말의 바닥이 나온다. 1977년에 코코아 가격은 1933년 저점보다 74배나 높은 가격에 정점을 찍는다. 1977년의 가격 구간은 1933년부터 1973년까지의 거리와 동일하다. 준로그(semilog) 척도를 적용해야 더 이전의 가격 역사를 볼 수 있다. 1940~1965년 저점을 걸쳐서 그어진 상승 채널은 거의 모든 가격 변동을 담아낸다. 하지만 1977년에는 가격이 채널을 넘어선다. 다음 해에 1977년의 모든 상승분이 지워진다. 1977년 고점부터 시작된 24년 동안의 하락 추세는 질서정연한 양상으로 전개된다. 각 지지선은 이후에 저항선으로 작용한다.

나는 1992년에 코코아 가격이 바닥을 쳤다고 생각했다. 여기서 하방 돌출이 단축되고, 가격이 1947년 저항선 위로 복귀한다. 또한 1973년의 수직 상승 구간을 시험한다. 1998년에는 가격이 거의 두 배로 오른다. 그러나 이 상승은 너무 힘들었다. 1997년에 소규모 상방 돌파 이후 상방 후속 진행이 나오지 않는 것에 주목하라. 결국

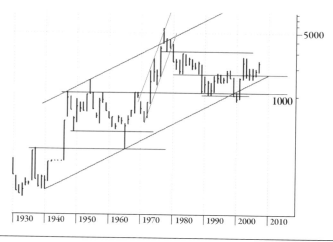

출처: 메타스톡

그림 3.7 현물 코코아 연간 차트

1999년에 가격은 줄기찬 하락을 겪고 1992년 저점 근처에서 마감한다.

2000년에 가격 행태에 뚜렷한 변화가 발생한다. 이 해에 하방 진전은 거의 없지만 랠리에 대한 의지도 보이지 않는다. 매매 구간은 1971년 이래 가장 조밀한 수준으로 좁아진다(준로그 척도는 가격이 하락할 때마다 더 큰 가격 바를 그린다는 점을 기억하라. 따라서 차트를 대충 훑어보면 1987년과 1996년의 가격 구간이 2000년의 가격 구간보다 작다고 생각하기 쉽다. 그러나 이는 사실이 아니다). 좁은 구간에 대한 우리의 논의에 비춰볼 때 2000년의 행태는 특별히 주의를 기울일 만하다. 가격은 1992년 저점과 장기 상승 추세선 바로 아래에서 횡보한다.

추세선을 깨는 것은 그 자체로 중대한 결과가 아니다. 중요한

3장. 선들의 이야기　　**061**

것은 추세선이 깨지는 양상과 후속 진행의 크기다. 보다시피 하락 움직임은 수월하게 이어지지 않는다. 매도자들이 여전히 주도권을 쥐고 있다면 가격은 계속 더 낮아져야 한다. 이듬해에 가격이 2000년 고점 위로 반등한 후에는 걱정할 필요 없이 코코아를 매수했어야 한다. 이후 2년 동안 코코아 가격은 200퍼센트 넘게 상승한다. 1992~2001년의 행태는 시기를 막론하고 차트에 나오는 바닥의 전형적인 모습이다.

코코아와 대두유의 연간 차트에서 주요 지지선/저항선 주위의 가격 동향은 핵심적인 이야기를 들려주지만, 채권 월간 차트(그림 3.8)에서는 이야기가 달라진다. 이 차트에서는 역추세 채널(점선)이 채권 선물의 상승 각을 가장 적절하게 나타낸다. 이 채널은 1986~1993년 고점을 걸치는 선과 1987년 저점을 걸치는 평행선으로 그어진다. 두 번째 평행선은 1990년 저점을 걸쳐서 그어진다. 이 선은 1994년과 2000년 1월에 지지선 역할을 한다. 더 낮은 평행선은 처음 그어진 이래로 한 번도 가격과 상호 작용한 적이 없다.

1998년과 2003년의 랠리는 역추세 채널의 상단을 돌파하여 일시적으로 과매수 상태를 만든다. 역추세선 또는 역추세 채널은 흔히 매우 가파른 상승 각/하락 각을 지닌 추세와 가장 잘 맞는다. 일반적인 추세 채널은 1981년 저점이나 1984년 저점에서부터 그어지며, 이 채널은 뒤이은 가격 동향을 담아내지 못한다. 반면 가격이 1994년 저점에서부터 상승한 후에는 1987~1994년 저점을 걸치는 선과 1993년 고점을 거치는 평행선으로 일반적인 추세 채널을 그을 수 있고, 이 채널은 역추세 채널과 잘 맞는다.

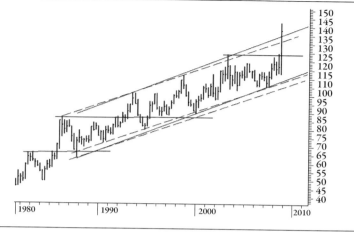

출처: 메타스톡

그림 3.8 채권 월간 연속 차트

내가 역추세 채널을 선호하는 이유는 원래의 상승 각을 나타내기 때문이다. 그 메시지는 일반적인 채널을 통해 강화된다. 2003년 천장에서 3개 채널의 상단 선이 수렴하는 것은 채권시장이 과도한 과매수 상태임을 경고한다. 이 세 선은 상승 추세 전반에 걸쳐 중요한 역할을 한다.

주식시장 붕괴와 맞물린 1987년의 극적인 급락은 1982~1983년 고점 위에서 지지선을 찾는다. 이후 가격은 1986년 고점을 걸쳐서 그어지는 저항선 위에서 횡보한다. 그러다가 1997년까지 3년에 걸쳐 꼭짓점이 형성되는 양상을 쉽게 그려낼 수 있다. 1998년 고점(롱텀 캐피털 매니지먼트 사태가 원인)을 걸쳐서 그어지는 최상단 저항선은 2001년 랠리를 중단시킨다. 2002년 8월부터 2003년 4월까지 9개월에 걸친 등락은 5년 동안 이어질 매매 구간의 시작을 가리킨다. 2008년 12월에 주식시장이 추락할 때 채권은 2012년까지 접하지 못할 가격인 143포인트까지 급등한다. 이후 채권은 2011년 9월 147포인트에 도달할 때까지 변동성이 큰 26포인트 범위에서 거래되었다. 이 고점은 2003년 천장과 같은 역추세선을 기록했다.

현대의 와이코프 강좌에서 매매 구간의 바닥을 걸치는 지지선은 얼어붙은 호수를 덮은 얼음에 비유된다. 그래서 '얼음선(ice line)'이라고도 불리지만 와이코프는 이 용어를 쓴 적이 없다. 그래도 이 비유는 기억하기 쉽다. 코코아 연간 차트(그림 3.7)에서 1977~2000년의 하락 추세는 가격이 이전 지지선 또는 얼음선과 거듭 상호 작용하는 양상을 보여준다. [그림 3.4] 대두유 차트에는 이보다 훨씬 작은 사례가 나온다. 두 고점 사이에 그어진 지지선 G는 소규모 얼음선 역할을 한다. G선 밑에서 상방으로 올라가려는 수많은 시도가 이루어지지만 장기적인 상승은 나오지 않는다.

가격이 얼음선과 상호 작용하는 최고의 사례 중 하나는 QQQ(그림 3.9)가 역대 최고점을 찍은 후에 나온다. QQQ는 2000년 1월에 많은 거래량을 동반하며 급격한 하락을 겪지만 이후 일련의 신고가를 만드는 데 성공한다. 또한 2월의 수직 상승 이후에는 10일동안 1월 매매 구간 위에서 보합세를 이룬다. 뒤이어 이전 저항선을 밀어낸 가격은 3월 10일에 상승 채널의 최상단까지 올라간다(지점 1). 이날 일간 매매 구간이 좁아지고, 가격은 일 저가 근처에서 마감한다. 이 무렵 가격은 지친 기색과 함께 3월 16일 저점으로 다시 떨어진다. 이전 15일(지점 2)에 사상 최대 거래량 하락과 함께 가격이 무너진다. 거래량은 3월 24일 고점(지점 3)까지의 뒤이은 랠리에서 늘어나지 않는다. 이 지점에서 상승 채널 내의 과매수 포지션과 매매 구간 중단의 종가 그리고 (3월 10일 고점을 넘어서는) 약화된 상방 진전을 볼 수 있다.

매수자들은 이튿날 가격을 밀어올리려는 허약한 시도를 한다(좁은 구간, 적은 거래량, 약한 종가). 그러나 가격은 3일 연속으로 하락하면서 현재 매매 구간의 바닥으로 향한다. 4월 3일(지점 4)에는 가격 분산 폭이 넓어지고 거래량이 늘어나는 가운데 가격이 3월 16일 저점을 걸치고 1월 고점에 그어진 얼음선 아래로 떨어진다. 일간 매매 구간의 크기와 거래량은 신기록을 세운다. 그러나 약세를 이용하려는 경향이 있는 매수자들은 서둘러 들어와 가격을 그날의 고가를 향해, 얼음선 위로 가격을 밀어올린다. 그에 따른 일 중 회복에도 불

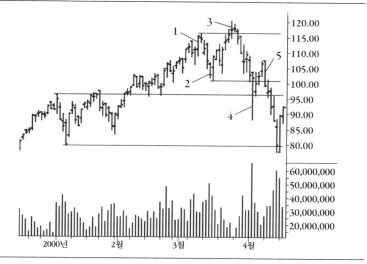

출처: 트레이드스테이션

그림 3.9 QQQ 일간 차트

구하고 3월 24일 고점에서 32포인트나 하락한 것은 과도한 행태의 약세 전환을 말해준다.

뒤이어 저거래량 랠리가 이전 하락의 50퍼센트 미만을 되돌린다. 4월 10일의 반락(지점 5)은 얼음선 위로 나아가는 상승을 끝낸다. 뒤이어 가격은 5일 만에 29포인트나 떨어진다. 4월에 가격이 1월 저점을 걸쳐서 그은 지지선 근처에서 안정되는 양상에 주목하라. 그러나 이 무렵에는 이미 16일 만에 주식 가치가 35퍼센트나 손실되었다. 그 하락의 속도와 크기는 대규모 추세 변화의 시작을 알린다. 이미 정점을 찍었지만, 얼음선과의 상호 작용은 6개월 동안 더 지속된다.

[그림 3.9]에 나오는 선들은 QQQ 주간 차트(그림 3.10)로 확장하면서 더 큰 이야기를 들려준다. 이 차트에서는 4월과 5월 동안 1월 지지선을 토대로 상승하려는 6주에 걸친 고전이 보인다. 매도자들은 일시적으로 매수자들을 이기고 가격을 지지선 아래로 끌어내린다. 하지만 후속 진행의 부재는 큰 반전을 초래한다. 이는 원래의 얼음선에 대한 시험으로 이어진다. 7월 말에 두 번의 후퇴 이후 가격은 얼음선에서 또 다른 상승을 이루지만, 2000년 9월 1일에 끝나는 주의 종가는 얼음선 위에서 유지된다. 그러나 후속 진행의 부재에 더하여 그다음 주의 반락은 매도자의 주도권을 부각한다. 가격은 매매 구간(원으로 표시된 구역)의 바닥으로 돌아간다. 여기서 매수자와 매도자는 5주에 걸친 난타전을 벌인다.

이는 매수자의 마지막 희망을 나타낸다. 매수세는 4~5월 저점 근처에서 잡은 포지션을 청산하는 공매자, 9월 초에 숏을 매도하고

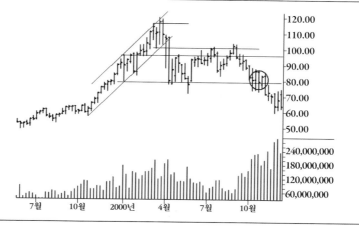

그림 3.10 QQQ 주간 차트

수익을 실현하는 트레이더, 신규로 매수하는 바닥 매수자에게서 나
온다. 매도자들은 매수세를 흡수하고, 천장 형성 절차를 마무리한
다. 그렇게 본격적인 하락 추세가 시작된다. 3월 저점을 얼음선으로
표시했지만 1월 저점을 걸쳐서 그은 선에도 같은 비유를 적용할 수
있다. 실제로 (연간 차트든 시간별 차트든) 모든 매매 구간의 바닥을 걸
쳐서 그은 지지선은 이런 관점에서 볼 수 있다. 장기적으로 2000년
1월의 얼음선은 모든 나스닥 지수에서 중대한 역할을 할 것으로 예
상해야 한다. 실제로 2009년 저점에서 시작된 상승은 2012년에 이
선에서 멈췄다.

　이 책 전반에 걸쳐 가격이 다양한 유형의 선 및 채널과 상호 작
용하는 사례를 더 많이 살필 것이다. 그전에 설명해야 할 상호 작
용이 하나 더 있다. 와이코프 강좌를 내게 소개한 사람은 언제나 꼭

짓점의 중요성을 강조했다. 그는 꼭짓점을 소위 '지속 패턴'으로 보지 않았다. 사실 그는 아예 패턴 인식을 신경 쓰지 않았다. 대신 그는 특히 두 개의 수렴하는 추세선에서 또는 그 근처에서 가격이 조밀해지는 구간을 찾았다. 꼭짓점은 그 자체로 예측 가치가 거의 또는 전혀 없다. 그저 가격 등락의 진폭이 줄어서 공급과 수요의 힘이 평형을 이루는 지점에 이르렀음을 나타낼 뿐이다. 이 평형 상태는 영원히 지속할 수 없으며, 깨어지기 마련이다. 그래서 미래의 방향을 가리키는 가격/거래량 단서를 찾아야 한다. 흔히 특이 거래량 급증이나 반전 행동이 한쪽으로 저울을 기울이기 전까지는 증거들이 상충한다. 와이코프는 시장이 정체 상태에서 벗어나 나아갈 방향을 알려주는 행태를 다음과 같이 설명했다.

"정체된 시장이 랠리를 유지하지 못하거나, 호재에 반응하지 않을 때는 기술적으로 상승세가 약한 상태다. … 반면 가격이 점차 경화되거나, 매도세의 급습이 상당수 종목을 몰아내는 데 실패하거나, 악재에도 주가가 하락하지 않으면 조만간 시장이 상승할 것이라고 예상할 수 있다.[6]"

장기 차트(월간, 연간)의 꼭짓점은 매우 짜증스러울 수 있지만 가장 큰 보상을 제공한다. 1960년대 말과 1980년 동안에 나의 친구이자 멘토는 꼭짓점이 나오는 상황을 찾았다. 그는 선물 거래에 대한 세법이 바뀌기 전에 6개월 넘게 계약을 보유함으로써 장기적인 자

---

6.   Rollo Tape(가명), *Studies in Tape Reading*(Fraser, 1910), 104p.

본 이득을 보았다. 그렇게 하려면 원월물 계약을 체결한 후 매우 끈기 있게 보유해야 한다. 기대한 가격 변동이 나올 때까지 포지션을 여러 번 이월해야 하는 경우도 흔하다. 그는 와이코프처럼 장기 예측을 할 때 대부분 포인트 앤드 피겨 차트를 토대로 삼았다.

가장 인상적인 꼭짓점 중 하나는 1974년부터 1977년까지 은 선물(그림 3.11)에서 나왔다. 상품시장의 강한 추세 때문에 은이 궁극적으로 매매 구간을 뚫고 오를 것이라는 사실을 의심하는 트레이더는 거의 없었다. 그러나 누구도 어느 것이 '진짜' 상승인지 알지 못했다. 모두가 강세를 예상하는 상황에서는 최대한 많은 롱 포지션 보유자를 지치게 만드는 것이 시장의 일이다. 각 상승은 새로운 투기자들을 끌어들였다. 그들은 뒤이은 하락에 바로 나가떨어졌다. 그러나 주로 일간 바 차트에서 매수자들이 꾸준히 매도자들을 이기고 있다는 단서들이 드러났다.

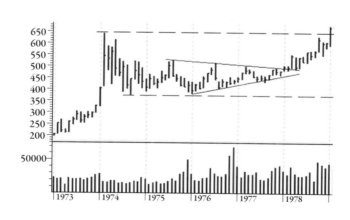

그림 3.11 은 월간 연속 차트

월간 차트에서는 1976년 11~12월에 특이한 거래량이 나타난다. 가격은 몇 년 후까지 이 기간의 저점 아래로 떨어지지 않는다. 1977년에 은은 6월에 지지선을 찾았다. 이 저점은 8월에 밀렸지만, 가격은 중간 정도의 수준에서 마감되었다. 1977년 8월의 거래량은 1년이 넘는 기간 동안 가장 낮았다. 이는 매도세가 소진되었음을 말해준다. 가격은 두 달 동안 천천히 오른 후 11~12월 동안 좁아지면서 꼭짓점에 이른다.

이 꼭짓점에 대한 '상방 돌파'는 너무나 기운 없이 이루어진다. 그래서 좁은 매매 구간이 나온 달에 뒤이어 횡보하는 달이 나온다. 가격은 짐을 가득 실은 트럭처럼 느리게 차고에서 빠져나온다. 1978년 3월의 상승은 1975년 고점을 넘어서면서 가격 분산 폭이 넓어진다. 그러나 수직 상승은 나오지 않는다. 1974년 1~2월의 가격 동향을 1978년의 가격 상승과 비교해보라. 1974년의 1~2월 동안 이뤄진 수직 상승은 패닉 매수, 투기적 분출을 반영한다. 와이코프는 이를 '피하 주사(hypodermics)'라고 말했다.

1978년의 상승은 어떤 팡파레도, 어떤 흥분도 수반하지 않았다. 그래서 매수 의욕보다는 의구심을 불러일으켰다. 매수자들이 점차 끈질긴 매도세를 극복하는 가운데 가격은 모든 지지선/저항선을 시험하면서 조금씩 올랐다. 각 저항선에서 공급되는 물량은 약한 보유자에서 강한 보유자로 손이 바뀜에 따라 꾸준히 흡수되었다. 은의 느린 가격 변동은 많은 측면에서 1분 또는 5분 바 차트에서 보는 동향과 비슷했다.

테이프 분석가들은 가격이 허공으로 떠오르는 발포성(發泡性)

거품과는 다른 느린 랠리의 중요성을 오래전부터 인식했다. 와이코 프가 말한 '가격의 점진적인 경화'를 생각하라. 험프리 닐(Humphrey Neill)은 이 행태에 대해 이렇게 말했다. "분출 및 폭넓은 가격 변동 과 달리 꾸준한 거래량을 수반하는 점진적인 상승은 보다 양질의 매수세를 나타낸다."[7] 나는 점진적인 상승은 공매도자들을 끌어들 인다는 점을 추가로 말하고 싶다. 공매도자들은 느린 속도를 수요 가 약하다는 신호로 인식한다. 하지만 환매수를 할 수밖에 없는 상 황이 되면 추가적인 가격 상승을 위한 연료를 제공한다.

요컨대 은 월간 차트에서 4년에 걸쳐 형성된 꼭짓점으로부터의 상방 돌파는 새로운 상승 추세의 출발을 알리는 요란한 환호성과 함께 시작하지 않았다. 오히려 느린 속도로 시작하여 나중에는 선 물시장 역사에서 가장 큰 강세장의 하나로 기세를 키워갔다.

앞서 몇 년에 걸쳐 꼭짓점이 형성되는 전형적인 양상을 살폈다. 이보다 작은 규모의 꼭짓점 형태는 많다. 이런 형태는 단순하게 추 세선의 삼각화를 통해 가격이 모이는 양상을 보여준다. 삼각화는 의미가 있을 때도 있고, 없을 때도 있다. 그래도 수렴 지점을 부각 하는 데는 도움을 준다. 슐럼버거(Schlumberger, SLB) 일간 차트(그림 3.12)를 보면 2개의 수렴 지점이 나온다.

7.　　Humphrey B. Neill, *Tape Reading and Market Tactics*(Fraser Publishing, 1970), 118p.

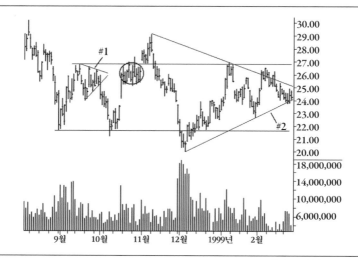

출처: 트레이드스테이션

그림 3.12 슐럼버거 일간 차트

첫 번째 꼭짓점(#1)은 1998년 9월에 며칠 동안 형성되었다. 이 꼭짓점은 더 큰 맥락이 필요 없으며, 독자적으로 존재한다. 더 큰 꼭짓점(#2)은 4개월에 걸쳐 형성되었다. 주간 차트(그림 3.13)에서 그 위치를 보면 그 의미를 더 잘 이해할 수 있다. 이 꼭짓점 형태 안에서 나타나는 가격/거래량 행태는 추가적인 약세의 징조일까, 아니면 새로운 상승 추세의 시작일까?

[그림 3.12]에서 1998년 12월 4일에 끝나는 주의 총거래량은 차트에서 가장 많다. 즉 절정에 이르렀다는 뜻이다. 일간 차트에서 주가를 매매 구간 아래로 끌어내리려는 큰 노력을 볼 수 있다. 그러나 후속 진행이 거의 없으며, 주가는 매매 구간으로 빠르게 되돌아온다. 12월 4일에 한 주 동안 나온 모든 매도 물량은 뒤이은 반등에

서 제거된다. 주간 차트에서 매도세는 12월 초에 절정에 이른다.

1998년 9월 저점부터 형성된 매매 구간을 자세히 확인할 수 있는 일간 차트의 맥락에서, 12월의 고거래량 급락은 상승 반전으로 이어진다. 이는 매매 구간의 최상단으로 향하는 랠리를 만든다. 보다 적은 거래량을 수반한 1월 저점으로의 후퇴는 저점에 대한 두 번째 시험이다. 1월 저점에서 상승할 때 주가가 꼭짓점을 이루며 좁아지는 양상을 확인할 수 있다. 11~1월 고점과 12~1월 저점을 걸쳐서 선들을 그으면 가격 변동을 확인할 수 있다. 1월 초와 2월 초의 빠른 상승은 매수자의 열의를 반영한다. 뒤이어 주가는 상승 추세선으로 후퇴한 후 1월 저점 위에서 휴식을 취한다.

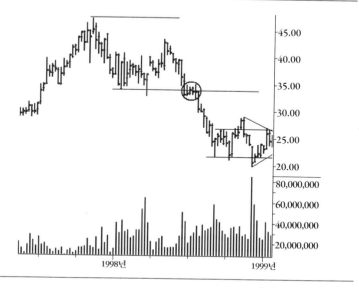

출처: 트레이드스테이션

그림 3.13 슐럼버거 주간 바 차트

[그림 3.14]에 나오는 마지막 8주의 주가 변동을 보면 2.25포인트 구간으로 조밀해지는 양상이 드러난다. 이는 곧 일어날 일을 말해준다. 즉 주가가 꼭짓점에서부터 상승하기 시작하다가 반락하거나, 하방 돌파 후 반등할 수 있다. 상방 돌파 시 매수하거나 하방 돌파 시 매도하면 위험이 늘어나며, 휩소(whipsaw, 주가가 갑작스럽게 반대 방향으로 움직이는 양상- 옮긴이)에 취약해진다. 12월 초의 매도 절정, 12월 저점에서의 반전, 더 높은 지지선을 만드는 능력은 모두 강세론을 말한다. 이제 마지막 8개 가격 바의 메시지를 읽어보자.

1일 차(#1)부터 4일 차까지 주가는 더 낮게, 저점 근처에서 마감한다. 거래량은 3일 차와 4일 차에 증가한다. 3일 차부터 5일 차까지 종가가 44센트 구간에 밀집되어 있는 점에 주목하라. 이는 대량의 매도 노력에도 불구하고 보상이 거의 없음을 나타낸다. 5일 차의 랠리는 이전 4일의 하락분을 대부분 제거한다. 또한 크게 늘어난 거래량은 매수세의 존재를 드러낸다. 이후 3일 동안 주가는 5일 차 매매 구간 안으로 좁혀지며, 거래량이 줄어든다.

5일 차부터 7일 차까지의 종가는 주가가 정중앙에 자리하는 가운데 31센트 구간에서 뭉친다. 차트는 8일 차(#8)에 매수하고, 4일 차 저점 아래에 손절매 지점을 정하라고 말한다. 3월 3일에 25센트에서 출발하여 44센트까지 랠리가 나온다. 꼭짓점에서의 가격/거래량 행태는 항상 그렇게 완벽하지 않다. 대부분의 경우 보다 모호한 상황에 대처해야 한다. 그런 때에는 꼭짓점 이전의 행태가 대개 결과를 좌우한다.

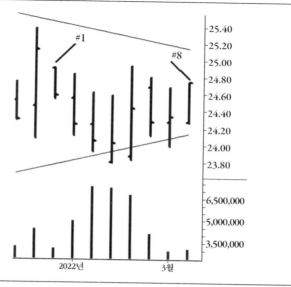

출처: 트레이드스테이션

그림 3.14 슐럼버거 일간 차트(확대)

앞서 언급한 대로 가격이 조밀해지는 것이 꼭짓점의 특징이다. 연간 차트에서 이런 일이 벌어지면 그 효과는 매우 극적일 수 있다. 설탕 연간 차트(그림 3.15)를 보면 아주 좋은 예가 나온다. 현물 가격은 4년 동안 2000년 매매 구간에서 똬리를 튼다. 이 시기에 나는 인접한 선물 가격이 1990년대의 고점인 16센트로 반등할 것이라고 생각했다. 결과적으로 현물 가격과 선물 가격은 몇 년 후 35센트 위로 상승했다.

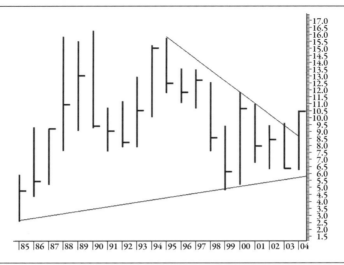

출처: 메타스톡

그림 3.15 설탕 현물 연간 차트

이제 홈디포(Home Depot) 주간 차트(그림 3.16)에 나오는 불완전한 꼭짓점을 살펴보자. 앞서 말한 대로 나는 처음 차트에 접근할 때 적절한 선들을 긋고 가장 두드러진 특성을 부각하는 방식으로 해부한다. 이 차트를 보면 주가가 1999년 말에 1998년 저점에서부터 그은 상승 채널 위로 상승한다.

여기서 다음과 같은 사실을 알 수 있다.

1. 1999년 12월의 첫 두 주 동안 주가가 수직 상승하며, 둘째 주의 거래량은 1998년 저점 이후 가장 많다.

2. 2000년 1월 첫째 주의 급락은 몇 년 이래 가장 큰 폭의 주간 하락이며, 1998년 저점 이후 가장 많은 하락 거래량을 수반한다.

076

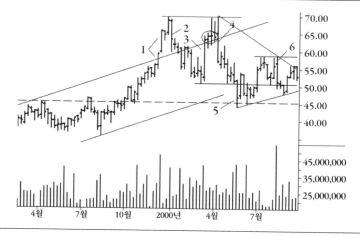

출처: 트레이드스테이션

그림 3.16 홈디포 주간 차트

3. 3월 중순 랠리에서 상방 움직임이 매우 수월하게 나오며, 원으로 표시된 구역에 종가가 위치한다는 점은 임박한 곤경을 경고한다.

4. 4월 둘째 주에 작은 상방 돌출과 큰 반락이 나온다.

5. 5월에 1999년 4~7월 저항선 위에서 지지선이 형성된다.

6. 2000년 7월 고점의 작은 상방 돌출에 이어 8월 둘째 주에 최대 일간 거래량을 수반한 반락이 나온다.

이 요소들은 전체적으로 약세론을 들려준다. 이후 몇 주 동안 가격은 고점에서 이어지는 하락 추세선과 2000년 3월 저점에서 이어지는 상승 추세선 사이의 꼭짓점으로 좁혀진다.

꼭짓점의 세부적인 모습은 일간 차트(그림 3.17)에 나온다. 이 차

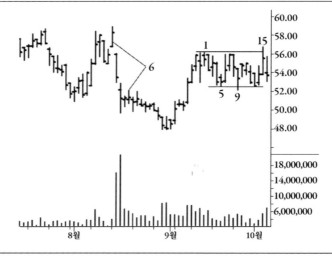

출처: 트레이드스테이션

그림 3.17 홈디포 일간 차트

트를 보면 16일에 걸친 좁은 매매 구간이 나온다. 이 구간은 주간 차트의 폭넓은 구간(지점 6) 안에서 형성된다. 9일 차에 주가는 이 구간의 바닥을 뚫지만, 후속 매도세가 나오지 않는다. 이 저점은 13일 차에 시험받는다. 이날 주가는 저점에 마감한다. 다시 한번 매도자들은 약세 가격 동향을 이용하는 데 실패한다. 주가는 15일 차에 매매구간 위로 상승하지만 종가에서 약간 미끄러진다. 매수세가 사라지면서 마지막 날에 주가가 하락하고 15일 저가 아래에서 마감한다. 마지막 날의 하락 거래량은 8월 저점 이래 가장 많다.

이제 우리는 일련의 행태를 참고하여 행동에 나설 수 있다. 매매구간이 지속하고 주가가 꼭짓점을 향해 더 똬리를 틀지는 누구도 확실히 알지 못한다. 다만 심한 약세를 보이는 주간 차트의 맥락에서 나온 소규모 상방 돌출은 하방 돌파의 가능성을 키운다. 그에 따라 종가나 다음 날 시가에 공매도 포지션을 구축하고 15일 차 고점 위에 손절매 지점을 잡는다. 다음 날 주가는 51.12달러로 하락한다. 4일 후에는 주가가 35달러에 이르며, 엄청난 거래량은 지금이 절정임을 알린다. 내가 보기에는 소규모 매매 구간 안에서 이뤄지는 일부 등락이 때로 강세를 드러낸다. 그러나 매도세가 마지막에 매수세를 압도한 구역(지점 6)에서 주가가 정체되는 것이 가장 중요한 고려사항이다. 따라서 빠르게 롱 포지션을 잡는 것보다 공매도 기회를 노리는 데 집중해야 한다.

나는 슐럼버거와 홈디포의 차트를 분석할 때 선들이 들려주는 단순한 이야기 너머로 독자들을 이끌었다. 즉 선들의 이야기를 바 차트 분석과 결합하여 가격 구간, 종가 위치, 거래량을 비교했다. 앞으로는 이보다 훨씬 많은 내용을 다룰 것이다.

4장

바 차트 분석의
논리

바 차트를 분석할 때는 연속적 평가 과정을 거친다. 이는 대개 당면한 가격 변동과 최근 가격 바를 비교하는 일로 이뤄진다. 이 비교를 통해 다음 기간에 일어날 일을 추론하거나 추정한다. 물론 어떤 일이든 일어날 수 있다는 사실을 항상 깨닫게 된다. 우리가 살피는 시장은 예상치 못한 재료 때문에 크게 갭 상승하거나 갭 하락한다. 이는 확률 곡선의 극단에 해당하지만 그래도 투자에 뛰어든 이상 누구나 투자 세계의 일부로 받아들여야 한다.

다음에 제시한 연습 문제는 순전히 추상적인 것이다. 추세선, 채널, 지지선/저항선, 거래량 같은 맥락적 단서는 일체 제공되지 않는다. 다만 각 바는 하루를 대표하며, 가격이 하락 추세라는 두 가지 사항을 가정하도록 하자. 첫 번째 바는 'a'이며, 두 번째 바는 'b'이다. 이 최소한의 정보만 가지고 'c' 일에 어떤 일이 생길 것이라고 예상할 수 있는가? 내가 보기에는 언제나 두 가지 해석이 있다(물컵은 절반이 차 있거나 절반이 비어 있다).

당신이 할 수 있는 최선의 추론은 무엇인가? 상황이 너무나 모호한 경우도 있을지 모른다. 가격 구간과 종가 위치를 고려하라. 이 두 바의 배열을 미래의 가격 변동을 분석하는 '획일적인 틀'로 생각하지 마라. 우리의 목적은 이틀에 걸친 가격 행태를 분석하여 다음 날의 동향을 논리적으로 예측하는 것이다. 나의 분석과 추론도 같이 제시한다.

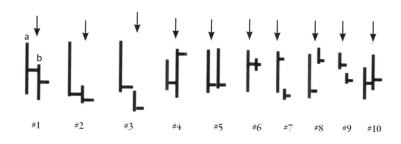

그림 4.1 순차적 차트 읽기

• **#1:** 'a' 바의 크기는 하방으로 이동하는 데 있어 용이함을 반영하는 동시에 장대 바가 의미하는 바를 말해준다. 종가가 구간의 중앙에 위치했기 때문에 매수세가 낮은 수준에서 나왔다고 가정할 수 있다. 한편 'b' 일은 구간이 좁아지므로 하방 움직임이 수월하지 않음을 반영한다. 이날의 저가는 돌출이 단축되면서 'a' 일의 저가보다 약간 아래에 놓이고, 종가는 구간 중앙에 위치하면서 낮은 수준에서 매수자들이 존재함을 드러낸다.

가격은 이틀 연속 구간 중앙에서 마감했으며, 하방 돌출은 단축되었다. 시장은 더 아래로 내려가지 않으려는 태도를 드러낸다. 이를 통해 'c' 일에 상승 시도가 나올 것이라고 예상할 수 있지만, 가격이 'b' 일의 최상단을 넘어선 후 'b'일 저점 아래로 반락하면 추가 약세도 염두에 둬야 한다.

• **#2:** 'a' 일에 하방 움직임이 수월하게 이뤄졌고, 종가가 구간 하단에 자리한다. 이는 매도자들의 전반적인 승리를 의미한다. 'b'

일의 좁은 구간은 해석하기가 더 어렵다. 매도자들이 많이 나아가는 데 실패했다는 뜻일까, 매수자들이 버티면서 모든 매도 물량을 받아냈다는 뜻일까? 종가 위치는 보다 나은 단서를 제공한다. 종가는 'a' 일의 저점 아래에 자리한다. 여기서 우리는 매도자들이 여전히 주도권을 잡고 있다고 추정할 수 있다. 종가가 구간 고점에 자리한다면 판정은 강세론자들에게 더 유리한 쪽으로 기울었을 것이다.

'b' 일 종가 위치로 볼 때 'c' 일에 추가 약세가 나올 것이라고 잠정적으로 예상할 수 있다. 만약 'c' 일에 하방 후속 진행이 거의 또는 전혀 나오지 않고, 가격이 'b' 일 고점 위로 오른다면 더 큰 상승이 나올 가능성이 크다.

- **#3:** 'a' 일은 전형적인 약세를 보여준다. 즉 하방 움직임이 수월하고, 종가가 구간 저점 근처에 있다. 'b' 일에 작은 갭 하락이 나오지만 구간이 좁아진다. 'b' 일의 종가는 저점 근처, 전날 종가 및 저점보다 아래다.

'b' 일에는 하방 움직임이 수월하지 않다. 그러나 모든 매매가 전날 저점 아래에서 이뤄진다. 가격을 올릴 힘이 없다. 게다가 종가가 저점으로 끝난다. 매도자들이 주도권을 잡고 있기 때문에 추가 하락이 예상된다. 다만 가격이 'b' 일 저점 아래로 떨어진 후 'a' 일 종가 위로 반등한다면 규모를 알 수 없는 추세 전환이 나올 수 있다. 이 이틀에 걸친 전개는 #1이나 #2보다 더한 약세를 보여준다.

- **#4:** 가격 구간은 'a' 일에 더 좁아지며, 종가는 구간 저점 근처

에 있다. 매도자들이 'a' 일 막판에 주도권을 잡은 것으로 보인다. 가격은 'b' 일에 전날 저점 아래로 떨어진 후 반등하여 전날 고점 위에서 마감한다.

'b' 일의 반전은 전형적인 '핵심 반전(key reversal)'이다. 즉 전날 저점 아래에서는 더 이상 추가적인 매도세가 없음을 말해준다. 매도 압력의 부재는 공백 상태를 만들며, 거기에 매수자들이 들어선다. 이 매수세 중 다수는 환매수일 수 있다. 그러나 전날 고점을 넘어서는 강한 종가는 지지선이 적어도 일시적으로 형성되었음을 시사한다. 그래서 'c' 일에 상방 후속 진행을 예상할 수 있다. 만약 가격이 반전하여 'b' 일 저점 아래에서 종가가 형성된다면 매우 비관적이다. 'b' 일의 저점은 신규 매수의 손절매 지점으로 삼을 수 있다.

• **#5**: 'a' 일에 하방 움직임이 수월하게 이뤄지며, 종가는 구간 저점 근처에 있다. 'b' 일에 전날 고점을 넘어선 랠리는 유지에 실패한다. 결국 가격은 다시 하락해 저점 근처에서 마감한다. 이틀에 걸친 종가는 거의 비슷하다. 이렇게 종가가 뭉치는 것이 강한 지지를 반영한다고 생각하는가?

'b' 일의 랠리가 유지되지 않았고, 상승분의 99퍼센트는 종가에서 제거된다. 따라서 'c' 일에 추가 약세를 예상할 수 있다. 이 그림에서는 이틀 연속으로 유지 행동이 나오지만 종가 위치가 랠리를 지속하지 못하는 약세를 반영한다. 따라서 두 종가가 뭉치는 양상은 대개 강한 지지로 보이지 않는다. 그보다는 하락 추세에서 나타난 일시적 지지에 더 가까워 보인다.

• **#6:** 'a' 일에 하방 움직임이 수월하게 이뤄지지만 종가가 저점과 많이 떨어져 있고, 고점에 훨씬 가깝다. 'b' 일에는 가격이 전날 종가에서 거의 움직이지 않아서 해석하기 힘든 짧은 바가 형성된다.

'a' 일의 종가 위치는 구간 하단에서 매수세가 나타났음을 나타낸다. 이는 강세의 함의를 지닌다. 'b' 일은 움직임의 전적인 부재를 보여준다. 와이코프는 이런 날을 더 큰 등락이 나올 수 있는 '힌지(hinge)'라고 표현한다. 이 이틀의 맥락에서 보면 힌지는 가격이 정중앙에 이르렀음을 말해준다. 그 자체만으로는 방향이 드러나지 않는다. 다만 'c' 일에 나올 결정적인 변화를 경계하라고 말해준다.

• **#7:** 앞선 사례처럼 'a' 일에 하락 움직임이 수월하게 이뤄지며, 종가는 구간 고점 근처에 있다. 그러나 'b' 일은 고점과 전날 종가 사이에 큰 갭을 만든다. 실제 구간은 좁으며, 가격은 저점 근처, 전날 저점 아래에서 마감한다.

'b' 일의 실제 구간은 좁다. 그러나 (갭을 포함하는) 실질 구간은 상당히 크다. 그래서 'a' 일에 나온 모든 상승분이 완전히 지워지는 것을 볼 수 있다. 갭은 아마도 간밤에 나온 악재나 장전(場前) 보고서 때문에 생겼을 것이다. 시가에 갭이 나온 후 움직임이 거의 없다는 점에 주목하라. 이는 매수 의지가 없는 약세 상황을 반영한다. 또한 매도자들도 수익을 실현하려는 의지가 없다. 매도 압력과 매수세의 부재는 가격을 내내 억누른다. 따라서 'c' 일에 추가 약세를 예상할 수 있다.

- **#8:** 이 경우는 #7의 반대다. 'a' 일에 하방 움직임이 수월하게 이뤄지며, 가격은 구간 저점 근처에서 약하게 마감한다. 'b'일에는 갭 상승이 나오면서 가격이 전날 고점을 넘어선다. 그러나 종가는 실제 구간의 저점, 'a' 일 고점보다 약간 아래에 있다.

'b' 일의 실질 구간은 'a' 일의 종가에서 시작된다. 예상치 못한 호재가 이런 갭 상승을 초래했다. 'b'일의 동향은 분명한 강세로, 전날의 모든 약세를 지운다. 그래서 종가 위치를 제외하면 강세 측면에서 #4의 핵심 반전에 버금간다. 'b' 일의 '약한' 종가가 걱정스러울 수도 있다. 그러나 실질 구간을 고려하면 약하지 않다.

- **#9:** 'a' 일과 'b' 일 모두 구간이 좁으며, 종가가 저점 근처에 있다. 'b' 일에 가격은 전날 저점 아래에서 시작하여 종일 머문다.

a일과 b일 모두 하방 움직임은 수월하지 않다. 두 가격 바는 매수자들이 물러서면서 꾸준하게 잠식되는 시장을 반영한다. 거래량은 적거나 중간 수준일 것이다. 과격하게 요동치는 절정 행동(climactic action)은 없다. 대신 가격은 이틀에 걸쳐 가벼운 환매수나 소수의 무모한 저가 매수 때문에 몇 번 위로 튈 뿐 느리고 꾸준하게, 요란하지 않게 하락한다(미끄러진다). 따라서 'c' 일에 추가 약세를 예상할 수 있다.

- **#10:** 'a' 일의 구간은 하방 움직임이 수월하지 않았음을 반영하며, 종가는 중간에 있다. 'b' 일에 가격은 조금 더 수월하게 반등하지만 당일 고점에서 많이 벗어나서 'a' 일 고점 아래에서 전날 종

가보다 아주 조금 높게 마감한다.

'a' 일의 중단 마감과 좁은 가격 분산 폭은 매수세의 존재를 시사한다. 그래서 'a' 일 마감 시 다음 날에 랠리가 나올 가능성이 커 보였을 것이다. 'b' 일에 활기찬 랠리가 나오지만 종가 위치는 매도세에 직면했음을 말해준다. 'b' 일 종가는 양일에 걸친 매매 구간의 중간에 자리한다. 그래서 매매가 활기차고 아마도 변동성이 심했을 것이라고 추정할 수 있지만, 상방 진전은 거의 이뤄지지 않는다. 매도자들은 여전히 우위를 점하고 있는 것으로 보인다. 따라서 'c' 일에 약세가 예상된다. 'c' 일 시가의 위치에 따라 앞서 살핀 정보는 강세론이나 약세론 모두에 동일하게 바로 끼워 맞출 수 있다. 많은 측면에서 #10은 가장 모호한 상황을 나타낸다.

[그림 4.2]에서는 앞에서 논의한 10개의 2일 조합을 20일에 걸친 하락으로 배열했다. 순서는 같다. 이는 순전히 무작위로 만든 가상의 상황이다. 그러나 명확성과 모호성이 전형적으로 뒤섞인 현실적인 양상을 지닌다. 또한 나는 지지선/저항선과 함께 2개의 고점과 중간 저점을 이어서 일반적인 하락 추세 채널을 그렸다. 이 선들은 어디서 소규모 매매 구간이 형성되었는지, 어디서 하방 돌파가 나왔는지에 대한 이야기를 들려주며, 거짓 상방 돌파/하방 돌파와 하락 각을 부각한다.

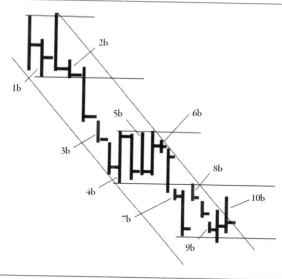

그림 4.2 가상의 가격 움직임

더 큰 맥락에서 보면 일부 가격 바는 새로운 의미를 얻는다. 바 1b 종가의 가격 움직임은 랠리가 나올 것임을 가리킨다. 보다시피 그에 따른 랠리는 1a의 고점을 넘어 돌출한다. 뒤이어 가격은 약세를 보이며 반락한다. 우리는 바 2b가 약세의 의미를 지닌다는 것을 인식한다. 가격이 상승 여력 없이 저점에 머무는 가운데 그 점은 더욱 명확해진다. 3a에서 하락 움직임은 매도자들이 우위를 잡았음을 보여준다. 그들은 3b와 4a에서도 계속 가격을 지배한다.

4b의 핵심 반전은 일시적으로 급락을 멈춘다. 5a와 5b에서의 가격 동향은 약세 분위기를 조성한다. 그러나 6a에서 탄탄한 종가는 매수자들이 매도 대기 물량을 흡수하려 애쓰고 있음을 말해준다. 6b에서 가격은 정중앙에 자리한다. 여기서 우리는 시장이 패를 보

여 주기를 기다린다. 흔히 그렇듯이 시장은 교묘하고 변덕스럽다.

7a에서 당면한 매매 구간의 바닥이 뚫리지만 반등이 나온다. 이 스프링 같은 행동은 7a의 저점이 유지되는 한 강세 잠재력을 지닌다. 그러나 간밤의 악재 때문에 7b에서 시가에 큰 갭 하락이 나온다. 다시 한번 분위기는 약세로 돌아선다. 가격은 8a에서 더욱 빠르게 떨어진다. 8b를 이틀의 일부로 보면 반등이 낙관적으로 보인다. 이 차트에서 8b는 전 지지선 위로 올라가고자 시도하지만 종가 위치가 이 노력이 실패로 돌아갔음을 알린다. 9a와 9b의 좁은 구간은 수월하지 않은 움직임을 반영하며, 최근 저점에 대한 두 번째 시험을 시사한다. 추상적인 형태로는 매우 모호하던 10a는 이 차트에서는 보다 의미 있게 보인다. 가격은 매매 구간의 저점 아래로 떨어지지만 하방 진전은 거의 이뤄지지 않는다.

1b, 4b, 8a, 10a의 하락 폭을 측정하면 이 하방 돌출이 단축되었음이 분명해진다. 종가 위치는 구간 중단, 9b 종가 위다. 이는 추가 상승을 예상하게 만든다. 마지막 날인 10b에서 가격은 하락 추세선을 뚫고 상승한다. 그러나 종가가 일 매매 구간의 저점 근처이기 때문에 상황은 해소되지 않는다. 그래도 가격이 이전 3개 바의 고점을 넘어서고 이전 종가보다 조금 더 높은 곳에서 마감하는 데는 성공한다. 11a에서 하방 압력이 거의 없다면 가격은 더 큰 랠리를 위한 도약대에 설 것이다.

지금까지 움직임의 수월성, 스프링, 상방 돌출, 흡수, 돌출의 단축을 언급했다. 이 주제들은 앞으로 계속 논의될 것이다. 여기서 빠져 있는 요소가 거래량이다. 거래량이라는 주제를 논의에 통합하기 위해 가격 바 아래에 가상의 거래량 막대를 넣었다. 이 차트들은 손으로 그렸기 때문에 각 거래일 사이의 간격이 완벽하게 동일하지 않다. 그래서 정밀도는 다소 떨어질지 모르지만 거기에 담긴 행태는 앞서 논의한 다른 요소들을 보완한다. 다만 먼저 힘을 측정하는 거래량에 대해 말하고자 한다.

우리는 매수 또는 매도의 힘(또는 노력)을 보상(가격 상승 또는 하락)과 비교하여 어느 쪽이 지배적인지 판단하고, 임박한 추세 변화의 신호를 파악한다. 거래량에 대한 해석은 언제나 일련의 일반적인 공식으로 환원된다. 거기에 따르면 '가격 상승 및 거래량 증가=강세, 가격 상승 및 거래량 감소=약세, 가격 하락 및 거래량 증가=약세, 가격 하락 및 거래량 감소=강세'다. 이 공식은 너무 단순해서 가격/거래량 행태의 뉘앙스를 포착하지 못한다. 그래서 대략적인 지침 정도의 역할만 한다.

가령 강한 상승 추세에 맞서려는 트레이더들이 적어서 거래량이 줄어드는 가운데 가격이 오르는 경우가 있다. 반대로 매수자들이 발을 빼거나 포기하는 바람에 거래량이 줄어드는 가운데 가격이 하락하는 경우도 많다. 아주 많은 거래량을 수반한 급등과 급락은 절정 행동 또는 중단 행동을 가리킬 수 있다. 아주 낮은 거래량을 수반한 급등과 급락은 종종 탈진의 신호다. 추세는 대부분 거래량 폭발로 시작한다. 이는 원동력으로서 더 큰 등락을 위한 추진제 역할을 한다. 이렇게 초기에 에너지를 분출한 후 흔히 거래량은 줄어든다. 시장의 힘에 대한 와이코프의 적절한 설명은 매우 교훈적이다.

"시장은 느리게 돌아가는 바퀴와 같다. 바퀴가 같은 방향으로 계속 돌아갈지, 멈출지 아니면 반대로 돌아갈지는 그 축과 접지부에 닿는 힘에 전적으로 좌우된다. 접촉면이 떨어지고, 회전 방향에 영향을 미칠 요소가 남아 있지 않아도 바퀴는 최근에 작용한 힘으로부터 추진력을 얻는다. 그래서 완전히 멈추거나 다른 영향을 받을 때까지 계속 돌아간다.[8]"

거래량은 가격 구간 및 종가 위치와 연계하여 해석하는 것이 가장 좋다. [그림 4.3]에서 2a의 상방 돌출과 반락이 드러내는 약세는 많은 거래량에 반영되는 강한 매도 압력으로 강조된다. 3a의 하방 돌파에서는 하방 움직임의 수월함과 약한 종가를 볼 수 있다. 이는 그 자체로 약세론을 이야기한다. 가격이 지지선 밑으로 떨어질 때 많은 거래량이 나오는 것은 매도세가 매수세를 압도했다는 뜻이다.

3b와 4a에서 가격은 많지 않은 거래량과 함께 미끄러진다. 그러나 여기서 낮은 거래량은 약한 종가처럼 매수세의 부재를 나타낸다. 4b의 많은 거래량은 핵심 반전을 강화한다. 하지만 거래량은 5a, 5b, 6a에서 적극적인 매수세를 보여주지 못한다. 그에 따라 가격은 작은 구간에서 오르내린다. 7a에서는 매수세가 대량의 매도 노력을 압도하면서 가격이 회복된다. 매도 노력에 대한 보상의 부재는 매수자들이 주도권을 잡아가고 있음을 시사한다. 뒤이어 7b에서 악재가 시장을 강타하고, 가격은 전날 저점 아래로 갭 하락한다. 매도세는 8a에서 최고조에 이른다. 약한 종가는 여전히 추가 하락을 경고

8.   Rollo Tape(가명), *Studies in Tape Reading*(Fraser, 1910), 13p.

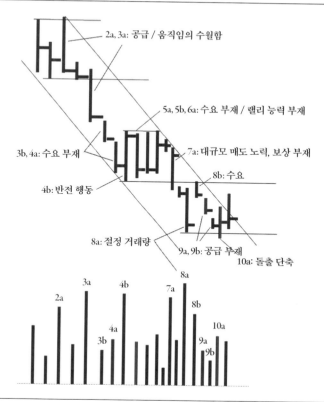

그림 4.3 가상 사례

한다. 8b에서는 가격이 갭 상승하면서 하방 진전이 이뤄지지 않지만 가격은 4b의 저점을 걸쳐서 그은 이전 지지선을 벗어나는 데 실패한다. 즉, 이전 지지선이 저항선 역할을 한다. 하지만 이 상승일의 거래량이 차트에 나오는 모든 상승일 중에서 두 번째로 많다는 사실을 무시할 수 없다.

여기서 매수자들이 8a에서 나온 절정 거래량의 엄호 아래 모습을 드러내기 시작했다는 이야기를 만들 수 있다. 시장에 매도세가 넘쳐나면 매수세는 잘 감지되지 않는다. 8b에서 매수세가 나오지만 상위 저항선을 돌파하기에는 충분하지 않다. 9a와 9b에서 나타나는 가격/거래량 행태, 즉 좁은 구간과 낮은 거래량은 매도 압력이 지쳐간다는 것을 의미한다(9a와 9b를 3b와 4a처럼 약세로 해석하지 않는 이유가 궁금한 사람들이 있을 것이다. 후자는 하락세를 보이는 반면, 전자는 고거래량 저점을 재시험하는 과정에 있다). 그러나 9a와 9b의 종가가 여전히 저점에 가깝기 때문에 8a 같은 급락이 나올 가능성은 있다. 실제로 10a에서 급락이 나온다. 다만 거래량이 줄어든 점은 주목할 만하다.

전체적인 하락이 시작된 이후로 10a의 거래량은 지지선 돌파 시가장 적은 거래량이다(3a, 8a의 거래량과 비교해보라). 10a에서 종가 위치는 구간 중단 근처, 보다 중요하게는 8a 저점 위다. 이는 매도 압력이 소진되었음을 말해준다. 어떤 측면에서 10a에서의 행동은 8a의 소규모 스프링에 해당한다. 전반적인 하락이 진행되는 가운데 10a에서 돌출 단축이 나온다. 10b에서 나온 상승분의 많은 부분은 종가에서 지워진다. 이것이 실제 매매 상황이라면 10b의 고점에서 나온 후퇴의 성격을 파악하여 매도 압력이 소진되었는지 판단할 것이다. 거래량이 줄어들면 저위험 매수 기회가 존재한다. 또 다른 매수 전략은 10b의 고점 위에 손절매 지점을 정하고 매수하는 것이다.

이제 2003년 S&P 연속 차트(그림 4.4)를 살펴보자. 이 차트는 상승 추세의 와중에 시작되는 17일 동안의 가격 동향을 보여준다. 어떤 행태가 가격 변동을 주도하는가? 특정한 하루를 말하는 것도, 추세선이나 거래량을 말하는 것도 아니다. 또한 더 높은 고점과 저점

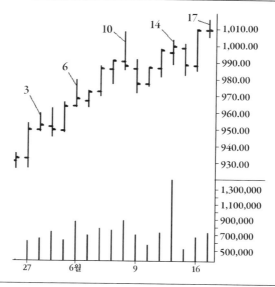

출처: 트레이드스테이션

그림 4.4 S&P 일간 연속 차트

을 만드는 시장의 능력을 말하는 것도 아니다. 어떤 행태가 반복적
으로 발생하여 상승 추세를 지속시키는가? 당신은 이미 그 답을 알
고 있다. 단지 개념만 알면 된다.

이 차트에서 가장 두드러진 약세 행태는 무엇인가? 전반적인 맥
락에서 16일 차와 17일 차의 의미는 어떻게 해석하는가? 18일 차에
는 어떤 일이 일어날 것으로 예상하는가? 매도자들이 우위를 점하
고 있음을 나타내려면 어떤 인접한 가격 수준을 돌파해야 하는가?
매수한다면 손절매 지점은 어디에 설정할 것인가? 당신이 12일 차
에 매수했다고 가정해보자. 이는 차트를 살필 때 자신에게 던져야
하는 질문들이다.

내가 보기에 [그림 4.4]의 상승 추세를 떠받치는 것은 모든 매도 노력을 압도하는 매수자들의 능력이다. 달리 표현하자면, 매도자들은 매번 가격을 끌어내릴 기회를 잃는다. 하방 후속 진행은 거의 또는 전혀 없다. 이는 3일 차와 4일 차에서 잘 드러난다. 구간 축소와 종가 위치는 매수세가 2일 차의 큰 상승 이후 지쳤음을 시사한다. 아마 시장은 매수자들의 수익 실현에 직면했을지도 모른다. 따라서 3일 차는 조정을 경고한다.

4일 차는 하락 가능성이 더 커진다. 여기서 시장은 전날 고점을 넘어섰다가 전날 저점 아래로 반락한 후, 약세로 마감한다. 우위는 매도자들에게 넘어간 것으로 보인다. 그러나 5일 차에 후속 진행의 부재는 새로운 매수세를 촉발한다. 그에 따라 상승 추세가 재개된다. 5일 차와 6일 차에 상승세를 보인 후 트레이더들은 다시 수익을 실현한다. 매도세에 직면했음을 말해주는 6일 차의 종가 위치에 주목하라.

7일 차에 후속 매도세의 부재는 추가적인 매수세를 위한 여건을 조성한다. 그러나 10일 차에 종가 위치에 반영된 대로 시장은 다시 매도세에 직면한다. 11일 차에 최대의 약세 행동이 나오면서 이전 3일 동안의 상승분이 대부분 지워진다. 하지만 매도자들은 다시 한 번 시장의 취약성을 이용하는 데 실패한다. 그러다가 14일 차의 소규모 상방 진전과 상승은 마침내 매도세가 지쳐가고 있음을 경고한다. 시장은 15일 차에 하락세를 보였지만, 16일 차에 가격이 신고가로 급등하면서 지속적인 매도세는 나타나지 않는다.

이는 추상적인 것이 아니라 전체 차트의 맥락 안에서 16일 차와

17일 차에 대한 궁금증을 불러일으킨다. 10일 차에서 11일 차로의 급락은 군인의 부상에 비유할 수 있다. 치명적인 부상은 아니지만 치유하는 데 시간이 필요하다. 따라서 시장은 매매 구간 안에서 휴식 또는 보합한다. 수급 균형은 16일 차에 바뀐다. 여기서 시장은 수월한 상방 움직임을 보이고, 고점에서 마감한다. 이 종가는 차트에서 가장 높은 가격이기도 하다. 강세의 깃발이 다시 높게 휘날리고, 강세론자들이 득세한다. 그러나 17일 차에 미미한 상방 후속 진행, 좁은 매매 구간, 구간 중단 마감으로 우려가 제기된다. 이는 매수세가 소진되었을지도 모른다고 경고한다. 신고가로 향하는 좁은 매매 구간은 흔히 약세로 이어지기 때문에 간과하지 말아야 한다.

18일 차(그림 4.5)에서 S&P는 전날 고점을 넘어서는 데 실패하고 전날 저점 아래로 떨어진다. 종가는 구간 중단에서 약간 더 아래로 마감하면서 약세 메시지를 완화한다. 그래도 여전히 상방 돌출이 나왔음을 시사하는 좁은 구간을 염려해야 한다. 이와 상반되는 주장은 시장이 흡수 과정을 거치는 중이라는 것이다. 매수자들은 이전 저항선을 재시험하는 과정에서 10일 차에 매수한 매수자들의 청산 물량, 더 낮은 수준에서 매수한 매수자들의 수익 실현 물량, 높은 가격에 이끌린 신규 공매도 물량을 흡수해야 한다. 따라서 상방 돌출의 가능성과 흡수의 가능성을 비교할 필요가 있다. 모든 롱 포지션 보유자는 18일 저점 아래로 손절매 지점을 올려야 한다.

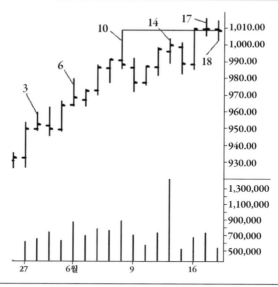

그림 4.5 S&P 일간 차트 2

19일 차에 답이 명확해진다(그림 4.6). S&P는 시가에서 잠시 상승을 시도한 후 이전 이틀의 저점 아래로 급락한다. 16일 차의 상승분은 대부분 사라진다. 일간 거래량이 모두 비슷하며, 매수세와 매도세의 힘에 대해 거의 말해주지 않는다는 점에 주목하라. 따라서 구간 크기와 종가 위치에 의존하여 차트를 분석해야 한다. 매도자들은 이제 우위를 점한다. 매매 구간을 뚫는 상방 돌파는 사실 상방 돌출이었다. 여기서 얻을 수 있는 교훈은 단순하다. 바로 가격이 이전 고점 위로 움직이고 매매 구간이 좁아질 때는 항상 경계해야 한다는 것이다. 더 많은 가격 역사는 매매 구간이 종결되었다는 판단을 더 쉽게 해준다. 가령 10일 차 고점에서 11일 차 저점으로의 하

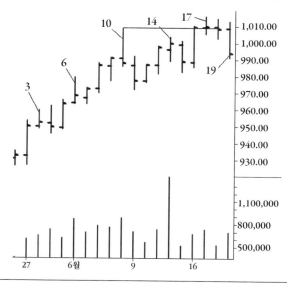

출처: 트레이드스테이션

그림 4.6 S&P 일간 차트 3

락은 이틀 기준으로 3개월에 걸쳐 가장 큰 낙폭을 기록했다. 이런 행태의 약세 전환은 일간 차트에서 뚜렷하게 부각된다. 18일 차 구간 아래에 손절매 지점을 잡은 공매도 포지션은 17일 차 고점 위로 잡았다면 보호받았을 것이다. 뒤이어 손절매 지점은 19일 차 고점으로 맞춰야 한다.

[그림 4.7]은 이후 8거래일을 보여준다. 21일 차 이후 시장은 거의 하방 진전을 이루지 않는다. 23일 차의 반전 행동은 가격이 매매 구간의 하단 경계 아래로 내려가면서 상당히 위협적으로 보인다. 즉각적인 후속 진행에 따른 매도는 나오지 않지만 시장은 위험 지점으로부터 벗어나지 못한다. 가격이 매매 구간의 저점을 끈질기게 끌어

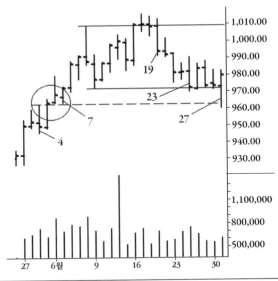

출처: 트레이드스테이션

그림 4.7 S&P 일간 차트 4

안고 있으면 적어도 급락 그리고 많은 경우 폭락이 나올 가능성이 크다(24일 차부터 26일 차까지 23일 차의 매매 구간이 유지되는 것에 주목하라). 27일 차에 가격은 이전 6일의 저점 아래로 하락한 후 매매 구간 안으로 반등한다. 이로 인해 10일 차 고점에서 시작된 매매 구간의 잠재적 스프링이 만들어진다. 27일 차 저점은 962포인트 선에서 4일 차 고점과 7일 차 저점의 '교차점'을 이룬다. 7일 차에서 시작된 상승에서 매수세가 나타난다. 매수세는 27일 차에 다시 나타난다. 우리는 반작용 시 지지선을 제공하는 이전의 상승 노력들이 어디서 나왔는지에 주목하면서 테이프 분석가들처럼 차트를 살피고 있다.

[그림 4.8]에 나온 대로 27일 차의 스프링은 이틀 후 시험받는

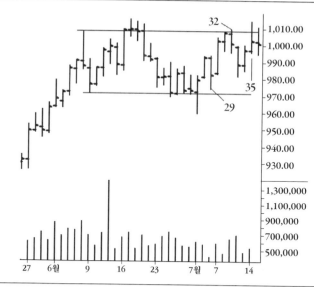

그림 4.8 S&P 일간 차트 5

다. 이때 거래량이 줄어들고 가격은 저점에서 멀리 떨어진 지점에서 마감한다. 매수세는 30일 차에 돌아온다. 이는 수월한 상방 움직임과 강한 종가에서 드러난다. 그러나 31일 차에 가격이 최상단에 접근함에 따라 구간이 좁아진다. 탄탄한 종가 때문에 매수자들이 대기 매물을 흡수할 수 있는 것처럼 보인다. 그러다가 32일 차에 전일 구간을 조금 넘는 하방 반전이 나온다. 시장은 33일 차에 추가로 물러서지만 34일 차에 하방 후속 진행은 나오지 않는다. 이는 대기 매물에 따른 저항선을 다시 시험할 수 있는 기회를 열어준다.

　35일 차에 가격은 32일 차 고점을 넘어섰다가 반락하여 저점 근처에서 마감한다. 약한 가격 행동과 거래량 증가로 알 수 있듯이 가격은 매도세에 직면한다. 36일 차는 시장의 운명을 결정한다. 여기서 저항선을 뚫으려는 또 다른 시도는 실패로 돌아간다. 가격은 저점에 더 가깝게 마감한다. 그에 따라 다시 하락이 나올 가능성이 커진다. 하락은 8월 5일까지 계속되다가 27일 차 저점의 스프링에서 끝난다. 거기서부터 가격은 6개월 동안 상승한다.

6개월에 걸친 상승 추세의 일부가 다음의 다우지수 차트(그림 4.9)다. 상승 추세는 2003년 11월 21일의 저점에서 시작된다. 이때가 상승 추세에서 가장 가파른 구간이다. 나는 분석을 위해 가격 동향 아래에 실질 구간의 그래프를 넣었다. 이는 단독적인 설정에 따른 것으로 다른 날의 수치와 비교되지 않는다. 보다시피 실질 구간

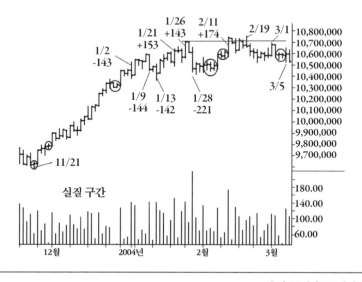

그림 4.9 다우존스산업지수 일간 차트

은 거래량처럼 해석할 수 있다. 즉 거래량에 대한 탁월한 대리지표로 기능한다. 실제 거래량은 그만큼 높은 수치와 낮은 수치의 차이를 제공하지 않는다.

나는 2004년 1월 2일에 행태의 변화를 인식한 것을 기억한다. 이날, 다우는 11월 저점 이후 처음으로 전일 구간을 넘는 하방 반전을 기록한다. 가장 눈에 띄는 점은 그 구간이 이전의 모든 하락 바 중에서 가장 넓었다는 것이다. 나는 이를 행태의 약세 전환이라고 생각했다. 그러나 다음 날 이 모든 약세는 지워진다. 5일 후(1월 9일), 다우는 또 다른 폭넓은 구간을 만들며 급락한다. 1월 13일에는 또 다른 폭넓은 하방 반전이 나온다. 1월 9일과 13일의 하락이 1월 2일의 매매 구간을 시험하는 양상을 주목하라. 13일의 종가 위치는 매수세의 존재를 나타낸다. 이후 8거래일 동안 다우는 340포인트 상승한다.

이 움직임의 속도는 12월의 상승보다 더디다. 그러나 1월 21일의 대규모 일중 랠리는 153포인트에 달하며, 이는 몇 달 만에 최대 폭의 상승이다. 1월 26일에 또 다른 강력한 성과가 나온다. 언뜻 보면 매수자들이 완전한 주도권을 잡은 것처럼 보인다. 하지만 다음 날 상방 후속 진행이 나오지 않는다. 1월 28일에 시장은 2003년 4월 이후 최대 일중 급락을 겪는다. 이 급락은 1월 21일과 26일 사이의 모든 상승분을 날려 버린다. 이는 중대한 행태 변화다. 가장 유명한 와이코프 투자법 강사인 밥 에번스는 머릿속에 확실하게 남도록 이 바에 '땅콩 버터를 듬뿍' 바르라고 말할 것이다(나의 친구는 차트에 굵은 글씨로 '듬뿍'이라고 쓰곤 했다). 그러나 매도는 빠르게 잦아들고, 가격은 6거래일 동안 좁은 구간에서 유지된다.

다음 상승은 2월 11일에 강력한 성과와 함께 끝난다. 다우는 저점에서 174포인트나 상승한 후 고점에서 마감하면서 그해의 신고가를 찍는다. 그래서 매수자들이 주도권을 잡은 것처럼 보인다. 그러나 랠리는 5연속 거래일 동안 멈춘다. 5일째인 2월 19일에 매수자들은 지수를 신고가로 밀어올린다. 그러나 지수는 반락하여 그날의 저점 근처에서 마감한다. 이 지점에서 1월 2일부터 이어진 모든 행태가 뚜렷해지며, 더 큰 급락이 예상된다고 말한다.

3월 1일의 매수 노력은 다음 날 완전히 무효화한다. 지수는 전날 저점 근처에서 마감한다. 3월 3일과 4일에 다우지수는 좁은 구간에서 머문다. 이 행태의 중요성은 과소평가할 수 없다. 매매 구간의 정중앙에 해당하기 때문이다. 매수자들이 주도권을 되찾으려면 여기서 지수가 상승해야 한다. 겉으로 보면 3월 5일의 상황은 모호하다. 지수는 오르내리다가 구간 중단에서 자리를 잡으며, 전날보다 조금 높은 지점에서 마감한다. 매수자와 매도자 중에서 누가 이겼을까? 우리는 1월 13일과 26일 사이에 이뤄진 상승의 성격이 바뀐 양상, 1월 28일의 폭넓은 하락, 2월 11일과 3월 1일 이후에 매수자들이 잃어버린 기회, 2월 19일의 상방 돌출을 고려해야 한다. 이런 맥락에서 3월 5일의 망설임은 시장의 취약성을 부각한다.

월요일인 3월 8일에 다우지수는 반락하여 전날 저점 근처에서 마감했다. 그래서 더 큰 하락에 대한 의심의 여지를 남기지 않는다. 실제로 이는 600포인트에 달하는 하락의 시작에 해당한다. 3월 5일 이후 다우의 취약한 입지는 다른 여러 주가 지수/평균의 동향으로 재확인된다. 가령 3월 5일에 다우운송지수는 1년 이래 최대 급락을 경험한다. 나스닥도 비슷한 하락을 겪는다. 반면 S&P와 러셀 2000은 그해 최고 수준으로 상승한다.

[그림 4.9]를 논의할 때 1월 2일, 9일, 28일의 일중 급락은 약세 전환이 두드러진다. 와이코프는 테이프 분석 강좌에서 상승 추세는 "매도 파동의 시간과 거리가 늘어나거나 매수 파동이 짧아질 때" 끝난다고 말했다. 그가 말하는 것은 일중 파동 차트의 상승 추세 또는 상방 움직임이다. 테이프 분석가의 관점에서 하락한 3일 동안의 넓어지는 가격 구간은 같은 맥락으로 볼 수 있다. 좁은 구간도 마찬가지로 중요하다.

와이코프와 그의 동료들은 분명히 그 중요성을 인식했다. 그들의 매집, 분산 모형에 따르면 좁은 구간은 가격대 상승 또는 하락 이전에 매매 구간 안에서 최종 전환점을 정의하는 데 중요한 역할을 한다. 물론 앞선 논의에서 설명한 대로 좁은 구간은 움직임의 수월함에 대해 뭔가를 말해준다. 특히 종가 위치를 감안하면 더욱 그렇다.

좁은 구간은 전설적인 트레이더이자 애널리스트인 토비 크라벨 (Toby Crabel)의 시장 분석에서 주된 역할을 한다. 그는 시장의 속성에 대해 자신이 발견한 내용을 다룬 책을 출간한 후 전부 되사들이려고 시도했다. 그러나 몇 권의 책이 틈새를 빠져나가 금세 희귀 도서가 되었다. 크라벨은《단기 가격 패턴과 장 초반 구간 돌파를 통한 데이 트레이딩(Day Trading with Short Term Price Patterns and Opening Range Breakout)》에서 영감의 원천으로 아서 메릴(Arthur Merrill)의 책을 언급한다. 그는 또한 특정한 좁은 구간 패턴의 원천으로 최종 공급 지점(Last Point of Supply)과 최종 지지 지점(Last Point of Support)이라는 와이코프의 개념을 철저히 이해하고 있음을 드러낸다. 정량적 분석의 관점에서 와이코프 투자법에 접근한 그는 며칠 동안 형성된 좁은 구간에서 장 초반 돌파가 나올 때 매수하거나 매도하는 방식에 따른 데이 트레이딩 결과를 시험했다. 이에 대해 그는 다음과 같이 말했다.

> **"이 시험들이 대략적인 시스템 형태로 제시되기는 했지만 그에 따라 매매하라는 뜻은 아님을 밝혀둘 필요가 있다. 이 모든 작업의 목적은 시장의 속성을 파악하는 것이다. 이 시장 개념은 거기에 도움을 준다. 2바 NR(narrow range, 좁은 구간, 또는 다른 시장 개념)을 적용할 때 시장의 전체적인 맥락을 고려해야 한다. 나는 시장 맥락을 추세, 가격 동향, 가격 패턴 분석, 지지선/저항선의 통합으로 정의한다. 그중에서 핵심은 추세다. 추세는 시장 맥락의 다른 모든 세부 요소보다 우선한다.[9]"**

2바 NR은 지난 20거래일 동안 이틀 기준으로 가장 좁은 매매 구간을 말하며, 크라벨이 말한 수축/확장 원칙을 나타낸다. 이 원칙은 시장이 활동기와 휴식기를 번갈아 지나는 양상을 설명한다. 2바 NR 개념은 특정한 크기가 아니라 상대적인 크기를 말하기 때문에 요동치는 시장 여건이나 잠잠한 시장 여건에서 모두 통한다.

---

9.   Toby Crabel, *Day Trading with Short Term Price Patterns and Opening Range Breakout*(Traders Press, 1990), 164p.

[그림 4.9]를 보면 3월 3일과 4일에 2바 NR이 발생한다. 우리는 3월 5일 개장 이전에 시장이 상승해야 마땅한 위치에 있다는 것을 알 수 있다. 3월 5일의 상승이 오래가지 못했다는 사실은 시장의 취약성에 대한 우리의 이해를 강화한다. 나는 다른 2개의 2바 NR을 원으로 표시했다. 2월 9일과 10일의 동향은 하루 동안의 강세 반응을 나타낸다.

크라벨은 다른 여러 좁은 가격 배열을 정량화한다. 그중 인상적인 패턴인 3바 NR은 3일 기준으로 이전 20거래일 동안 가장 좁은 가격 구간을 말한다. 그는 이 패턴과 관련하여 다음과 같이 통찰력 있는 이야기를 들려준다.

"이 유형의 패턴(3바 NR)이 지니는 심리적 의미는 흥미롭다. 일반적으로 이 패턴이 형성되는 동안에는 단타꾼들이 없다. 실제로 그들은 그 정도 수준으로 수축한 시장을 무시하는 경향이 있다. 이 지점에서 시장은 움직일 준비가 가장 잘되어 있으며, 폭발적인 기회를 제시한다. 이 패턴에서 나오는 움직임에 대해 초반에는 거의 관심을 갖지 않는다는 사실은 아이러니하다. 이런 기회를 인식하고 추세를 형성하는 힘을 제공하는 것은 잘 훈련된 트레이더들이다. 다가오는 행동을 예상하기 위해 패턴이 형성되는 동안 매우 주의 깊게 살펴야 한다. 다시 말하지만 이 패턴에 대한 정량화는 바로 그 일을 하도록 해준다. 시험 결과는 다음과 같은 몇 가지 사실을 말해준다. 1) 시장은 패턴이 형성된 다음 날 일중에 추세를 만드는 경향이 있다. 2) 시장의 전반적인 추세는 패턴이 형성된 이후 2일에서 5일 동안 추세를 지속하는 능력에 영향을 미친다. 이는 2바 NR과 다른 점이다. 2바 NR은 추세와

무관하게 돌파 방향으로 추세를 이어가는 경향을 보인다.[10]"

[그림 4.9] 다우 차트에서 2월 3~5일에 걸쳐 2월 2일의 매매 구간 안에서 3바 NR이 형성된다. 크라벨은 인사이드 데이(Inside Day, 전일 매매 구간을 넘지 않는 날- 옮긴이)를 '추세 형성 행동의 전조'라고 본다. 따라서 이 특정한 3바 NR은 250포인트에 달하는 랠리로 증명되었듯이 더 큰 잠재력을 지닌다.

와이코프는 이렇게 가격이 조밀한 패턴을 문이 열리도록 해주는 힌지에 빗대었다. 힌지는 가격 변동의 전조다. 주간 차트나 월간 차트에 나타나는 힌지는 대개 다수의 대규모 등락으로 이어진다. 크라벨은 NR4라 불리는 다른 좁은 구간 패턴도 시험했다. 이 패턴은 각각 이전 3일보다 일간 매매 구간이 더 좁은 날들로 구성된다. NR4가 인사이드 데이(ID/NR4)에 나왔을 때에도 긍정적인 시험 결과가 관찰되었다. 이 패턴은 NR4보다 덜 자주 나온다. ID/NR4는 12월 24일에 발생했지만 연말 트레이딩 여건 때문에 그 영향력이 희석되었다. 11월 21일과 28일은 전형적인 NR4에 해당한다. 11월 21일의 소규모 스프링과 종가 위치는 NR4에 보다 설득력 있는 이야기를 부여한다.

앞서 살핀 대로 와이코프 투자법은 가격 구간, 종가 위치, 거래량, 지지선/저항선 및 추세선과의 상호 작용을 통합하여 차트에서 일어나는 일을 설명한다. 반면 크라벨은 성공적인 데이 트레이딩이

---

10.   Toby Crabel, 같은 책, 177p.

나 2일에서 5일에 걸친 스윙 트레이딩을 허용하는 추세일을 만드는 구도에 초점을 맞춘다. 이 접근법은 보다 직관적인 와이코프 접근법에 비해 즉시성을 강화한다.

크라벨은 구체적인 데이 트레이딩 규칙을 만들려고 노력했고, 와이코프는 확고한 규칙과 무관하게 매수자와 매도자가 다투는 양상을 해석했다. 가령 2월 12일과 19일 사이의 4일은 11일의 매매 구간 안에서 유지된다. 2월 12일은 유일한 ID/NR4이지만 추세일을 만들지 않는다. 이 4일의 인사이드 데이는 전체적으로 약세론자들에게 증명의 부담을 안긴다. 이 조밀성은 시장이 물러서지 않고 있음을 말한다. 즉 매수자들이 대기 매물을 흡수하려 애쓰는 중이며, 다음 상승의 속성을 살펴야 한다고 말한다. 다음 날의 부실한 성과는 약세론으로 이야기의 방향을 돌린다. 나는 이런 식으로 크라벨과 와이코프의 방법론을 통합하는 것을 선호한다.

이런 점들을 염두에 두고 상승 추세를 형성하는 중인 U.S. 스틸의 차트(그림 4.10)를 살펴보자. 2003년 10월 말에 이 종목은 22달러에 형성된 주요 저항선을 뛰어넘는다. 수요가 공급을 극복하는 가운데(D/S) 가격 구간이 넓어지고 거래량이 늘어난다. 24달러 위로의 상방 진전이 느려지는 가운데 11월 5일(지점 1)에 반전 행동이 조정을 경고한다. 이틀 후(지점 2) 이 종목은 고점을 시험하려고 시도한다. 그러나 구간이 이전 6일보다 더 좁고(NR7), 가격은 중단에서 변화 없이 마감한다. 다음 날의 하방 돌파는 추가 약세를 부른다. 하락의 마지막 4일 동안 가격 구간이 좁아지고 거래량이 줄어든다. 이

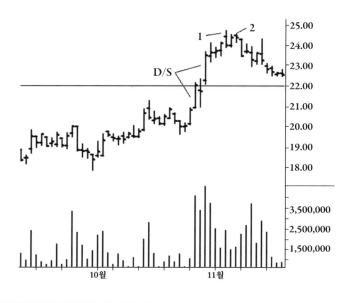

그림 4.10 U.S. 스틸 일간 차트

는 돌파를 시험하는 과정에서 나오는 이상적인 행태다. 따라서 다음 날 장 시작 때 롱 포지션을 잡고, 수요가 공급을 극복한 시점의 저점인 20.95달러 바로 아래에 손절매 지점을 정해야 한다.

　마지막 3일도 3바 NR의 정의를 충족한다. 여기서 우리는 두 트레이딩 방법론이 모두 행동을 요구하는 지점에 이른다. 가격/거래량 행태는 상방 돌파를 시험하기 위한 이상적인 후퇴를 제공한다(그림 1.1 매매 기회 탐색 지점 참고). 또한 3바 NR은 장 초반 구간 위(아래)에 있는 특정한 수의 지점에서 포지션을 잡아야 한다고 말한다. 이면의 강세 추세를 감안할 때 롱 포지션이 바람직하다.

[그림 4.11]에서 볼 수 있듯이 U.S. 스틸은 6거래일 연속으로 고점과 저점, 종가를 높여간다. 6일째(12월 1일)에 매매 구간은 1.64포인트로 넓어진다. 이는 실질 구간(TR)이 1.97포인트이던 10월 30일 이래 가장 넓은 수치다. 11월 고점을 돌파할 때 이처럼 수월한 상방 움직임이 나온다. 그러나 매수자들이 수익을 실현하면서 상승세는 다음 3거래일 동안 정체된다. 이때 대개는 주가가 하락한 후 상방 돌파를 시험할 것이라고 예상한다. 그러나 얕은 조정은 누구에게도 약세에서 더 저렴하게 살 기회를 주지 않는다. 이는 이면에 있는 추세가 강하다는 것을 증명한다. 앞서 말했듯이 크라벨은 인사이드 데이를 '추세 형성 행동의 전조'로 본다. 이 3일은 3바 NR과 혼동

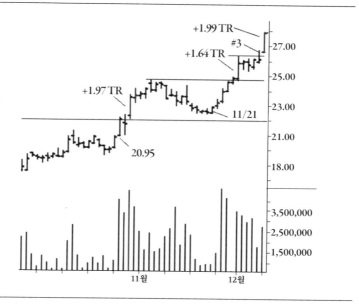

그림 4.11 u.s. 스틸 일간 차트 2

할 수 있다. 그러나 이보다 매매 구간이 좁은 3일이 지난 20일 안에 (11월 저점에서) 나왔다. 이번에도 구간이 얕고 종가가 밀집되는 것을 고려할 때, 추가 상방 진전이 나올 가능성이 크다.

언뜻 보면 3일 차(#3)는 실망스럽다. 여기서 주가는 이전 4거래일의 고점 위로 상승한 후 반락하여 아무 변동 없이 구간 저점 근처에서 마감한다. 많은 측면에서 이는 2월 19일에 다우지수가 보인 행태와 비슷하다(그림 4.9). 그러나 당시에는 전체적으로 누적된 행태가 하방을 가리켰고, U.S. 스틸의 경우는 다르다. 다음 날의 동향과 관련된 종형 확률 곡선 안에서 3일 차는 잠재적 상방 돌출을 경고한다. 주가는 다음 날(12월 8일) 거의 지점 #3의 고점 위로 갭 상승한다. 이후에도 가격 폭(실질 구간 1.99포인트)을 넓혀가며 상방으로 달리며 탄탄하게 마감한다.

시초가의 강한 갭 상승은 확률의 극단에 속한다. 기민한 트레이더라면 상황에 즉시 반응해야 한다. 주가가 전날 고점 위로 달릴 때 공격적인 트레이더는 더 많이 매수하고 전날 종가 바로 아래에 손절매 지점을 잡아서 포지션을 보호해야 한다. 성공한다는 보장은 없다. 그러나 일련의 행태는 상승 추세가 지속하는 쪽으로 기울어진다. 나는 이 강세 급등을 통계적으로 분석하지 않았다. 그래도 나의 경험에 따르면 대다수는 상승 추세에서 나온다. 3일 차의 행동은 상방 돌출을 의미한다. 그러나 상승 추세 안에서 상방 돌출이 실패하는 경우는 드물지 않다. 하락 추세에서도 실패한 스프링이 숱하게 나온다. 이 문제는 나중에 자세히 다룰 것이다.

[그림 4.12]에서 수축/확장 원칙이 작동하는 양상을 볼 수 있다.

12월 8일 이후 주가는 이틀 동안 좁은 구간에서 유지된다. 2일 차 구간은 1일 차 구간 안에서 머문다. 그러나 11월 저점 이후 이전 하락 일에 나온 거래량과 비교하면 이 지점의 하락 거래량이 가장 크다. 이는 하방 진전을 이루지 못하는 가운데 매수세가 존재함을 나타낸다. 결과적으로 주가가 12월 8일 고점 위에서 이틀 동안 유지되는 양상에 주목하라.

이번에도 우리는 예비 매수자들을 차단하는 얕은 조정을 보게 된다. 이후 가격 구간이 1.97포인트만큼 넓어지는 가운데 추세가 재개된다(12월 11일). 여기서 거래량은 4월 이후 최대치로 급증한다. 이는 절정 행동 또는 더 가파른 상승의 시작을 알리는 신호일 수 있다.

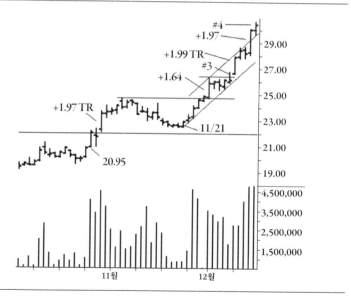

출처: 트레이드스테이션

그림 4.12 U.S. 스틸 일간 차트 3

4장. 바 차트 분석의 논리　　**113**

우리는 주가가 상승 채널 안에서 과매수 지점에 도달했음을 알 수 있다. 12월 12일(#4), 거래량은 더 높은 수준으로 급증한다. 이틀 동안의 총거래량은 매수 절정을 가리키는 것일 수 있다. 이 이틀의 저점(28.11달러) 아래로 내려가는 급락은 상승 추세를 위협할 수 있다. 그래서 롱 포지션에 대한 손절매 지점은 28.09달러로 높여야 한다.

　12월 15일에 주가는 더욱 높아진다(그림 4.13). 실질 구간은 1.26 포인트로 11월 21일 이후 4번째로 넓다. 다음 날(#5), 주가는 55센트나 떨어진 채 마감한다. 이는 상승이 시작된 이래 가장 큰 손실이다. 놀랍게도 이는 주가가 최초로 전날 저점 아래에서 마감한 사례이기도 하다. 그런데도 12월 17일에 주가는 반등하여 이전 이틀의

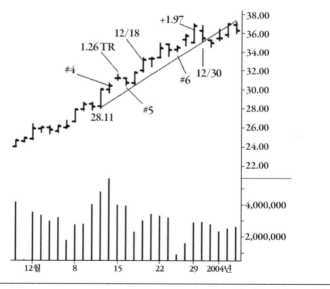

출처: 트레이드스테이션

그림 4.13 U.S. 스틸 일간 차트 4

고점 위에서 마감한다. 12월 18일의 강력한 모습 이후 손절매 지점은 전날 저점인 30.51달러보다 몇 센트 아래로 올릴 수 있다. 더 가파른 상승 채널이 12월 11일의 저점(28.11달러)과 12월 17일의 저점을 지나 그어진다. 상승 추세가 전개됨에 따라 12월 23일과 24일(#6)에 2개의 인사이드 데이가 나온다. 후자는 NR7이다. 주가는 12월 18일 고점 위에서 유지된다.

연말의 매매 여건은 다음 날 거래량이 적은 이유를 설명한다. 12월 29일에 주가는 다시 1.97포인트의 매매 구간을 이루며 상승 채널의 최상단에 이른다. 그 이후에는 이전 고점 위에 머물면서 5거래일 동안 횡보한다. 5일 중 2일은 더 큰 조정을 경고한다. 그 첫 번째이자 가장 중요한 경고는 12월 30일의 가격 동향이다. 이는 11월 21일 이후 가장 큰 약세 전환 행태로 두드러진다. 여기서 주가는 인사이드 데이에서 최대 일중 하락 및 최대 손실을 기록한다. 이날의 가격 동향을 2004년 1월 2일, 다우의 동향(그림 4.9)과 비교해보라.

두 번째로 차트의 마지막 날에 약간 높은 신고가를 경신하지만 상승분을 유지하는 데 실패한다. 그에 따라 잠재적 상방 돌출이 만들어진다. 이는 행태의 소규모 변화로 조정을 가리킬 뿐이다. 포지션 트레이더는 손절매 지점을 30.51달러에 유지할 것이지만, 스윙 트레이더는 수익을 실현할 것이다. 그에 따른 급락은 9거래일 후에 33.19달러에서 바닥을 찍는다. 이보다 큰 상승은 우리의 분석이 끝난 지 두 달 후인 2004년 3월에 40.15달러로 정점을 찍었다. 이 바닥에 걸쳐 포인트 앤드 피겨 산정을 해보면 최대 43달러까지 상승이 예측된다.

바 차트 분석에 대해 이미 제시한 정보를 토대로 2012년 10월물 설탕 차트(그림 4.14)의 가격 상승을 살펴보라. 그리고 선들과 가격/거래량 행태를 최대한 많이 분석해보라. 그들은 앞서 일어난 일을 잘 설명해주며, 시장의 향후 방향을 예측하는 탄탄한 논거를 구축한다. 나는 상승이 시작된 6월 2일부터 5일 단위로 기준점에 번호를 붙였다. 차트에 보이는 마지막 날은 34일 차다. 당신이 34일 차장 마감 후에 이 차트를 분석한다고 상상해보라. 당신은 수평선과 수직선으로 가격 변동을 구획하는 일부터 시작할 것이다.

다음은 내가 분석한 내용이다.

1. 2일 차 고점(20.29달러), 12일 차 고점(21.14달러), 24일 차 고점

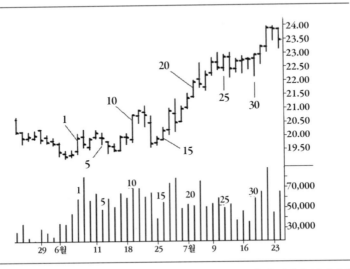

출처: 트레이드스테이션

그림 4.14 2012년 10월물 설탕 일간 차트

(23.05달러), 32일 차 고점(23.99달러)을 걸쳐서 수평선이 그어진다. 이 선은 연이은 상승 파동에서 발생한 돌출 단축을 보여준다. 3일 차 저점과 26일 차 저점을 걸쳐서 보다 작은 수평선을 그을 수 있다. 3일 차 저점 아래의 작은 하락에서 스프링이 발생한다.

2. 역추세선은 고점을 가장 가깝게 집어낸다. 이 선은 2일 차 고점과 21일 차 고점을 걸쳐서 그어진다.

3. 8일 차 저점을 걸쳐서 그어지는 평행선은 역추세 채널을 만든다. 30일 차 저점이 이 선에서 유지되는 것에 주목하라.

4. 14일 차 저점을 걸쳐서 두 번째 평행선을 그을 수 있다.

5. [그림 4.4]에서 본 대로 상승 추세가 유지되는 이유는 위협적인 가격 바들이 더 큰 약세를 낳는 데 실패했기 때문이다. 다시 말해 하방 후속 진행이 나오지 않았다. 위협적인 가격 동향은 2일 차, 13일 차, 17일 차, 21일 차, 24일 차, 26일 차에 발생한다. 26일 차를 제외하고 이 모든 하락 일이 많은 거래량을 수반한다. 또한 2일 차를 제외하고 모든 날이 넓은 거래 구간을 지닌다.

6. 32일 차 거래량이 차트에서 최대 거래량으로 두드러진다. 매매 구간은 상승일 중에서 세 번째로 넓다. 이는 절정 행동의 신호다.

7. 전체적으로 볼 때 30일 차의 바닥에서 32일 차의 고점에 걸친 움직임은 차트에서 3일 동안 가장 가파른 상승(179포인트)이다. 그에 따라 절정 행동이 부각된다.

8. 33일 차에 시장은 하락 반전을 시도한다. 그러나 가격은 고점
   근처, 약간 더 낮은 지점에서 마감한다. 33일 차 이후 상방 후
   속 진행의 부재는 약세론을 강화한다.

이제는 6월 저점에서 시작된 상승을 지속한 요소들을 이해하고,
34일 차 종가에서 드러난 시장의 취약성을 인식해야 한다. 다음 8거
래일의 변동은 [그림 4.15]에 나온다. 35일 차의 좁은 구간은 시장
이 24일 차 고점 위에서 유지되는 가운데 분명히 매수자들이 가격
을 밀어올릴 또 다른 기회를 제공한다. 다음 날 최대 하락 바가 나올
것임을 알 길은 없다. 그래도 그런 일은 일어난다. 36일 차는 실질
구간, 많은 거래량, 약한 종가 때문에 행태가 과도하게 바뀐다. 그에

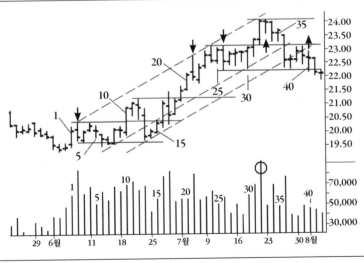

출처: 트레이드스테이션

그림 4.15 2012년 10월물 설탕 차트 2

따라 훨씬 큰 하락이 나올 가능성이 커진다. 그러나 이후 3거래일 동안 설탕 가격은 26일 차 저점을 걸쳐서 그은 선 위에서 유지된다. 39일 차에 전일 구간을 넘는 하방 반전이 나온다. 종가 위치는 해당 거래일에 대한 약세 메시지를 약화한다. 40일 차에 가격은 지지선 아래로 미끄러졌다가 반등하여 고점 근처에서 겨우 0.08포인트 하락하며 마감한다. 여기서 잠재적 스프링이 나오고, 다시 한번 또 다른 상승 시도가 이뤄질 가능성을 배제할 수 없다.

41일 차는 '최후의 일격(coup de grace)'이다. 종가가 전일 저점보다 낮은 가운데 상방 후속 진행이 나오지 않는다. 이 시점에서 우리는 가격이 아래로 향하고 있음을 거의 확실하게 알 수 있다. 본격적인 하락이 나와야 마땅해 보인다. 그런데 마지막 날에 구간이 좁아지고, 거래량이 줄어들며, 가격은 겨우 4틱 낮게 마감한다.

당신이 34일 차나 41일 차에 숏 포지션을 잡았다고 상상해보라. 마지막 날의 동향이 그에 앞선 약세 행태의 우세를 무효화한다고 생각하는가? 숏 포지션을 청산하는 것을 정당화할 수 있는가? 여기서 우리는 매매의 진화에서 결정적인 순간 중 하나를 맞는다. 즉 우리 자신을 미지의 가능성에 기꺼이 노출해야 한다. 나는 이를 '확인 비용'이라고 부른다. 10월물 설탕 가격은 이후 9거래일에 걸쳐 42일 차 종가에서 183포인트 하락했다. 이 하락기에 매일 고점, 저점, 종가가 계속 낮아졌다. 또한 각 종가는 전날 저점 아래에서 형성되었다.

이 장에서 제시한 사례들을 통해 당신은 모든 바 차트(일중 차트부터 월간 차트까지)를 훨씬 쉽게 읽을 수 있어야 한다. 일련의 지표나 알고리즘을 분석하는 대신 모든 시장이 자신에 대해 하는 말을 들을 수 있어야 한다. 이처럼 강력한 지식은 선들의 이야기와 가격/거래량 행태를 같이 반복적으로 관찰하는 데서 나온다.

5장

스프링

◆

　나는 워크숍이나 트레이더 캠프 강연에서 스프링과 상방 돌출이라는 주제를 소개할 때 이렇게 말한다. "스프링과 상방 돌출만 보고 매매해도 먹고살 수 있습니다." 스프링(및 상방 돌출)의 행태에 익숙해지면 모든 기간에 걸쳐 통하는 매매 신호에 눈뜨게 될 것이다. 스프링은 데이 트레이더들이 활용할 수 있는 단기적 움직임에 동력을 제공하거나, 장기적 투자 소득을 위한 촉매가 될 수 있다.

　내게 스프링은 후속 진행에 실패하고 상방 반전으로 이어지는 매매 구간 또는 지지선의 와해(관통)를 말한다. 이때 매매 구간의 지속 기간은 미리 정해진 양을 충족할 필요는 없다. 나의 관점은 일중 가격 변동을 몇 년에 걸쳐 확인한 데서 나온다. 가령 4일 동안의 채권 데이터는 5분 차트에서 320개의 가격 바를 나타낸다(주간 거래만 해당함). 320개의 가격 바로 구성된 지지선 또는 매매 구간이 와해되는 것은 가치 있는 트레이딩 상황처럼 보인다. 5분 차트나 월간 차트에서 스프링이 만드는 잠재적 수익은 이면의 추세, 시장 변동성 그리고 포인트 앤드 피겨 차트의 '준비(preparation)'에서 나온다.
　이는 스프링과 관련된 세 가지 중요한 개념을 말해준다.

　첫째, 시장이 명확한 지지선 아래로 하락한 후 후속 진행에 실패하면 나는 이를 '잠재적 스프링 위치'에 있다고 본다. 다시 말해서 후속 진행의 부재는 상방 반전 또는 스프링의 가능성을 제기한다. 스프링이 나온다는 보장은 없다. 앞으로 살펴겠지만 가격/거래량 행태와 스프링 상황을 둘러싼 폭넓은 맥락이 그 가능성과 중대성을 판단하는 데 도움을 준다.

둘째, 상승 추세에서 나오는 스프링은 성공할 확률이 더 높다. 반대로, 하락 추세에서 잠재적 스프링이 형성되는 데 실패하면 공매도자들은 유용한 트레이딩 정보를 얻는다.

셋째, 시장의 변동성은 흔히 스프링에 따른 상방 반전의 크기를 좌우한다. 관통되는 정도, 즉 매매 구간의 크기도 스프링이 초래한 상승의 규모를 결정할 수 있다. '준비'는 포인트 앤드 피겨 차트에서 나타나는 밀집도를 가리킨다. 이 정보는 가격을 예측하는 데 활용할 수 있다.

와이코프는 스프링 자체에 대해서는 글을 쓴 적이 없지만, 시장이 지지선을 시험하고 재시험하는 양상을 설명한 적은 있다. 이 시험은 큰손들이 명확한 지지선 주위에 매수세가 어느 정도나 존재하는지 가늠할 기회를 준다. 설계에 따라 지지선 아래로 떨어지는 급락은 궁극적인 시험을 제공한다. 하방 돌파가 나온 후에도 신규 매도세가 쇄도하지 않으면 큰손들은 매물 공백을 파악하고 공격적으로 매수한다. 그에 따라 빠른 반등 행동이 이뤄진다. 지지선 아래로의 하락은 흔히 손절매의 지원을 받는다.

험프리 닐이 《테이프 분석과 시장 전술(Tape Reading and Market Tactics)》에서 쓴 대로 시장은 "촘촘한 매수 주문과 매도 주문으로 구성된다."11 일부 손절매는 롱 포지션을 상쇄한다. 반면 다른 부분은 더 큰 하락을 기대하고 약세에 진입하는 신규 공매도일 수도 있다. 약세 실적 발표나 경제 데이터에 반응하여 움직이는 시장은 이런 손절매를 촉발한다.

가격이 지지선 아래로 하락하면 나는 권투 경기를 머릿속에 그린다. 한 선수가 상대에게 맞아서 링 밖으로 멀리 나가떨어졌다고 해보자. 그가 다시 기운을 차려서 링으로 돌아와 주먹을 휘두를 일은 없어야 한다. 하방 돌파는 매도자들에게 유리한 쪽으로 저울을 기울인다. 그들은 유리한 상황을 이용하기 마련이다. 이런 하락이 나오면 저점 아래에 손절매 지점을 정하고 롱 포지션을 잡을 수 있다. 이는 리스크가 가장 적은 위험 지점에서의 매수다. 그러나 반등을 기대하고 하방 돌파가 나올 때마다 자동으로 매수해야 한다는 뜻은 아니다. 달려오는 기차 앞에서 푼돈을 주우려고 해서는 안 된다.

매매 구간 아래로의 하락이 스프링일 가능성이 있다면, 어느 규모의 하락이 스프링의 정의에 맞는지 궁금할 수 있다. 안타깝게도 시장에서 통하는 정확한 규칙은 없다. 다만 도움이 되는 지침은 있다. '비교적 얕은 관통'은 적절한 양상이다. 이런 용어는 많은 의미를 수반하지 않는다. 의미는 판자를 보고 길이가 약 30센티미터라고 말하는 것 같은 경험에서 나온다. 3장에서 QQQ 차트(그림 3.9)를 분석하면서 깊은 하락(2000년 4월 4일)에 대해 논의한 적이 있다.

11.   Humphrey B. Neill, *Tape Reading and Market Tactics*(Fraser Publishing, 1970), 188p.

이 부분을 확대한 것이 [그림 5.1]이다. 이 그림은 2000년 4월 4일의 가격 동향을 담고 있다. 여기서 3월 10일과 16일 사이의 구간은 15.44포인트에 걸쳐 있다. 4월 4일의 급락은 101.00달러 아래로 12.69포인트 또는 매매 구간의 82퍼센트만큼 하락했다. 하락의 규모만 따지면 이 하락이 스프링일 가능성을 배제할 것이다. 하지만 가격은 반등하여 3월 16일 저점 위에서 마감한다. 4월 4일의 저점은 전날 종가에서 14퍼센트, 매매 구간 저점 아래로 12.5퍼센트 하락한 지점이다. 이 급락의 규모는 훨씬 큰 약세를 알린다. 앞서 말한 대로 거래량과 가격 구간도 당시 기록적인 수준이었다.

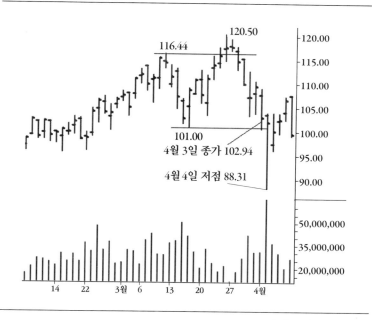

출처: 트레이드스테이션

그림 5.1 QQQ 일간 차트

몇 주 후, QQQ는 안정을 되찾는다. 그 결과 78달러와 94.25달러 사이에 매매 구간이 형성된다(그림 5.2). 스프링은 5월 22일에 시작된다. 이 지점에서 가격은 78달러 아래로 하락한 후 반등한다. 그래서 매수자들이 대규모 매도세를 극복한 것처럼 보인다. 그러나 5월 23일에 매수세가 증발한다. 결국 가격은 반락하여 매매 구간 아래, 당일 저점 근처에서 마감한다. 권투 선수가 링 밖으로 나가떨어졌기에 회복하지 못해야 한다. 그러나 5월 24일에 가격은 다시 반등하여 매매 구간의 하단 위에서 강하게 마감한다. 많은 거래량과 강한 종가는 매수세가 매도세를 극복했음을 말해준다. 최저점

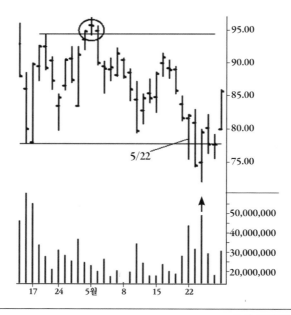

출처: 트레이드스테이션

그림 5.2 QQQ 일간 차트 2

기준으로 78달러 아래로 가격을 7퍼센트 떨어뜨린다([그림 5.1]에서 4월 4일 매수자들이 매도세를 극복했지만 하락 규모가 일반적인 규모를 훌쩍 넘어섰다고 주장할 수도 있다. 즉 매수자들이 너무 많은 희생을 치르고 승리했다고 볼 수도 있다).

모든 스프링이 많은 거래량을 수반하는 것은 아니다. 거래량 급증과 반등 없이 가격이 신저가로 떨어지는 경우들이 있다. 2004년 4월과 7월 사이에 코코아 차트(그림 5.3)에서 그런 사례를 볼 수 있다. 5월 18일에 코코아 가격은 4월 21일 저점인 2,196달러를 깨고 2,170달러로 떨어지는데, 이후에 반등하여 2,196달러 위에서 마감한다. 지지선 관통은 별다른 노력이 필요하지 않았고, 새로운 매도

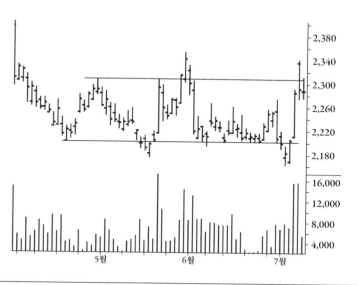

출처: 트레이드스테이션

그림 5.3 코코아 연속 일간 차트

세를 끌어들이는 데 실패했다. 그에 따라 스프링이 만들어졌다.

나는 이 상황을 생생하게 기억한다. 나는 5월 18일에 롱 포지션을 취하지 않았다. 5월 19일에도 상승에 가속이 붙지 않아서 계속 관망했다. 그러다가 5월 20일에 시초가에 전일 고점을 넘는 갭 상승이 나온 후 즉시 롱 포지션을 잡고, 전일 종가 바로 아래에 손절매 지점을 정했다. 전일 고가를 뛰어넘는 급등은 시장의 방향에 대한 모든 의구심을 제거한다. 이 가속은 175포인트에 이르는 랠리를 이끌었지만, 지속적인 추세를 만들지는 못했다. 랠리가 5월 고점에 이른 후 가격은 매매 구간의 바닥으로 복귀했다. 시장은 몇 차례 상승을 시도하지만 위험 지점에서 벗어나지 못하는 바람에 또 다른 하방 돌파의 가능성을 키웠다. 매도자들이 거듭 랠리를 좌절시키면서 대다수 빠른 상승이 부실하게 마감되는 양상에 주목하라. 7월 저점에서 나온 스프링은 450포인트의 랠리로 이어진다. 이런 상승세에 올라타려면 빠르게 매수해야 한다.

많은 스프링은 더 큰 움직임을 촉발하지 않은 채 빠르고 수익성 있는 매매를 초래한다. 그래서 1일에서 10일에 걸친 스윙 트레이딩을 위한 아주 좋은 매매 신호를 제공한다. [그림 5.3]은 7월 2일에 두 번째 스프링을 보여준다. 이 지점에서 가격은 약간 늘어난 거래량과 함께 2,158달러로 떨어진다. 이 하락은 전 저점을 1포인트만큼 관통한다. 따라서 앞선 스프링을 시험하는 과정에서 작은 스프링이 발생했다고 말할 수 있다. 이런 행태는 정상적인 범주를 벗어나지 않는다.

두 번째 스프링에서 더 큰 관통이 나오는 경우도 있다. 두 번째 스프링이 지속적인 상승을 시작할지는 시간이 말해준다. 그래도 매도자들이 다시 우위를 잃었기 때문에 더 큰 상승이 나올 가능성이 크다.

이 차트에서 두 번의 하방 돌파는 매매 구간 아래로 작은 퍼센트만큼 내려간다. 여기서 매도 압력의 부재를 반영하는 적은 거래량이 작은 관통에 기여했다고 추정할 수 있다. 그러나 때로는 스프링 이전에 많은 거래량을 싣고 작은 하방 돌파가 일어나기도 한다. 이때 큰 노력과 작은 보상에 주목해야 한다. 이는 누군가가 모든 매물을 받아내고 있음을 말해준다. 특히 가격이 저점에서 멀리 떨어져서 마감할 때는 더욱 그렇다. 약한 종가는 결과를 계속 의심스럽게 만든다.

2004년 3월 10일, 캐터필러(Caterpillar, 그림 5.4)의 주가는 2월 저점 아래로 1.38포인트(3.6퍼센트) 하락한다. 이때 수월한 하락 움직임, 약한 종가, 거래량 급증이 나온다. 장 마감 시, 매도자들이 주도권을 잡는다. 하지만 3월 11일에 행태가 바뀐다. 일간 구간은 전날의 절반 크기이지만 거래량은 비슷하다. 종가 기준으로 주가는 겨우 0.18달러만 내려간다. 여기서 큰 노력과 작은 보상에 주의를 기울여야 한다. 많은 거래량과 작은 하방 진전은 더 낮은 가격대에서 매수세가 등장했음을 말해준다. 그래서 잠재적 스프링을 경고한다.

3월 12일 금요일, 주가가 상승하여 전날 고점 위에서 마감한다. 그에 따라 스프링의 가능성이 커진다. 좁은 구간에 인사이드 데이인 3월 15일은 공격적인 매도를 반영하지 않는다. 이는 스프링에

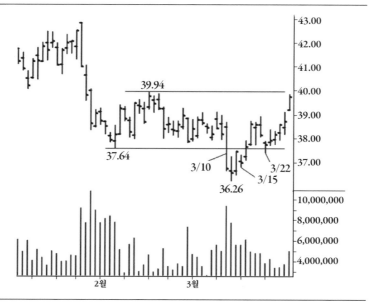

출처: 트레이드스테이션

그림 5.4 캐터필러 일간 차트

대한 전형적인 2차 시험이다. 이 최소한의 증거에 기반하여 공격적
인 트레이더는 다음 날 시초가에 롱 포지션을 취하고, 36.26달러 아
래에 손절매 지점을 정할 수 있다. 특히 하방 돌파가 많은 거래량을
수반하는 경우, 스프링에 대한 재시험이 흔하게 이뤄진다. 스프링
에 대한 시험은 롱 포지션을 잡을 탁월한 기회를 제공한다. 지지선
이 더 높아지는 것을 나타내기 때문이다. 스프링에 대한 2차 시험
에서 일간 구간이 좁아지고 거래량이 점차 줄어드는 것이 이상적
이다. 다만 이상적인 조건을 정확하게 고수하는 방식에 의존해서는
안 된다.

　[그림 5.4] 차트에서는 3월 22일에 2차 시험이 이뤄진다. 여

기서 주가는 2월 지지선 아래로 떨어진 후 반등하여 그 위에서 마감한다. 거래량은 3월 10일의 하방 돌파 이후 최저 수준으로 줄어든다. QQQ 차트(그림 5.2)에서 5월 26일 금요일에 이뤄지는 2차 시험은 전날 종가보다 약간 높은 중단 마감과 뚜렷한 거래량 감소를 수반하는 전형적인 양상을 보여준다. 이 경우 다음 날 시초가에 롱 포지션을 잡고 5월 26일 저점 아래에 손절매 지점을 정할 수 있다. QQQ와 캐터필러 차트에서 2차 시험이 이뤄진 후 가격은 각각 22달러와 4달러만큼 상승한다. 이 스프링들은 주요 하락의 바닥에서 발생하지 않는다. QQQ의 스프링은 더 큰 천장 형태의 경계 안에서 발생한다. 또한 캐터필러의 스프링은 아직 종결되지 않은 천장 형태의 중간에 형성된다. '매매 기회 탐색 지점' 모형을 명심하라. 앞서 말한 대로 많은 기회는 매매 구간의 경계 근처에서 발생한다. 그중에는 길게 이어지는 것도 있고, 짧게 끝나는 것도 있다.

첫 하방 돌파가 많은 거래량을 수반하면 2차 시험이 이뤄지는 경향이 있다. 코코아 차트(그림 5.3)에 두 번 나오듯이 저거래량을 수반하는 하방 돌파에 이은 스프링은 그보다 적게 시험받는다. 다만 스프링과 2차 시험에 대해서는 모호한 점이 많다.

이제 IBM 차트(그림 5.5)를 살펴보자. 2003년 8월 6일, IBM의 주가는 2개월에 걸친 매매 구간의 바닥을 관통한 후 반등하여 당일 저점보다 훨씬 높은 곳에서 마감한다. 종가는 매매 구간의 바닥에 해당하는 가격이다. 따라서 하방 돌파 시도는 실패로 돌아간다. 이 짧은 와해는 거래량 증가 없이 일어난다. 주가는 매매 구간으로 복귀한 다음 8월 11일과 14일 사이의 좁은 구간에서 유지된다. 여기

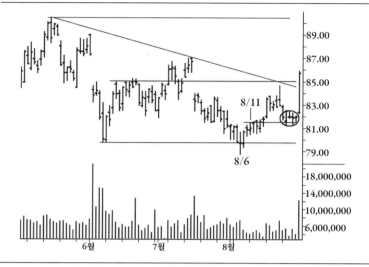

출처: 트레이드스테이션

그림 5.5 IBM 일간 차트

서 더 낮은 지점으로 내려가지 않으려는 뚜렷한 의지가 드러난다.
이는 이 4일 동안 형성된 종가 위치가 말해준다. 이 행태는 스프링에
대한 2차 시험을 나타낸다.

여기서 주가는 실제 저점에 더 가까운 수준으로 돌아가지 않고
더 높은 수준에서 유지된다. 이 2차 시험 동안의 유지 행동은 8월 11
일 고점 근처를 맴돈다. 종가가 이 소규모 저항선 위에 찍히자마자
주가는 하락 추세선을 향해 반등한 후 85달러 근처에서 저항에 직
면한다. 8월 22일 금요일의 상방 스파이크(spike)와 약한 종가는 다
시 급락이 나올 것임을 말해준다. 주가가 8월 11일 고점 위에서 한
번 더 지지선을 찾는 것에 주목하라. 8월 26일과 29일 사이(원으로
표시한 구역)에 형성된 4번의 종가는 50센트 구간 안에서 밀집된다.

또한 8월 27일의 좁은 구간을 제외하면 모두 종가가 일일 고점 근처에 자리한다. 이는 더 낮은 수준에서 매수세가 존재함을 말해준다.

좁은 구간 인사이드 데이인 8월 29일은 매도 압력이 전혀 없음을 반영한다. 등락 폭이 5월 고점부터 꾸준히 축소되는 양상에도 주목하라. 그중에서 가장 작은 폭의 움직임은 8월 22일 고점으로부터 하락하는 과정에서 나온다. 주가는 상승할 채비를 갖춘다. 와이코프는 이를 '도약대'라고 부른다. 이 양상을 스프링 또는 도약대에 대한 또 다른 시험이라고 부를 수도 있다. 메시지는 용어가 아니라 가격/거래량 행태에서 나온다. 세 가지 기본 요소인 가격 구간, 종가 위치, 거래량을 파악하고 선들과 더 긴 기간의 맥락 안에서 해당 요소들을 보는 방법만 알면 된다.

더 긴 기간이라는 주제는 유니언 퍼시픽(Union Pacific) 차트(그림 5.6)로 나를 이끈다. 여기서는 2000년 3월에 작아 보이는 스프링이 발생한다. 이 일간 차트는 10개월에 걸친 하락을 보여준다. 그동안 주가는 분명한 하락 채널 안에 머물면서 거듭 채널의 수요선 근처에서 지지선을 찾는다. 각 주요 지지선은 이후 랠리에서 저항선으로 작용한다. 스프링과 비슷한 행태를 드러내는 각 지지선에 저가가 표시되어 있다. 2019년 5월부터 2020년 2월까지 하방 진전의 정도를 측정하면 각각 4.66포인트, 3.97포인트, 1.56포인트 하락한 일련의 저점이 나온다. 최종 하락 폭은 81센트다.

와이코프는 이런 행태를 '돌출 단축(shortening of the thrust)'이라고 부른다(나는 흔히 줄여서 'SOT'라고 차트에 표기한다. SOT는 상승 움직임에서도 나온다). 돌출 단축은 동력의 상실을 반영한다. 거래량이 각 하

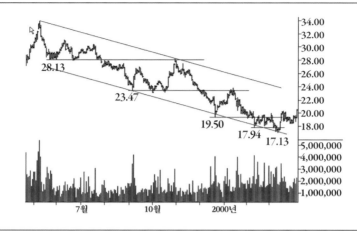

출처: 트레이드스테이션

그림 5.6 유니언 퍼시픽 일간 차트

락 움직임의 저점에서 늘어나고, 하락 진전이 쇠퇴할 때마다 주의를 기울여라. 이는 더 낮은 수준에서 매수세가 등장함으로써 큰 노력이 작은 보상을 얻었음을 뜻한다. 하방 돌출이 단축될 때 거래량이 줄어들면 매도자들이 지쳐간다는 것을 알 수 있다. 같은 관점이 스프링에도 적용된다. 많은 거래량과 함께 지지선을 관통하지만 하방 진전이 조금만 이뤄지는 것은 노력에 대한 작은 보상을 반영한다. 적은 거래량과 짧은 하방 진전을 수반하는 지지선 관통은 매물이 소진되었음을 말해준다.

유니언 퍼시픽 차트에 드러난 행태와 관련하여 2000년 3월의 양상은 1999년 5월 저점에서 시작된 전체 하락의 맥락 안에서 하방 돌출의 단축을 나타낸다고 말할 수 있다. 2000년 2월 저점인 17.94달러에서 시작된 매매 구간의 맥락 안에서 3월 저점까지의 81센트

134

하락은 스프링으로 보인다. 3장에서 우리는 슐럼버거 일간 차트(그림 3.12)에 나온 꼭짓점과 스프링을 살펴봤다. 또한 주간 차트(그림 3.13)에서 1998년 12월 저점으로의 급락에서는 하방 돌출이 단축되었다. 스프링, 상방 돌출, 돌출 단축이라는 개념의 이면에 있는 주된 관점은 후속 진행의 부재다. 이것이 문제의 핵심이다.

더 큰 맥락을 살피기 전에 스프링의 세부 사항에 주의를 기울일 필요가 있다. [그림 5.7] 유니언 퍼시픽 차트는 2월 저점인 17.94달러에서 시작되는 매매 구간을 확대한 것이다. 3월 13일에 주가는 하락 채널의 수요선 약간 아래인 17.13달러로 떨어진다. 그에 따라 소규모 과매도 여건이 만들어진다. 이날의 가격 등락 폭 축소, 적은 거래량, 종가 위치는 매도 압력이 일시적으로 소진되었음을 말해준

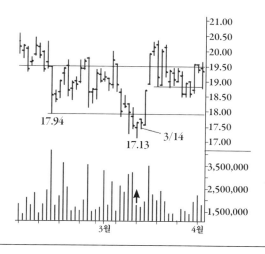

출처: 트레이드스테이션

그림 5.7 유니언 퍼시픽 일간 차트(확대)

다. 3월 14일에 주가는 더 좁은 구간에서 유지되다가 조금 더 높은 지점에서 마감한다. 이는 전날 저점으로 돌아갈 의지가 없음을 보여준다. 하락 채널 안의 과매도 포지션에서 나오는 하방 돌출의 단축은 스프링이 나올 수 있음을 시사한다. 실제로 3월 15~16일에 그런 일이 일어난다. 여기서 넓은 가격 구간은 상방 움직임이 수월했음을 반영한다. 3월 고점부터 나온 매도 물량은 이틀 만에 모두 사라진다. 적은 거래량, 수직 급등 구간 중단으로의 힘겨운 후퇴는 스프링에 대한 2차 시험을 나타낸다. 2차 시험에서 작은 스프링도 발생한다.

[그림 5.8] 유니언 퍼시픽 월간 차트를 보면 주가는 다시 5개월 동안 23달러와 18.50달러 사이에서 '갈지자'로 나아가다가 이후 추세가 반등한다. 이 차트에서는 2000년 3월에 나온 작은 스프링이 상당히 중요하다는 사실을 드러낸다. 3월의 하락은 1998년 8월의 저점을 깨면서 훨씬 큰 스프링을 만든다. 따라서 2000년 4월과 9월에 걸쳐 6개월 동안 형성된 매매 구간은 이 더 큰 스프링에 대한 2차 시험이었다. 2000년 9월(화살표)에 가격 구간이 5년 이래 가장 작은 수준으로 좁아지는 것에 주목하라. 이는 매도 압력이 소진되었으며, 주가는 훨씬 큰 상승을 위한 도약대에 서 있음을 말해준다. 가격의 조밀함에도 주의를 기울여야 한다. 이는 월간 차트에 나났을 때 특히 의미 있다. 이 관찰이 매우 중요하다.

월간 차트는 일간 차트와 같이 가격 구간, 종가 위치, 거래량에 중점을 두고 분석한다. 다른 어떤 차트보다 EWJ(Japan Index Fund, 일본지수펀드) 월간 차트(그림 5.9)에서 이 점이 가장 두드러진다. EWJ

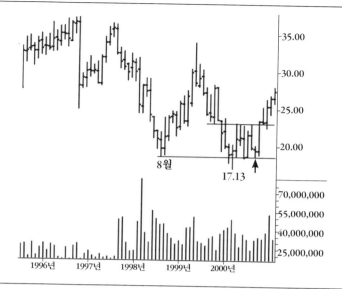

출처: 트레이드스테이션

그림 5.8 유니언 퍼시픽 월간 차트

주가는 2년 동안 하락한 후 2002년 2월에 지지선을 찾는다(#1). 초기 랠리는 이전 하방 돌파 지점에서 저항선을 만난다. 뒤이어 주가는 5개월 동안 10월 저점(#2)으로 떨어진다. 여기서 지지선이 뚫리고, 거래량은 4,800만 주로 급증한다. 이런 큰 노력에도 불구하고 주가는 구간 중단, 2월 저점 위에서 마감한다. 이는 스프링의 가능성을 시사한다.

그러나 주가는 위험 지점에서 벗어나지 못한 채로 4개월 동안 유지된다. 2003년 2월(#3)의 좁은 구간, 약한 종가, 적은 거래량은 하방 돌파를 경고한다. 3월과 4월(#4와 #5)에 주가는 많은 거래량과 함께 신저가로 떨어진다. 이때 하방 움직임은 수월하지 않으며, 노

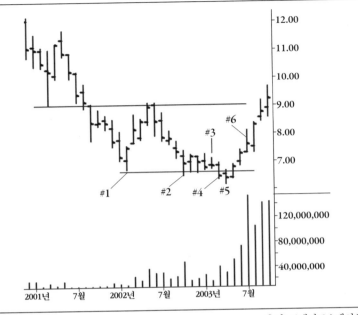

그림 5.9 EWJ 월간 차트

출처: 트레이드스테이션

력에 대한 보상도 작다. 4월 종가는 상승이 나올 수도 있다는 단서를 제공한다. 스프링은 5월의 반등으로 시작된다. 7월(#6)에 매물이 나오지만 8월에 흡수된다. 이후 주가는 2006년 5월 15.55달러까지 상승한다.

수년간 지속되는 매매 구간은 수많은 스프링을 지닌다. 이런 스프링들은 대규모 하방 돌파를 만들지 않고 매우 수익성 좋은 중기 상승을 제공한다. 대두 분기 연속 차트(그림 5.10)가 전형적인 사례이다. 이 차트에 나오는 많은 스프링을 보면 그중 5개가 두드러진다. 이 스프링들은 왼쪽에서 오른쪽으로 각각 6.36달러(16개월),

138

3.87달러(7개월), 6.32달러(21개월), 2.31달러(9개월), 6.39달러(27개월)의 상승을 만든다. 이후 2006년 저점에서 나온 스프링은 22개월 동안 11.39달러만큼 상승한다. 또한 이는 여기에 나오는 매매 구간에 대한 대규모 상방 돌파를 나타낸다.

대두의 경우 1달러가 계약당 5,000달러에 해당한다는 사실을 감안하면 나쁘지 않다. 대두시장은 수개월에 걸쳐 스프링이 형성되는 경향이 있어 자세히 공부할 가치가 충분하다. 이 스프링들 중 다수는 처음에 더 큰 움직임을 촉발하는 데 실패하는 상방 반전이 뒤따른다. 앞선 수치들은 최종 시작 지점에서부터 측정된다. 1999년 이전에 모든 스프링은 1975년 저점과 1977년 고점으로 형성된 경계 안에서 발생한다. 1973년 고점은 2008년에 가격이 16.63달러로 상승할 때까지 재시험받지 않는다.

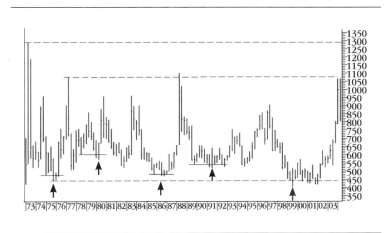

출처: 메타스톡

그림 5.10 대두 연속 분기 차트

상품시장의 추세는 1980년에 정점을 찍으며, 1999년까지 바닥에 이르지 않았다. 1999년에 대두시장은 1975년 저점을 깼다. 1999년 저점은 여러 번 시험받지만 2002년 1월에 그 과정이 끝날 때까지 계속 유지된다. 1999년과 2002년 사이의 가격 동향은 말기 털어내기(shakeout)다. 오래 지속된 매매 구간의 끝에 나왔고, 더 긴 기간에 걸쳐 진화했기 때문이다. 이런 가격 동향은 흔히 수년에 걸친 매매 구간을 종결하며, 훨씬 큰 상승 추세를 시작한다. 2002년 저점에서 시작된 상승분 중 다수는 2004년에 지워진다. 그러나 이는 궁극적으로 말기 털어내기에 대한 2차 시험의 역할을 한다. 대두유 연간 차트(그림 3.6)를 보면 1975년 저점에서 이뤄지는 말기 털어내기를 확인할 수 있다. 2001년에도 같은 일이 일어나며 대규모 상승을 만든다. 같은 차트에서 1950년대 초반에 시작된 매매 구간은 1968년의 덜 극적인 말기 털어내기로 종결된다.

다우산업지수(그림 5.11)는 1966년에 처음으로 1,000포인트까지 상승한다. 이후 이 고점에서 16년 동안 매매 구간을 유지한다. 그 구간에서 스프링, 상방 돌출, 말기 털어내기, 꼭짓점이 형성된다. 1982년 8월의 스프링은 주식거래소 역사상 가장 많은 월간 거래량을 수반한다. 그때까지 뉴욕증권거래소의 일 거래량은 1억 주를 넘은 적이 없었다. 그런데 1982년 8월에는 5일이나 그런 일이 일어났다. 또한 월 매매 구간은 이전에 상승한 달 가운데 1976년 1월에 이어 두 번째로 넓다. 물론 1982년 10월은 이전의 상승한 달 또는 하락한 달 중에서 가장 큰 매매 구간을 만든다.

이 스프링을 분석하려면 1981년 고점에서 시작하여 9월에 807

포인트에서 지지선을 찾은 하락부터 살펴야 한다. 다우지수는 이 저점에서부터 반등을 시도한다. 그러나 12월에 900포인트 위에서 동력을 잃는다. 1982년 1분기에는 더 많은 약세가 나타나는 것에 더하여 3월에 신저가가 찍힌다. 여기서 세 가지 중요한 특징을 관찰할 수 있다. 그것은 종가가 월간 구간의 저점에서 멀리 떨어진 곳에 있고, 전월 종가보다 조금 아래이며, 1981년 저점 위로 회복한다는 것이다. 이 세 가지 특징은 잠재적 스프링을 경고한다.

1982년 3월의 뉴욕증권거래소 월 거래량은 역사상 최고치에 이르렀지만, 대규모 매도 노력은 작은 보상만을 얻었다. 이는 강세 분위기를 강화했다. 작은 스프링이 나오지만 5월에 850포인트 위에서 저항선을 만난다. 5월 고점으로부터의 후퇴는 3월 저점에서 형

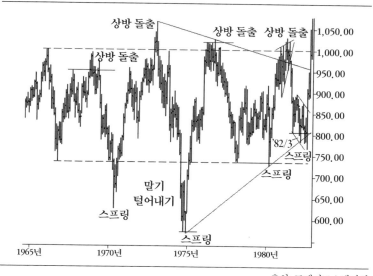

출처: 트레이드스테이션

그림 5.11 다우산업지수 월간 차트

성된 스프링에 대한 시험으로 볼 수 있다. 6월은 이 스프링에 대한 성공적인 2차 시험으로 보인다. 다우지수는 저점을 유지하다가 6월에 저점에서 멀리 떨어진 곳에서 마감한다. 그러나 7월에 종가 위치에서 알 수 있듯 상승이 약해지다가 멈춘다. 이는 스프링에 대한 또 다른 시험의 계기를 만든다. 8월에 지수는 약간 낮은 신저가로 떨어진다. 하지만 월중에 7월 고점 위로 반등하면서 스프링이 강하게 작동한다. 이 급등은 이전 11개월의 고점들을 넘어서며, 일생일대의 강세장이 시작되었음을 알린다.

1982년 8월의 스프링이 이처럼 강력한 효과를 일으키는 데 반해, 다른 스프링들은 지속적인 강세 움직임을 일으키지 못하는 이유가 궁금할 수 있다. 한 가지 명백한 비기술적 이유는 금리와 관련이 있다. 장기 국채 수익률은 1981년 9월에 정점을 찍는다. 단기 국채 수익률은 1982년 8월에 급락한다. 한편, 순전히 기술적 관점에서 보면 가격이 꼭짓점으로 똬리를 트는 것은 스프링을 토대로 매우 강력한 랠리를 일으키는 데 도움을 준다. 또한 일부 장기 가격 주기는 1982년에 바닥을 찍는다. 1982년 저점에서 이뤄지는 반등의 힘겨움은 추세를 지속하는 주식시장의 무시무시한 능력을 증명한다. 2011~2012년에 걸쳐서 같은 행태를 확인할 수 있다. 다음 장에서 다루겠지만 [그림 5.11]은 상방 돌출의 여러 탁월한 사례를 보여주고 있다.

앞서 확인한 대로 다우지수 차트와 대두 차트에 나오는 장기적이고 변동성 심한 매매 구간은 중대한 매수 기회를 제공한다. 일간 상승 추세 안에서 스프링은 때로 조정의 오른쪽에서 나온다. 이런 스프링은 불타기를 하거나 추세가 시작된 후 올라타는 데 활용할 수 있다. 하락 추세는 실패한 스프링으로 점철된다(그림 5.6 참고). 이는 내가 말하는 '바닥 매수자의 악몽'을 만든다. 트레이더들이 상방 반전을 추격하도록 거듭 유혹하기 때문이다. 그러나 이런 반등은 대개 짧으며, 정확하게 파악하면 숏 포지션을 구축하는 데 활용할 수 있다.

먼저 2003년 3월부터 10월까지의 디어 앤드 코(Deere & Co.) 일간 차트(그림 5.12)를 시작으로 2개의 상승 추세를 살펴보자. 주식시장은 2003년 3월에 주요 저점을 만든다. 이 저점은 약 1년 동안 정연한 상승 추세를 야기한다. S&P와 다른 지수의 일간 차트에서 3월 저점의 반전 행동은 매우 명확하게 드러난다. 디어는 대세를 따르지만 상승 이전에 명시적으로 표를 내지는 않는다. 다시 말해 절정 거래량이나 하방 돌출의 단축, 반전 행동, 2002년 12월 고점에서 시작되는 하락 채널 안에서의 과매도 여건이 나오지 않는다.

주간 차트(여기에 나오지 않음)로 보면 2002년 12월부터 2003년 3월까지의 하락은 2002년 7월의 저점을 재시험하지 않는다. 하지만 가격/거래량 관점에서 대규모 상승을 가리키는 어떤 일도 일어나지 않는다. 그럼에도 주가는 폭넓은 시장과 더불어 저점에서 3월 21일 고점까지 활기차게 상승했다. 뒤이어 주가는 다음 조정에서 대다수 상승분을 내준다. 이 저점에서 주가는 점차 22달러 수준으로 상승한다. 5월 12~13일의 많은 거래량은 매도세의 존재를 나타낸다.

몇 주 동안 매매 구간이 형성된 후 5월 29일에 작은 하방 돌파가 나온다. 거래량은 11일 만에 가장 많은 수준으로 늘어나고, 주가는

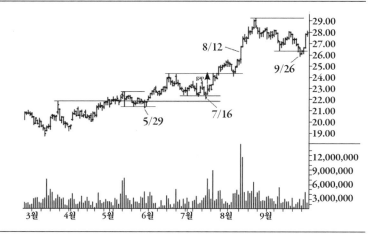

그림 5.12 디어 앤드 코 일간 차트

당일 저점 근처에서 마감한다. 다음 날, 하방 후속 진행의 부재는 주
가를 잠재적 스프링 자리에 놓는다(또한 3월 고점 수준에서 흡수가 진행
되고 있을 가능성도 커진다). 그래서 5월 30일이나 6월 2일에 롱 포지션
을 잡고 5월 29일 저점 아래에 손절매 지점을 정할 수 있다. 하방 돌
파 시 거래량이 늘었지만 2차 시험은 발생하지 않는다. 이처럼 상승
추세에서 소규모 스프링에 작은 베팅을 하는 것은 성공할 가능성이
더 크다. 두 번째 스프링은 6월 고점과 7월 저점 사이의 매매 구간을
종결한다.

　7월 16일에 주가는 매매 구간 아래로 하락하여 약세로 마감한
다. 거래량은 적게 유지되었다. 내가 가장 좋아하는 스프링이 17일
에 발생했다. 여기서 주가는 거의 전일 종가까지 갭 상승하며, 거래
량이 급증했다. 스프링의 양상을 보이는 이런 행동은 하락 추세에서

거의 통하지 않는다. 반면 상승 추세에서는 강세론을 강화한다. 잠재적 매수자들이 주식을 보유하기 위해 더 높은 가격을 기꺼이 지불하게 만들고, 다른 매수자들이 들어오지 못하게 막기 때문이다.

이 스프링에서는 저거래량 하락에 이어 많은 거래량이 실린 상승 일이 나온다. 또한 그다음 날에는 2차 시험이 이뤄진다. 뒤이어 주가는 6월 고점 위로 급등한다. 8월 초에 나온 후퇴가 [그림 1.1]에 나온 것처럼 매수세가 매도세를 극복하는 상방 돌파를 시험하는 것에 주목하라. 주가는 8월에 상승을 가속하다가 결국에는 다른 매매 구간에 갇힌다. 그러다가 9월 26일에 거래량 증가 없이 매매 구간 하단 경계 아래로 떨어진다(이는 8월 12일의 수직 상승을 시험한다). 다음 날 거래량과 후속 진행의 부재는 스프링의 가능성을 제기한다.

나는 이렇게 주가를 떠받치는 행태를 좋아한다. 구간 저점 바로 아래에서 유지되는 좁은 구간 인사이드 데이(9월 29일)는 임박한 랠리나 하방 경계를 요구한다. 여기서 이면의 추세가 모든 의구심을 날려버리고, 주가는 위험 지점을 벗어나 상승한다. 9월 스프링의 적은 거래량은 8월 12~13일의 고거래량 수직 상승 구간을 시험한다는 점에서 더욱 중요하다. 이 적은 거래량은 앞서 매수세가 매도세를 극복한 구간에서 매물의 부재를 반영한다. 덫에 걸린 공매도 투자자들은 당연히 9월 26일의 하방 돌파에서 포지션을 늘리지 않는다. 주가는 2004년 4월에 37.47달러에 다다른다.

2004년 12월물 유로/달러 차트(그림 5.13)를 보면 2003년 11월과 2004년 3월 사이에 상승 추세가 형성되는 동안 수많은 스프링 및 고거래량 상방 돌파 구간에 대한 시험이 나온다. 이 차트는 '선들의 이야기'에 대한 이례적인 공부 거리를 제공한다. 배경 정보를 제공하자면 유로/달러 계약은 2003년 6월에 정점(98.39달러)에 이른 후 하락하여 2003년 8월에 저점(96.87달러)을 찍는다. 이후 한 달 동안 보합을 거쳐 9월 4~5일에 가격이 급등한다. 이 수직 상승은 10월 고점까지 올라갈 동력을 제공한다. [그림 5.13] 차트는 이 지점에서 시작된다. 당연히 10월 고점 이후의 조정은 9월 초에 가격이 수직 상승한 구간을 시험한다. 이 조정은 매매 구간 AB로 표시했다. 10월 저점에서부터 더 작은 매매 구간인 BC가 형성된다. 그 첫 고점은 10월 3일의 일간 구간 내에서 소폭 마감되었고, 거래량이 증가하는 가운데 가격이 하락했다. 11월 7일의 고거래량 급락은 AB와 BC의 바닥을 뚫는다. 종가 위치와 노력에 대한 보상 부재는 스프링이 발생할 것임을 시사한다.

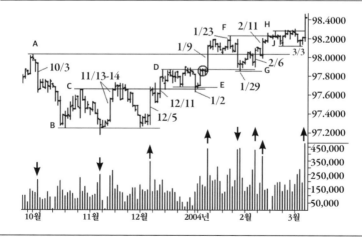

그림 5.13 2004년 12월물 유로/달러 일간 차트

이틀 후 가격이 상방으로 나아갈 때 인접한 저점 아래에 손절매 지점을 정하고 롱 포지션을 잡아야 한다. 이 스프링은 11월 13~14일에 상승 속도를 높이다가 월요일인 17일에 점차 기세를 잃는다. 이날, 가격 구간이 좁아지는 것은 스프링이 동력을 잃었음을 말해 준다. 이 일은 다시 10월 3일의 하방 돌파 구간에서 일어나며, 매매 구간 BC를 뚫는 잠재적 상방 돌출을 만든다. 적극적인 트레이더는 수익을 실현하거나 2차 시험에 대비하는 더 큰 베팅을 할 수 있다. 상방 돌출은 11월 21일까지 완료되지 않으며, 스프링에 대한 시험으로 이어진다.

12월 5일에 저점에 대한 재시험 이후 가격은 많은 거래량을 싣고 급등한다. 그에 따라 이전 하락분이 대부분 지워진다. 상승 움직임의 수월함, 강한 종가, 많은 거래량은 추가 상승의 징조다. 매수자들이 남은 매물을 흡수하는 동안 가격은 먼저 들쑥날쑥한 유지 행동을 경험한다. 그러다가 12월 11일에 상방 돌파가 나온다. 하지만 다음 날 가격이 저항선을 만나면서 상방 돌파는 짧게 끝난다.

새로운 매매 구간인 DE가 BC 위에, 그리고 12월 11~12일 상방 돌파의 가격 구간 안에서 형성된다. '매매 기회 탐색 지점'에 나온 그림의 맥락에서 매매 구간 DE는 상방 돌파에 대한 보다 긴 시험이다. 이 구간은 1월 2일에 스프링이 나오면서 종결된다. 가격은 1월 2일 금요일에 수월하게 하락하지만 미미한 거래량은 매도세가 매수세를 극복한 것이 아니라 약한 보유자들이 쓸려나가는 것임을 시사한다. 다음 날의 적은 거래량과 좁은 구간은 매물 부재를 부각하며, 롱 포지션을 잡을 탁월한 자리를 제공한다(종가 데이터를 사용하는 트레이더는 다음 날 시가에도 가능하다). 이후 3거래일 동안(원으로 표시한 구역) 매수자들이 대기 매물을 흡수하면서 가격은 저항선 위에서 조밀하게 유지된다.

이 3일 동안 종가가 각각 일중 저점을 훌쩍 넘어서 밀집된다. 이런 양상을 확인한 트레이더에게 흡수 구간은 롱 포지션을 잡을 탁월한 자리를 제공한다. 1월 9일에 매수세가 매도세를 극복하는 가운데 가격이 아주 수월하고 힘 있게 상방으로 나아간다. 이 랠리는 다음 날 바로 멈춘다. 가격은 저항선 A 위에서 보합세를 보이다가 또 다른 고점(1월 23일)으로 치고 올라간다. 이때 전 고점(1월 10일)을 넘는 랠리에서 돌출이 단축되고 가격이 반락하는 양상이 바로 드러난다. 그에 따라 앞선 상방 돌파가 매매 구간 AB를 뚫는 상방 돌출을 만들 가능성이 생긴다.

여기서 스윙 트레이더는 수익을 실현한다. 적극적인 트레이더는 숏 포지션으로 베팅하고 1월 23일 종가 바로 위에 손절매 지점을 잡는다. 잠재적 상방 돌출은 1월 28일에 깊은 고거래량 하락이 나온 후 더욱 타당해진다. 이 하락은 상방 돌파를 시험하면서 저항선 D선 위에서 유지된다. 그러나 약한 종가와 대량 거래량은 추가 약세의 가능성을 키운다. 약세에 대한 우려를 줄이는 것은 1월 29일의 동향이다. 여기서 일간 구간이 좁아지고, 가격은 중단에서 마감하며, 거래량은 차트에서 최고 수준으로 급증한다. 가격은 이전의 흡수 구간으로 복귀한다.

대량 매도세에 직면하여 일부 큰손들은 명백히 매수에 나서고 있다. 그에 따라 가격은 하방 진전을 거의 이루지 못한다. 여기서 스윙 트레이더는 롱 포지션을 재구축하고 97.80달러(흡수 구간) 약간 아래에 손절매 지점을 잡을 수 있다. 숏 포지션을 계속 유지하기로 결심한 트레이더는 최소한 손익분기점에 도달하도록 손절매 지점을 조정해야 한다. 이제 AB와 DE의 천장들과 상호 작용하는 새로운 매매 구간인 FG가 생긴다. 지지선 G는 거의 저항선 D의 연장선이다. 뒤이은 랠리 동안 98.00달러 위에서 일간 구간이 좁아지는 것은 매수세가 지쳐간다는 것을 나타낸다. 이는 1월 28일의 저점을 시험하는 2월 6일의 후퇴로 이어진다. 그러나 가격은 아주 강하게 반등하면서 스프링을 기다리는 모든 사람을 차단한다.

나는 이 장의 첫머리에서 스프링과 상방 돌출만 보고 매매해도 먹고살 수 있다고 말했다. 통계적으로 보면, 스프링과 상방 돌출은 이중 천장과 바닥만큼 많이 나오지 않는다. 차트 북을 보면 6개월 또는 1년에 걸친 상승 추세에서 스프링이 하나도 나오지 않는 경우가 많다. 그래도 이런 상황에 대응하는 매매 전략을 세울 수 있다. 그중 하나는 저점에서 고거래량 랠리가 나온 이후 하락 지점에서 롱 포지션을 잡는 것이다. 대부분의 경우 고거래량이 나온 거래일(들)의 구간으로 들어오는 얕은 조정이 이뤄진다. 앞서 살핀 12월 5일, 1월 2일, 2월 6일이 거기에 해당한다. 이를 매수에 활용할 수 있다. 물론 흡수 구간에서 또는 상방 돌파에 대한 시험 구간에서 다른 매매 기회를 잡을 수 있다.

2월 6일 이후 11일에 다시 급등이 나온다. 거래량은 여전히 많으며, 매매 구간 FG를 돌파하기에 충분한 힘을 제공한다. 12월 11일과 1월 9일 랠리 이후 상방 추진력이 약해짐에 따라 구간이 좁아진다. 그러다가 2월 18일에 가격이 반락하여 당일 저점 근처에서 마감한다. 이는 매매 구간 FG에서 상방 돌출이 나올 가능성을 제기한다. 실제로 D, F, H선의 고점을 따라 측정한 상방 진전에서 단축이 일어난다. 그러나 HJ로 표시된 매매 구간의 뒤이은 조정은 깊이가 얕다. 이 조정은 2월 11일의 수직 구간을 시험하며 그 안에서 머물다가 3월 3일에 거의 눈에 띄지 않는 스프링으로 끝난다. 이 스프링은 매매 구간의 바닥 위에서 탄탄한 종가를 찍는 좁은 구간으로 구성된다. 3월 5일에 가격이 신고가로 달리는 동안 대규모 매수세가 나타난다. 돌이켜 보면 매매 구간 HJ는 매매 구간 FG의 최상단 부근, 그리고 AB 상단 부근에서 이뤄지는 흡수를 나타낸다.

여기에 나오는 상승 추세는 아주 수월한 상방 움직임과 거래량 증가를 통해 연이은 스프링에 대응한다. 많은 거래량 때문에 각 스프링은 즉각 소멸하면서 또 다른 매매 구간으로 이어진다. 이는 보다 강세 여건에서 매수자들이 완전한 주도권을 쥔 채로 꾸준하게 나아가는 상승 추세가 아니다. 상승 추세 전반에 걸친 많은 거래량은 추세를 이어가기 전에 흡수해야 하는 끈질긴 매도세의 존재를 반영한다.

[그림 5.14]를 보면 3월 5일에 고거래량 돌파가 나온 후 작은 매매 구간 KL이 형성된다. 이 매매 구간은 3월 16일에 작은 스프링과 함께 끝난다. 이 스프링에 뒤이은 랠리와 [그림 5.12]에 나온 앞선 반전의 성격을 비교해보라. 일간 구간이 갑자기 좁아지고 거래량이 줄어드는 것은 수요 부족을 나타낸다. 2004년 3월 랠리의 천장에서

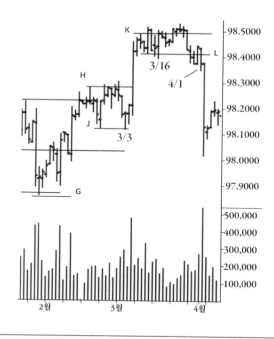

出처: 트레이드스테이션

그림 5.14 2004년 12월물 유로/달러 차트 2

수요가 마르는 것은 98.39달러에 형성된 2003년 6월 고점을 겨우 넘었다는 점을 고려하면 더욱 불길해진다. 이 천장 형성 행동은 논의할 가치가 있다. 천장을 찍은 날(3월 24일)의 종가가 약한 위치에 머물고 이틀 후에 스프링의 상당 부분이 지워지는 양상에 주목하라. 그럼에도 3월 31일에 다시 회복 기회가 생긴다. 매수자들은 추가 약세를 허용하지 않는다. 덕분에 가격은 강하게 마감한다. 이 지점에서 시장은 12월 4일, 1월 5일, 3월 4일과 비슷한 자리에 있다.

그러나 4월 1일에 후속 매수세가 나오지 않으면서 가격이 반락하여 이전 3거래일의 저점에서 마감한다. 매도자들은 3월 16일 저점 부근의 매수세를 흡수하고 우위를 잡는다. 여기서 4월 1일 종가나 4월 2일 시가에 숏 포지션을 잡고, 3월 31일 고점 위에 손절매 지점을 정할 수 있다. 4월 2일에는 비관적인 고용 보고서에 대응하여 엄청난 급락이 나온다. 그래도 종가가 저점에서 떨어져 있기 때문에 조건반사적 반등을 기대할 수 있다. 그러나 보다시피 뒤이은 랠리에서 일간 구간이 좁아지다가 이후 3개월에 걸쳐 가격이 100포인트나 떨어진다. 3월 31일~4월 1일에 나온 실패한 스프링은 가격하락을 위한 즉각적이고 기술적인 구도를 만든다. 3월에 나온 상방돌출과 2003년 6월의 고점에서 나온 상방 돌출의 단축은 훨씬 규모가 큰 비관적인 그림을 그린다. 심하게 비관적인 펀더멘털이 그 이유를 제공한다. 이제 천장 형태에 나오는 실패한 스프링을 살펴보자.

면화 가격은 2001년 10월과 2003년 10월 사이에 두 배로 뛴다. 2004년 12월물 신곡(new crop) 가격은 71센트에서 정점을 찍은 후 2003년 11월에 62.50센트로 빠르게 급락한다. 이 저점에서 2004년 1월에 69.96센트로 반등이 나온다. 우리의 분석은 이 시점에서 시작된다. [그림 5.15] 12월물 면화 일간 차트는 2004년 1월과 4월 사이에 형성된 천장 형태를 보여준다. 이 형태의 특징은 실패한 스프링이 많이 나온다는 것이다. 이는 매도자들의 힘이 커지고 있음을 부각한다.

나는 각 행동을 자세하게 설명하기보다 주된 요점을 제시하고자 한다. 2월 10일과 3월 9일의 스프링은 가격을 매매 구간 AB의 최상단으로 되돌린다. 그러나 4월 13일의 저점에서 시작된 스프링은 이 매매 구간의 하단 선을 시험하기만 한다. 이 마지막 고점에서 4월 28일과 29일에 하락 추세가 가속한다. 4월 29일 종가는 반등의 가능성을 유지하지만 하락 추세선을 관통하지 못한다. 결국 추가 약세가 뒤따른다. 4월 29일의 급락은 스프링으로 간주하기에는 너무 깊다. 이 차트에는 축선 A와 C를 따라 낮아지는 일련의 저점과 고점이 이어진다. 차트 오른쪽 끝의 유지 행동은 매도자들이 모든 매수세를 흡수하고 가격을 계속 낮추는 구간의 일부다.

나는 스프링보다 나은 매매 전략을 알지 못한다. 스프링은 단기

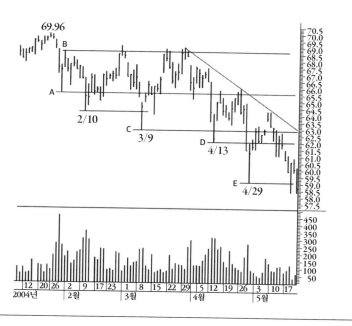

출처: 트레이드스테이션

그림 5.15 2004년 12월물 면화 일간 차트

일중 매매 기회를 만들며, 많은 장기 추세를 촉발한다. 또한 위험 관리 측면에서는 결과가 빨리 결정되고 리스크가 최소화하는 위험 지점에서 포지션에 진입하는 수단을 제공한다. 가격이 지지선 아래로 내려가면 많은 트레이더는 더 큰 약세를 두려워하며 발을 뺀다. 그러나 전문 트레이더는 그렇게 하지 말아야 한다는 것을 알고 있다. 그래서 주저하는 양상이나 미미한 후속 진행이 나오는지 지켜보다가 상황을 빠르게 이용한다. 스프링을 이해하면 누구라도 전문가처럼 매매할 수 있다. 그러면 좋은 연간 소득을 올릴 수 있을 것이다.

6장

상방 돌출

◆

주식이나 지수 또는 상품이 이전 저항선 위로 올라섰다가 후속 진행에 실패하면 반락의 가능성을 고려해야 한다. 이런 실패한 상방 돌파를 '상방 돌출'이라고 부른다. 상방 돌출은 스프링처럼 리스크가 가장 적은 위험 지점에서 매매 기회를 제공한다. 또한 추세 안에서 아주 빠른 매매 기회를 제공하며, 주요 고점에서 나타난다. 내가 보기에는 상방 돌출을 이용하는 매매가 스프링을 이용하는 매매보다 어렵다. 그 한 가지 이유는 대중은 신고가에서 매수하려 들기 때문이다. 그들은 신저가에서는 그만큼 열성적으로 숏 포지션을 잡으려 하지 않는다. 그래서 흔히 스프링에서 전문 트레이더들의 매수가 이뤄지는 것을 보다 분명하게 파악할 수 있다. 천장에서 이뤄지는 전문 트레이더들의 매도는 대중의 매수세에 가려지기도 한다. 이는 롱 포지션에서 빠져나와 숏 포지션을 구축하려는 전문 트레이더들에게 유리한 환경이다.

나는 상방 돌출의 가능성 때문에 상방 돌파에서 잘 매수하지 않는다. 제시 리버모어(Jesse Livermore)는《주식 매매하는 법》에서 상반되는 시각을 드러냈다.

"내 매매 기법을 알면 다들 놀랄 수도 있다. 나는 기록을 살펴보다가 상승
추세라는 판단이 서면 주가가 '일시적인 조정을 보인 후 신고가를 경신할

때'를 기다려 즉시 매수했다.[12]"

신고가 매수는 〈인베스터스 비즈니스 데일리(Investor's Business Daily)〉가 표방하는 매매 철학의 핵심 중 하나다. 이 기법은 강세장에서 아주 잘 통한다. 윌리엄 오닐(William O'Neil)은 《최고의 주식 최적의 타이밍》이라는 탁월한 책에서 이렇게 말했다. "주식시장과 관련하여 수긍하기 어려운 커다란 역설은 대다수에게 주가가 높고 위험해 보이는 종목이 일반적으로 더 상승하고, 주가가 낮고 저렴해 보이는 종목이 일반적으로 더 하락한다는 것이다."[13]

이 현명한 조언을 믿으려면 긴 시간이 걸린다. 같은 맥락에서 나는 확립된 추세(위든 아래든)에 맞서는 인기 전략은 파국적인 결과를 야기할 수 있다는 말을 보태고자 한다. 그렇다면 저항선을 넘어서는 상방 돌파가 실패할지 어떻게 알 수 있을까? 추세를 고려하는 것이 가장 우선이다. 앞으로 살피겠지만 상승 추세에서 나오는 잠재적 상방 돌출은 길게 가는 경우가 드물다. 반면 하락 추세에서 이전 조정 고점을 넘는 상방 돌출은 통할 가능성이 더 크다. 이런 상방 돌출은 잘 풀린다.

상방 돌출이 나올 수 있는 방식은 거의 무한하다. 첫 번째 전제조건은 저항선이 그어지는 이전 고점이다. 이 선을 넘는 움직임은 '잠재적' 상방 돌출이 된다. 전 고점을 넘는 상승은 결정적인 가격

---

12. Jesse L, Livermore, *How to Trade in Stocks*(Duell, Sloan, Pearce, 1940), 20p.
13. William J. O'Neil, *How to Make Money in Stocks*(McGraw-Hill, 1995), 25p.

동향이 아닐 수 있다. 흔히 이전 가격 바들 그리고 특히 이후 가격 바들에서 드러나는 누적 행태가 이야기를 들려준다. 상방 돌출은 기간에 상관없이 모든 차트에서 발생할 수 있다. 시장이 역사적 고점에 이르면 대개 몇 달 만에 변동성이 가장 커진다. 이런 환경에서 시간별 차트의 상방 돌출은 전년의 구간보다 큰 하락을 만들 수 있다. 그 사례로 2011년의 은 시장이 생각난다. 일반적으로 주간 차트에서 나타나는 상방 돌출이 가장 분명하게 두드러진다.

[그림 6.1]은 2011년 3~4월에 실버 휘튼(Silver Wheaton)의 주간 차트에서 형성된 천장을 보여준다. 그 주가 끝나는 3월 11일에 약세 전환이 이뤄진다. 주가는 고점에서 저점까지 7.74포인트 떨어진다. 이는 이 종목의 역사에서 가장 큰 하락이다. 4주 후(4월 8일), 주가는 상승하여 3월 11일 고점 위에서 마감한다. 매수자들은 우위를 되찾은 듯 보인다. 그러나 다음 주를 마무리하는 4월 15일에 주가가 반락한다. 이 시점에서 누적 행태는 상방 돌출이 발생했음을 나타낸다.

참고로 [그림 6.2]는 실버 휘튼의 일간 차트이다. 여기서 3월 11일에 끝나는 주의 대량 매도는 두드러지지 않는다. '상방 돌파' 일인 4월 8일에 구간 축소와 종가 위치는 분명 잠재적 상방 돌출에 대한 의구심을 불러일으켰을 것이다. 좁은 구간 상방 돌파는 상승 추세를 되살릴 수 있는 적극적인 수요를 말해주지 않는다. 이후 2거래일인 4월 11일과 12일에 나온 고거래량에 주가 급락은 매도자들이 주도권을 잡았음을 증명한다.

[그림 6.2]는 상방 돌출의 여러 특징을 보여준다. 첫째, 4월 11일

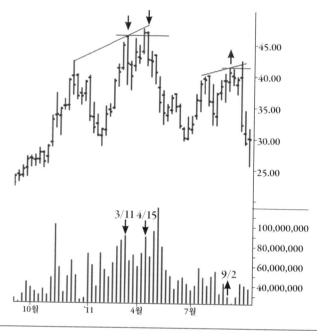

출처: 트레이드스테이션

그림 6.1 실버 휘튼 주간 차트

의 종가는 4월 8일과 7일의 저가보다 낮게 형성되어 있다. 그에 따라 '상방 돌파'를 완전히 지운다. 둘째, 이례적으로 큰 하락 바를 이룬다. 4월 11일의 실질 구간은 거의 6개월 전인 2010년 11월 10일 이후 나온 모든 하락 바 중에서 가장 크다. 주가가 4월 12일에 잠깐 저점을 찍은 후 상하로 요동치면서 가격 바의 하단 끝 근처에서 거듭 마감하는 양상에 주목하라.

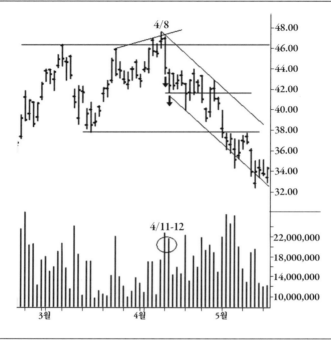

그림 6.2 실버 휘튼 일간 차트

2011년 1월 3일에 U.S. 스틸(그림 6.3)은 5개월에 걸친 랠리의 고점(61.18달러)에 이른다. 급격한 조정 이후 주가는 다시 상승 파동을 시작한다. 2월 15일의 갭 상승은 1월 고점을 넘어선다. 주가는 구간의 하단 끝 근처에서 마감하지만 실질 구간은 종가에 더 강한 느낌을 부여한다. 거래량은 적절하게 늘어나고, 매수자들은 매도세를 극복한 것처럼 보인다. 다음 날, 구간이 좁아지는 가운데 주가는 미미한 상방 진전을 이룬다. 그러나 탄탄한 종가는 여전히 주가가 더 오를 가능성을 열어둔다. 2월 17일에 구간이 더 좁아진다. 그래도

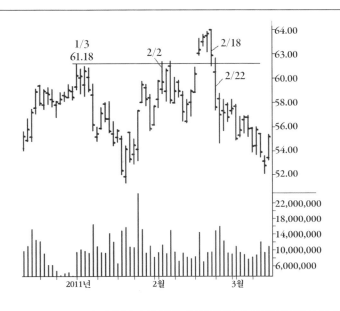

출처: 트레이드스테이션

그림 6.3 U.S. 스틸 일간 차트

탄탄한 종가와 전일 구간을 넘는 상방 반전은 강세론을 살려준다. 이 약한 랠리에 대해 끝없는 핑계를 댈 수 있지만 더 많은 진전이 필요하다.

대신 2월 18일에 나온 전일 구간을 넘는 하락 반전은 약세 전환의 행태이다. 이는 전일 고점 바로 위에 손절매 지점을 정하고 숏 포지션을 잡을 탁월한 기회를 제공한다. 거래량은 급증하지 않아도 이전 4거래일의 저점 아래에 찍히는 종가는 상방 돌출이 발생했다고 말하기에 충분한 증거다. 2월 22일, 화요일의 깊은 하락은 주가가 내려갈 가능성을 3배로 높인다. 이날의 고점이 깨지기까지는 여러

해가 걸린다. 2월 2일의 가격 동향에 주목하라. 여기서 주가는 1월 고점을 살짝 관통한 후 반락한다. 이틀 후, 같은 약세 가격 동향이 발생한다. 주가가 60달러인 점을 감안하면 전 고점과의 차이가 18센트에 불과한 신고가를 상방 돌출로 보기 어렵다. 이는 2차 시험이거나 이중 천장일 가능성이 크다.

반면 2달러짜리 주식에서 나오는 미미한 신고가는 상방 돌출일 수 있다. 전반적으로 상방 돌출이 충족해야 하는 정확한 크기의 기준은 없다. 전 고점 대비 10퍼센트에서 15퍼센트가 상방 돌출의 타당한 한계치로 보인다. 예를 들어 금 선물은 2008년 3월에 1,040달러에서 정점을 찍었다. 그러다가 2009년 12월에 1,240달러에서 반락했다. 이는 2008년 고점에 대한 상방 돌출이 아니라 상승 추세 안에서 이뤄지는 랠리의 천장이다.

S&P는 스프링과 상방 돌출이 많기로 악명 높다. 주요 극단 중 다수는 이 두 행태로 종결된다. 2002년 10월 저점에서 60개월에 걸쳐 진행된 상승은 상방 돌출로 점철된다. 그들은 짧은 하락이나 횡보를 초래할 뿐 중대한 하락 반전은 없다.

현물 S&P 월간 차트(그림 6.4)에서 8개의 '잠재적' 상방 돌출을 파악할 수 있다. 그중 5개는 전일 구간을 넘는 하락 반전이다. 1번, 4번, 8번은 예외다. 첫 6개의 상방 돌출이 기록한 평균 하락 폭은 88 포인트다. 2번의 고점에서 시작된 조정을 제외하면 하락은 4일 이상 지속한 적이 없다. 나는 이 상승 추세가 진행되는 동안 밤마다 S&P 보고서를 썼으며, 분명히 각 반락이 약세를 의미한다고 언급했다. 그들은 양호한 수익을 낳았지만 장기적인 영향은 없었다.

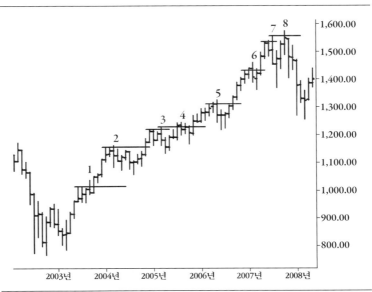

그림 6.4 현물 S&P 500 월간 차트

2007년 7월의 7번째 상방 돌출은 우두머리처럼 보였다. 이 상방 돌출은 155포인트에 걸친 하락을 낳고, 대규모 매도를 이끌어낸다. 하지만 2007년 10월에 S&P는 마지막 신고가를 찍는 데 성공한다. 이번에는 전고점과의 차이가 21포인트에 불과하다. 천장 일인 10월 11일에 전일 구간을 넘는 하락 반전이 발생한다. 이 고점은 2000년 고점과 24포인트 차이가 나는 상방 돌출이기 때문에 더욱 중요해진다. 실제로 2009년 저점까지 내려가는 심한 하락이 이어졌다.

2007년에 나온 두 상방 돌출은 S&P 선물 연속 주간 차트(그림 6.5)에 더 자세하게 나온다. 지점 7의 상방 돌출은 2007년 7월 20일에 끝나는 주에 발생한다. 여기서 전월 고점은 보다 명확하게 두드

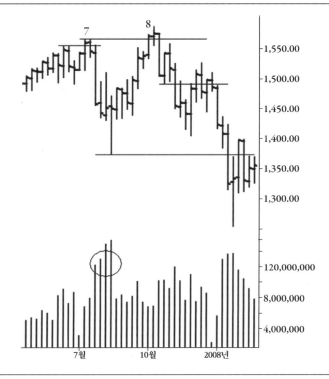

출처: 트레이드스테이션

그림 6.5 S&P 선물 주간 연속 차트

러진다. 그러나 차트를 지배하는 것은 7월 고점에서 시작되는 급락
에 쏟아지는 엄청난 매물이다. 당시 거래량은 역사상 가장 많았다.
실버 휘튼 차트(그림 6.1)에서도 2011년 3월 초에 상방 돌출이 나오
기 앞서 많은 거래량이 비슷한 약세를 경고했다는 사실을 기억하
라. 다만 그 규모는 S&P보다 훨씬 작다. 2007년 7월 고점에서 시작
된 4주에 걸친 급락은 192포인트를 거둬들인다. 지점 8 상방 돌출
에서는 구간이 좁아지고 가격이 고점에서 멀리 떨어져서 마감한다.

이런 좁은 구간 상방 돌파는 언제나 의심의 눈길로 바라봐야 한다. 1,500달러 선 근처에서 이뤄지는 랠리 시도는 매도자들이 주도권을 잡으면서 거듭 막힌다.

S&P 선물 가격은 2007년 10월의 상방 돌출에서 2009년 3월 저점까지 921포인트 하락한다. 이 58퍼센트 하락은 시장을 매몰시키기에 충분해 보인다. 그러나 이 글을 쓰는 지금은 2007년 고점에서 120포인트 이내로 복귀했다. 이 반등과 더 큰 규모의 다른 많은 반등을 통해 상방 돌출이 반드시 영구적 고점에 도달했음을 뜻하지는 않는다고 말할 수 있다. '영구적'이라는 단어는 '절대적'이라는 단어와 마찬가지로 시장과 관련해서는 피해야 한다. 상방 돌출은 종료 행동을 나타내지만 반드시 말기 행동인 것은 아니다.

구리 월간 차트(그림 6.6)를 보라. 2006년 고점을 넘는 2008년의 상방 돌출은 장기 상승 추세의 끝처럼 보인다. 실제로 구리 가격은 7개월 동안 66퍼센트 하락한다. 그러다가 2011년 2월에 상승 채널 최상단까지 상승하면서 전 고점을 넘어선다. 2010년 12월과 2011년 2월 사이에 종가들이 밀집되는 양상에 주목하라. 순액 기준으로 이는 더 높이 오르지 못하는 시장의 무능력을 드러낸다. 상방 돌출은 2011년 7월에 재시험되며, 8~9월 하락에서 기록적인 매물이 나온다.

다른 많은 상품 시장도 상방 돌출 이후 이처럼 폭넓은 등락을 경험한다. 가령 면화 가격은 1980년에 정점을 찍으며, 1995년에 이 고점을 넘는 상방 돌출이 발생한다. 그러다가 2011년에는 1995년 정점의 두 배에 달하는 가격에 이른다. 어떤 일이든 일어날 수 있다.

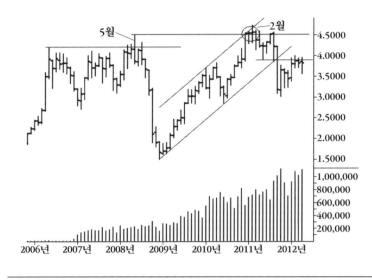

그림 6.6 NY 구리 월간 연속 차트

대두유 연간 차트(그림 3.6)는 1947년 고점을 넘는 1974년과 1984년의 상방 돌출을 보여준다. 뒤이어 대두유 가격은 2008년에 이 고점들을 넘어 급등한 다음 2011년과 2012년에 더욱 극적으로 상승한다.

상방 돌출의 이런 전환적 속성은 다른 어떤 차트보다 일간 차트에서 가장 빈번하게 나타난다. 이 환경에서 상방 돌출은 스프링과 더불어 트레이더에게 아주 좋은 저위험 우위를 제공한다. 3장에서 지지선과 저항선으로 매매 구간을 구획하는 일의 중요성을 다루었다. 이 선들 주위에서 상방 돌출과 스프링이 발생한다. 다만 이런 양상이 항상 큰 변동성에 의존하는 것은 아니다. 많은 경우 상방 돌출은 저항선을 관통한 후 반락하는 단일 5분 바로 구성된다. 이보다 더 단순한 것은 없다.

[그림 6.7]은 이런 매매 상황의 사례를 보여준다. 이 8월 5일 차트에서 S&P 2011년 9월물은 장전 고점에서 하락한다. 이 급락의 초기 저점은 1,202.75포인트였다. 이 가격은 나중에 축선 역할을 한다. 13시 직전에 시장은 1,210.25포인트로 상승한 다음 축선 양쪽으로 매매 구간을 형성한다. 13시 55분에 약간 높은 신고가(1,212.50포인트)가 나오지만 시장은 후속 진행에 실패한다. 이 상황에서 거래량이 터지지 않는 것은 매도자들이 우위를 잡았음을 말해준다. 가격은 처음에 작은 반응을 보인다.

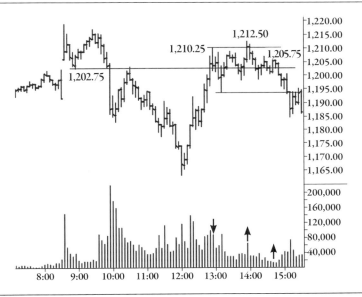

출처: 트레이드스테이션

그림 6.7 S&P 2011년 9월물 5분 바 차트

2차 시험은 14시 40분에 이뤄진다. 작은 거래량은 매수세가 소진되었음을 말해준다. 13시 55분 고점에서의 반락 지점이나 2차 시험 지점(1,205.75포인트)에서 이뤄진 매매로 두둑한 보상을 받는다. 이런 작은 상방 돌출은 매일 나타난다. 이 반전은 성공할 가능성이 크다. 가격이 앞서 무너진 지점을 시험하기 때문이다. 게다가 상방 돌출로 이어지는 구간의 적은 거래량은 적극적인 매수를 반영하지 않는다. 그래서 지속적인 상승의 시작이라기보다 손절매 사냥에 더 가까워 보인다.

[그림 6.8](S&P 5분 차트)은 다른 이야기를 들려준다. 상방 돌파 바에서 거래량이 증가하는 것은 건설적으로 보인다. 그러나 구간 축소와 종가 위치는 강세 해석을 무시한다. 이 맥락에서 10분 후의 하방 반전은 약세 분위기를 강화한다. 그러나 가격 바는 지지선을 재시험할 때 좁아지며, 매도 압력이 힘을 받지 못하고 있음을 보여준다. 11시 25분의 마지막 하락 바는 저점 위에서 유지된다. 이는 약세 행태가 아니다. 따라서 신중을 기하려면 모든 숏 포지션을 정리해야 한다. 이날 시장의 변동성 때문에 거짓 상방 돌출로 드러난 움직임에서 빠른 수익을 올릴 수 있다. 이면의 강세 추세는 더 큰 반락을 허용하기에는 너무 강하다. 그러나 위험이 적절한 수준인 한, 기민한 데이 트레이더는 이런 잠재적 상방 돌출을 탐색하여 먹고살 수 있다.

천장 형태에서 가격대 하락이 시작되기 전에 여러 상방 돌출이 나올 수 있다. [그림 6.9]는 2011년 4월에 프리포트 맥모란(Freeport-McMoran) 차트에서 나온 중기 천장을 보여준다. 4월 25일에 장 시

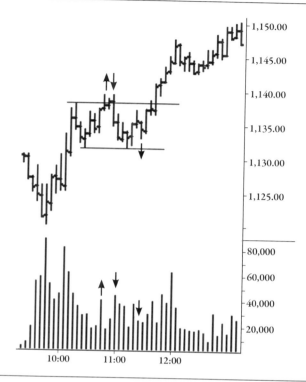

출처: 트레이드스테이션

그림 6.8 2011년 9월물 S&P 5분 바 차트

작 1시간째의 고점과 2시간째의 저점 사이에 매매 구간이 형성된
다. 이 좁은 구간은 이후 5거래일에 걸친 대부분의 가격 동향을 담
아낸다. 대다수의 종목에서 그렇듯이 대개 장 시작 1시간째에 가장
많은 거래량이 나온다. 이후에 가장 많은 시간별 거래량이 나오는
것은 주목할 가치가 있다. 나는 시간별 거래량 패턴에서 발생하는
이런 이변을 흔히 이중 화살표(↕)로 표시한다.

　4월 26일에 주가는 약간 높은 신고가를 만든다. 그러나 시간별

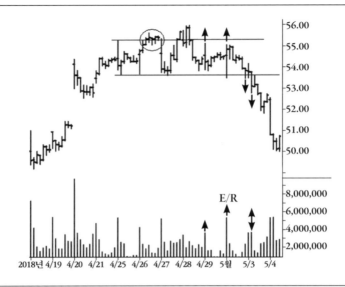

그림 6.9 프리포트-맥모란 시간별 차트

출처: 트레이드스테이션

구간의 축소와 비교적 적은 거래량은 지나치게 낙관하지 말아야 한다고 경고한다. 4월 28일에 더 나은 상방 돌파 시도가 이뤄진다. 여기서 주가는 최고점에서 마감하며, 추가로 상승할 수 있을 것처럼 보인다. 그러나 장 마감 무렵에 상승분이 날아간다. 4월 29일의 상승 노력은 후속 진행을 위한 매수세를 끌어들이는 데 실패한다. 매매 구간 안에서 가장 큰 거래량 상승은 실패한 스프링이 만들어지는 5월 2일의 장 시작 1시간째에 나온다. 이는 큰 노력이 보상(E/R)을 얻지 못하는 사례다. 이 두 급등은 4월 28일의 상방 돌출에 대한 2차 시험으로 볼 수 있다. 주가가 5월 2일의 마지막에 약세를 보이다가 매매 구간 하단에서 불길하게 마감하는 양상에 주목하라. 5월

3일 장 시작 2시간째의 거래량은 1시간째의 거래량을 넘어서며, 하락 움직임에 시동을 건다. 이 하락은 5월 17일에 46.06달러에서 바닥을 찍는다.

정리하자면 상방 돌출을 평가할 때는 추세가 매우 중요한 우선순위다. 잠재적 상방 돌출이 실제로 진전을 이룰지 여부는 흔히 이전 바들과 이후 바들의 가격/거래량 행태가 말해준다. 주간 차트 및 월간 차트의 상방 돌출은 대개 일간 차트의 상방 돌출보다 더 큰 하락 추세로 이어진다. 일간 차트에서 랠리 고점의 상방 돌출은 조정만 초래할 수도 있다. 마지막으로 가격대 하락이 진행되기 전에 천장 형태에서 하나 이상의 상방 돌출이 발생할 수 있다. 시장이 저항선에 맞서 계속 가격을 유지하고, 여러 번의 위협적인 가격 동향 후에도 반락을 거부한다면 흡수가 진행되고 있을 가능성을 고려해야 한다. 이것이 다음 장의 주제다.

7장

흡수

고점 시험 또는 관통이 상방 돌파나 반락으로 이어질지 어떻게 알 수 있을까? 이는 우리가 끊임없이 직면하는 딜레마다. 수익을 실현해야 할까, 아니면 계속 롱 포지션을 유지하면서 수익을 날릴 위험을 감수해야 할까? 그 답은 부분적으로 매매 스타일에 좌우된다. 수익을 확보하려는 단기 트레이더는 더 이상 미지의 위험에 노출되고 싶지 않을 것이다. 장기적 전망을 지침으로 삼는 포지션 트레이더는 조정을 견디는 쪽을 선택할 수 있다. 몇 주 또는 심지어 몇 달 전에 현재 가격에서 롱 포지션을 잡은 트레이더는 대개 포지션을 청산하는 쪽을 택할 것이다. 그동안 충분히 힘들었기 때문이다. 더 낮은 수준에서 매수한 사람들은 수익을 실현한다. 공매도자는 천장의 가능성을 감지하고 시장에 가해지는 압력을 더한다. 흡수는 롱 포지션 청산, 수익 실현, 신규 공매도를 극복하는 과정이다. 이는 기간에 상관없이 모든 차트에서 나타날 수 있다.

대기 매물을 성공적으로 흡수하고 있음을 말해주는 단서들은 다음과 같다.

- 지지선 상승
- 흡수 구간 최상단 부근에서 거래량 증가
- 위협적인 가격 바 이후 하방 후속 진행 부재
- 흡수 구간의 오른쪽에서 가격이 후퇴하지 않고 저항선에 맞

서는 경향

- 일부 경우에 스프링으로 종결되는 흡수 구간
- 흡수 구간에서 하방 돌파에 실패하는 소규모 상방 돌출

흡수 구간은 조정으로 보면 일반적으로 깊이가 얕다. 또한 흔히 최근에 가격 상승 속도가 높아졌거나 거래량이 급증한 지점에서 형성된다.

매매 기회 탐색 지점을 보여주는 [그림 1.1]에서 흡수는 매매 구간의 천장에서 나온다. 다른 차트에서도 이 지점에 나오는 경우가 가장 흔하다. 다만 매도자들이 매수세를 극복함에 따라 매매 구간의 바닥에서 나오기도 한다. 저점에서 매수세는 환매수, 숏 청산, 신규 매수자의 저점 매수에서 나온다. 매도자들이 매수세를 극복하는 양상의 주된 속성은 가격이 거듭 위험 지점에서 벗어나지 못하는 것이다. 이처럼 바닥을 기는 모습은 대개 하방 돌파로 이어진다. 많은 거래량이 끈질기게 바닥을 두드리면 대개 돌파가 임박한 것이다. 저점에 맞선 줄기찬 매도가 추가 약세를 만들지 못하는 경우, 와이코프는 이런 행태를 '손실 포지션 끌어안기(bag-holding)'라고 부른다. 이 상황에서 큰손들은 공매도 투자자들을 함정에 빠뜨린다. 일부 랠리 시도가 잠재적 스프링처럼 보이기 때문에 매도자들의 흡수는 더욱 파악하기 어려워진다. 하지만 그 시도는 실패하거나 수명이 짧다.

흡수가 항상 횡보의 형태로 나타나는 것은 아니다. 가격이 그냥 오르는 경우도 있다. 이때 가격은 소위 '걱정의 벽'을 올라가 조정을

기다리는 잠재적 매수자들을 차단하고, 과감하게 숏 포지션을 잡는 사람들을 잡아먹는다. 나는 거기서 그리스 창병 부대가 트로이 평원을 발맞춰 행진하는 광경을 떠올린다. 변동성은 고거래량 장대 가격 바가 잠시 그 움직임을 멈출 때까지 대개 낮게 유지된다. 이런 점들을 감안하여 지금부터 다양한 흡수의 사례에 더하여 흡수가 무효화하는 일부 사례를 살필 것이다.

전체적으로 보면 대부분 흡수 구간은 며칠 또는 몇 주 동안만 지속한다. 월간 차트에서 나타나는 흡수는 훨씬 길게 이어질 수 있다. 지지선과 저항선으로 매매 구간을 구획하면 비교적 조밀한 흡수 구간이 두드러진다. 몇 개의 가격 바 안에 담긴 흡수 구간은 주먹을 연상시킨다. [그림 7.1]에서 이머션 코퍼레이션(Immersion Corporation)의 주가는 2007년 6월에 4일 동안 좁은 구간에 머물다가 상승한다. 이후 11거래일 동안 50퍼센트 상승이 이뤄진다.

흡수가 이뤄지는 첫날(화살표 참고)을 보자. 거래량이 급증하는 가운데 주가는 약세로 반전되면서 마감한다. 이는 매우 위협적인 양상으로 상방 돌출에 대한 불안감을 조성한다. 이후 2거래일 동안 주가는 상승을 시도하지만 결국 굴복하여 저점 근처에서 마감한다. 부실한 종가와 적은 거래량은 고무적이지 않다. 그러나 반전일 이후 하방 후속 진행의 부재는 매도자들이 지금까지 우위를 살리지 못했음을 말해준다. 그에 따라 주가가 '쉬운' 공매도 기회에도 불구하고 시장이 아주 잘 버티는 이유에 대한 궁금증이 생긴다. 마지막 날에 주가는 이전 두 바의 저점을 관통한 후 반등하여 가장 높은 수준에서 마감한다. 전일 구간을 넘는 이 반등이 나왔을 때 롱 포지션

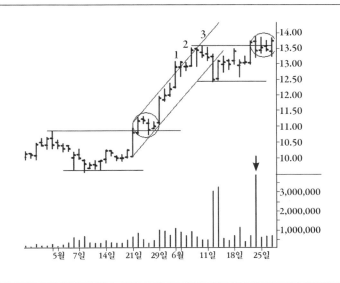

그림 7.1 이머션 코퍼레이션 일간 차트

을 잡고 저점 아래에 손절매 지점을 정해야 한다.

차트에 나타난 다른 몇 가지 행태를 지적하지 않을 수 없다. 좌측 하단의 매매 구간은 적은 거래량을 수반하는 3일 동안의 인사이드 데이에 이은 양호한 스프링을 지닌다. 이 매매 구간의 최상단에 원으로 표시한 부분의 행태가 무엇인지 알겠는가? 이는 흡수로 볼 수도 있고, 상방 돌파를 시험하기 위한 후퇴로 볼 수도 있다. 나는 후자를 선호한다. 일반적인 상승 채널은 그 자체로 설명이 된다. 즉 공급선이 두 번 저항선 역할을 했다. 지점 1, 2, 3의 연이은 고점은 상방 돌출의 단축을 나타낸다.

와이코프 강좌(1931년)에서 흡수는 1930년과 1931년의 뉴욕타임스 50 주가지수(그림 7.2)에 대한 논의를 통해 처음 언급된다. 그는 1931년 1월의 고점에 맞서는 13일 동안의 매매 구간을 흡수로 보았다. 당시 지지선이 상승하는데도 지수는 차트 오른쪽에서 상방 돌파가 나올 때까지 1월 고점을 넘지 못했다. 지지선 상승 외에 후속 매도를 이끌어내는 데 실패하는 2개의 위협적인 가격 바도 보인다. 마지막 4일 동안 종가는 1포인트 구간에서 밀집된다. 4개의 종가는 모두 각각의 구간에 속한 고점과 중단 사이에 자리 잡는다. 저항선에 맞선 압박은 상방 돌파로 이어진다. 와이코프 강좌의 많은 학생은 이 차트에 대해 그가 쓴 분석 글을 최고로 생각한다. 나도 거기서 아주 많은 것을 배웠다.

메첼(Mechel) OAO 일간 차트(그림 7.3)를 보면 2009년 4월에 딜

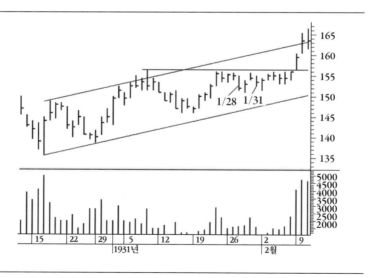

출처: 메타스톡

그림 7.2 뉴욕타임스 50 주가지수 일간 차트

극적이지만 생산적인 흡수가 전개된다. 이 흡수는 좁은 구간의 횡보로 진행되지 않는다. 대신 구간 안에서 이뤄지는 등락이 비교적 넓으며, 저항선 A의 양쪽을 교차한다. 내가 이를 흡수로 보는 이유는 매매 구간이 3월 고점을 걸쳐서 앞뒤로 움직이기 때문이다. 4월 초 저점에서 시작된 랠리는 2월 고점을 넘어서며, 소규모 상승 채널의 최상단에 이른다. 여기서 상방 돌출이 단축된다. 고점에서 나온 조정이 가격 급등 구간을 시험하는 양상에 주목하라.

저항선 B 약간 위에서 D 선을 따라 지지선이 형성된다. 거래량은 구간 전체에 걸쳐서 비슷하게 유지된다. 다만 4월 30일에 반락이 나온 때는 예외다. 이날, 하락 거래량은 2월 고점 이후 최대치로 늘어난다. 주가는 취약한 위치에서 마감하며 다음 날 후속 진행에

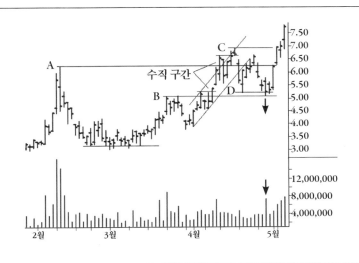

출처: 트레이드스테이션

그림 7.3 메첼 OAO 일간 차트

실패한다. 여기서 손실 포지션 끌어안기의 사례가 나온다. 이는 바로 잠재적 스프링을 만들어낸다. 이 지점에서 전날 저점 아래에 가까운 손절매 지점을 정하고 매수할 가치가 있다. 실제로 주가는 6월 1일에 12.59달러까지 상승했다.

앞에서 말한 대로 상방 돌출처럼 보이는 것이 동시에 흡수 구간의 일부일 수도 있다. S&P 2012년 6월물 차트(그림 7.4)를 보면 2012년 4월 25일에 오전 고점을 반복하여 공격하는 양상이 나온다. 나는 이를 성문을 부수려는 공성망치(battering ram)에 비유한다. 이 상방 돌출에서 후속 진행은 거의 나오지 않는다. 그래도 매수자들이 꾸준히 대기 매도세를 밀어붙이면서 후퇴가 더 높은 수준에서 유지된다. 가격이 상승하면서 각 상방 돌출 이후의 후퇴는 갈수록 깊이

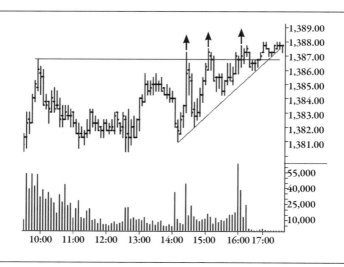

출처: 트레이드스테이션

그림 7.4 S&P 2012년 6월물 5분 차트

가 얇아진다. 이는 가격이 더 오를 것이라는 최고의 단서를 제공한다. 이 차트는 상방 돌파 이후 즉시 후속 진행이 나오지 않을 때 자동으로 공매도를 고려할 수 없는 이유를 보여준다. 또한 차트 분석이 명백한 신호에 기반한 과학이라기보다 예술인 이유를 드러낸다.

상방 돌출과 흡수를 구분하려면 때로 은근한 단서에 주의를 기울여야 한다. [그림 7.5] S&P 연속 일간 차트에서 가격은 2008년 9월 고점에서 상승하다가 멈춘다. 뒤이어 7일 동안 횡보가 이어진다. 이 횡보는 9월 고점 위에서 유지된다. 이는 해결하기 쉬운 상황이 아니다. 4장에서 상승 추세가 더 큰 약세를 만들지 못하는 수많은 위협적인 가격 바를 담는다고 설명했다.

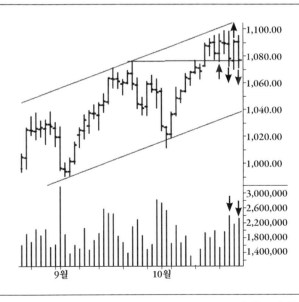

출처: 트레이드스테이션

그림 7.5 S&P 연속 일간 차트

여기서도 같은 행태가 보인다. 왼쪽에서 오른쪽으로 보면, 첫 번째 화살표는 전일 구간을 넘는 하방 반전을 뒤따른다. 가격은 하방 후속 진행 대신 반등하여 강하게 마감한다. 그러다가 다시 한번 반락하여 당일 저점 근처에서 마감한다. 세 번째 화살표는 또 다른 매수세의 부상을 나타낸다. 여기서 가격은 더 높이 오를 최선의 기회를 얻는다. 그러나 이날 나온 모든 상승분은 다음 날 지워진다. 두 하락 일의 거래량은 구간에서 가장 많다. 이는 상방 돌출이 발생했다는 관점에 무게를 더한다. 두 번의 회복 기회를 살리지 못하는 시장의 무능은 60포인트에 달하는 급락으로 이어진다.

큰 구간의 하단 근처에 있는 작은 매매 영역은 스프링을 만들려는 수많은 시도로 구성된다. 이런 시도가 거듭 실패하면 매도자들이 매수세를 흡수하고 있다고 말해도 무방하다. 그들은 반등 시도가 나올 때마다 자동으로 매수하는 트레이더들을 불가피하게 함정에 빠뜨린다. U.S. 스틸(그림 7.6)의 주가는 2008년 6월 고점에서 약 20일 동안 60달러 넘게 떨어진다. 그러다가 7월 저점인 지지선 B에서 빠른 반등이 나온다. 이후 하방 돌출은 8월 저점(C)으로의 급락에서 단축된다. 이는 하방 추진력이 지쳐가고 있음을 나타낸다. 이 저점 근처에서 더 작은 매매 구간이 형성된다. 이는 스프링에 대한 세 번의 시도로 구성된다. 세 번째 스프링은 8월 초 저점을 약간 관통한 후 시작된다. 거래량이 적고, 구간이 좁은 가운데 주가는 상방으로 떠오른다. 다음 날 시가에 갭 하락이 나온 후 숏 포지션을 잡는 것이 타당해진다. 여기서부터 주가는 이후 몇 달 동안 90달러 넘게 하락했다.

182

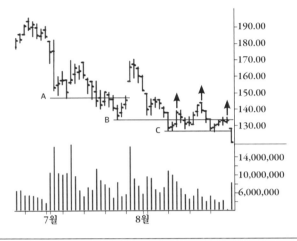

출처: 트레이드스테이션

그림 7.6 U.S. 스틸 일간 차트

매도자들의 흡수는 가격이 매매 구간의 하단에서 벗어나지 못할 때도 감지할 수 있다. 이 경우 가격은 낮은 수준에서 맴돌며, 모든 상승 시도는 차단된다. 때로 이런 가격 동향은 몇 주 동안 지속되며, 일간 차트에서 자주 나타난다. [그림 7.2]의 차트와 상반되는 상황을 상상해보라. 즉 지지선이 무너지면 급락을 예상해야 한다. 이하방 돌파를 시험하는 뒤이은 랠리는 흔히 탁월한 공매도 기회를 제공한다. 1장에서 나는 하방 돌파에 대한 시험을 최고의 매매 기회 탐색 지점에 포함했다.

[그림 7.7]은 2012년 7월물 은 가격이 3월 저점을 걸쳐서 그은 지지선 위에서 유지되는 양상을 볼 수 있다. 4월 4일에 가격은 2.22 달러 낮게 마감하며, 거래량은 적당하게 증가한다. 많은 거래량과

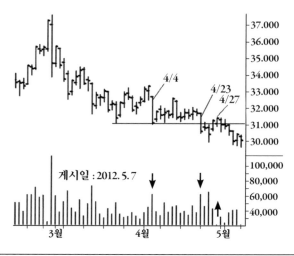

출처: 트레이드스테이션

그림 7.7 은 2012년 7월물 일간 차트

넓은 매매 구간은 3월 저점이 깨질 것임을 보장한다. 이후 11거래일 동안 가격은 4월 4일 구간 안에 머물며 추가 하방 진전을 이루지 않는다. 이 구간에서 가장 큰 가격 바는 4월 12일에 나온다. 이는 스프링이 형성되고 있는 것처럼 보인다. 그러나 다음 날 모든 상승분이 지워진다. 매수자들이 매도세를 흡수할 때는 상방 돌출이 나올 수 있지만 하락을 초래하지는 못한다. 매도자들이 저점에 맞서는 매수세를 흡수할 때는 스프링이 형성되지 못한다. 차트에서 11개의 바가 모두 좁은 것은 아니다. 그러나 마지막 5일은 확실히 이런 설명에 부합한다.

4월 23일에 시작된 하방 돌파는 며칠에 걸쳐 1.88달러의 급락으로 이어진다. 4월 27일 고점으로 오르는 반사적 랠리에서 매매 구간이 좁아지고 거래량이 증가한다. 그동안 시장은 이전 하방 돌파를 시험한다. 가격은 마지막 날에 30달러 아래로 떨어져 7월물 만기 이전에 최저치인 26.07달러를 기록했다.

와이코프의 제자들은 흡수를 가장 인식하기 어려운 행태로 꼽는다. 흡수와 천장 또는 바닥 형태 사이의 유사성이 대부분의 혼란을 초래한다. 와이코프는 《테이프 분석법 연구》에서 흡수와 분산이 '시장을 끊임없이 움직이는 상반된 힘들' 중 하나라고 말했다.[14] 이 주제에 대해 와이코프가 자세히 설명한 내용은 찾을 수 없다. 단지 [그림 7.2]에 나오는 가격 동향과 관련하여 언급될 뿐이다. 분명히 그는 상승기에 지지선이 높아지고 거래량이 늘어나는 경향과 매도자들이 매수세를 흡수할 때 가격이 저점을 맴도는 경향을 알고 있었다. 이 장에서 다룬 다른 단서들은 나의 개인적인 관찰에 따른 것이다. 그중 고점에서 위협적인 가격 동향에 대응하지 못하는 것과 저점에서 스프링 형성에 실패하는 것이 흡수의 최고 지표다.

14.　　Rollo Tape(가명), *Studies in Tape Reading*(Fraser, 1910), 127p.

8장

차트 분석

이 차트 분석은 앞서 논의한 많은 기술적 행태를 통합하며, 일부 새로운 내용도 포함된다. 흡수나 스프링 등 개별적으로 초점을 맞추지 말고 모두 통합해보자. 내가 트레이더들에게 투자법을 가르치는 방식은 이렇다. 먼저 차트를 제시하고 '롱 포지션을 잡을지, 숏 포지션을 잡을지'를 묻는다. 투자법을 가르칠 때 실제로 어떤 일이 발생할지에 대한 상황을 제시해야 한다. 진정한 분석이 이뤄지도록 일부 차트 상황은 종결 지점을 보여주지 않는다. 이런 방식이 가장 좋다. 확실한 상황에서는 배울 것이 없기 때문이다. 14세기의 수도승이자 저술가인 겐코(兼好)는《도연초(Essays in Idleness)》에서 "인생에서 가장 귀중한 것은 불확실성이다"라는 말로 핵심을 찌른다. 이 말에 대해, 그리고 확실성이 지배하는 곳에 대해 생각해보라.

루이지애나 퍼시픽(Louisiana Pacific) 일간 차트(그림 8.1)에서 주요 지지선/저항선은 매수자와 매도자 사이의 다툼을 바라보는 틀을 제공한다. 주가는 2009년 10월 30일에 4.97달러에서 저점을 찍고, 11월 11일에 6.75달러로 상승한다. 뒤이어 잠깐의 후퇴 후 1일 차에 6.75달러를 재시험한다. 이 지점에서 우리의 분석이 시작된다. 12월 중순의 소규모 급락은 10월 저점보다 위에서 저지된다. 12일 차는 강세론을 들려준다. 이날, 전일 구간을 넘는 상방 반전과 함께 당일 구간 고점 근처에서 8거래일 동안 가장 강한 마무리가 나온다. 또한 거래량도 크게 늘어난다. 12일 차부터 15일 차까지의 상승은

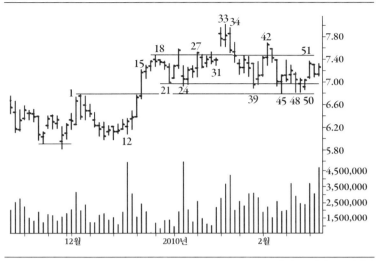

출처: 트레이드스테이션

그림 8.1 루이지애나 퍼시픽 일간 차트

수월한 상방 움직임과 공격적인 매수세를 보여준다. 즉 매수세가 매도세를 극복하는 양상으로, 매수자들이 주도권을 잡는다. 그러나 18일 차 고점으로 나아가는 과정에서 거래량과 일간 구간이 줄어든다. 이는 매수세가 지쳐가고 있으며, 가격이 조정에 들어갈 준비가 되었음을 알린다.

　18일 차 고점을 걸쳐서 저항선이 그어지며, 3일 후 지지선이 그어진다. 18일 차에서 21일 차까지의 하락은 고거래량 상방 돌파에 대한 시험이다. 24일 차, 39일 차, 45일 차에 추가 시험이 이뤄진다. 24일 차와 39일 차에 저점을 찍은 후 나온 반등에 뒤이어 스프링이 나온다. 그러나 상승은 오래가지 않는다. 27일 차와 31일 차 사이에 흡수가 이뤄진다. 가격은 저항선에 맞서다가 32일 차에 갭 상승한다. 그러나 이 상승은 오래가지 않는다. 33일 차의 많은 거래량과 전일 구간을 넘는 구간은 절정 행동의 가능성을 경고한다. 다음 날, 공격적인 매도가 주가를 하락시킨다. 이에 주가는 1일 차 고점과 21일 차 저점 사이 영역으로 복귀한다. 두 선이 모두 15일 차의 수직 가격 구간 안으로 들어오는 것에 주목하라. 주가는 39일 차 저점에서부터 3일 동안 상승한 후 아무 경고 없이 갑자기 돌아선다.

이런 가격 변동 중에 단타 매매를 할 수 있다. 45일 차 저점 이후에 가장 뚜렷한 매매 상황이 형성된다. 여기서 주가는 처음으로 지지선 아래로 떨어졌다가 반등하여 그 위에서, 그리고 전일 종가보다 높은 곳에서 마감한다. 45일 차의 거래량은 돌파가 나온 24일 차와 39일 차보다 훨씬 적다. 이는 매도 압력이 약해지고 있다는 믿음으로 이어진다. 46일 차의 부진한 모습은 이후 또 다른 후퇴가 나올 가능성을 키운다. 그러나 다음 날 주가는 횡보한다. 이 차트 분석이 47일 차에 끝난다면 우리는 하방 후속 진행의 부재를 인지하고, 스프링이 시험받았을 가능성을 고려할 것이다. 그에 따라 6.75달러보다 약간 아래에 손절매 지점을 잡고 롱 포지션을 구축할 수 있을 것이다.

결과적으로 매매 기회가 나오는 데는 더 오랜 시간이 걸린다. 이후 3거래일 동안의 가격 동향을 보라. 각 날(48일 차부터 50일 차까지) 주가는 지지선 아래로 하락하여 45일차에 저점을 시험한 다음, 탄탄한 기세로 마감한다. 같은 가격에 3개의 종가가 밀집하는 것은 주가의 부력을 부각하고 이면에 존재하는 매수세를 드러낸다. 이는 롱 포지션을 구축하기에 완벽한 자리다. 실제로 주가는 51일 차에 갭 상승한다. 이후 2일 동안 인사이드 데이가 나온다. 매수자들이 시동을 걸면서 53일 차에 거래량이 급증한다.

이 차트를 분석 대상으로 고른 이유가 있다. 그것은 내가 가장 좋아하는 구도인 상방 돌파를 시험하는 후퇴에서 스프링이 나오는 상황을 구현하기 때문이다. 이 차트의 경우 많은 거래량을 싣고 저항선을 아주 빠르게 넘는 상방 돌파(12일 차부터 15일 차까지)로 시작한다. 이 돌파의 초기 고점(18일 차)에서 수직 상방 돌파 구간까지 조정이 나온다. 여기서 매수세가 매도세를 극복하고 새 지지선(21일 차)이 형성된다. 일정한 시점이 되면 이 지지선의 스프링(45일 차)이 나올 수 있다. 45일 차부터 50일 차까지 주가가 조밀해지면 강세 반전이 이뤄질 가능성이 크다.

아크 콜(Arch Coal) 일간 차트(그림 8.2)에서 고거래량 수직 구간(1일 차)을 시험하는 또 다른 후퇴(15일 차)가 보인다. 결국에는 15일 차에 더 큰 랠리를 일으키는 마지막 스프링이 나온다. 다만 이 분석은 가격 바를 분석하는 작업을 수반한다. 즉 고점, 저점, 종가와 시가의 관계를 통한 추정에 특별한 주의를 기울인다. 주가가 강력하게 상승하는 가운데 1일 차부터 3일 차까지의 시가와 저점은 비슷하다. 그러나 5일 차에는 주가가 전일 구간 위에서 시작하더니 반락하여 저점 근처에서 마감한다. 이는 첫 약세 전환 행태이다.

6일 차에는 변동성이 증가한다. 주가는 전날 저점 밑에서 시작하여 4일 차 고점 위로 반등한 후 겨우 12센트 상승한 채 구간 중단에서 마감한다. 7일 차에는 의무적인 반등이 나오고, 9일 차에는 잠

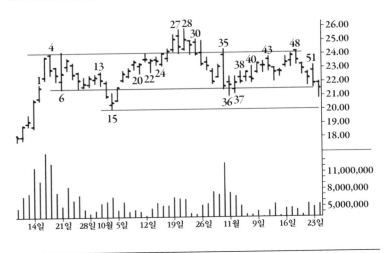

출처: 트레이드스테이션

그림 8.2 아크 콜 일간 차트

정적인 저점이 찍힌다. 이후 4거래일 동안 매매 활동이 잦아들면서
주가는 9일 차 구간 안에 머문다. 13일 차에는 이전 3일 동안의 고
점 위에서 시작하여 전날 저점 아래로 내려간 후 더 낮게 마감한다.
이 아웃사이드 데이(outside day, 인사이드 데이의 반대로 전일 매매 구간을
넘어서는 날- 옮긴이)는 추가 약세를 예상하라고 말한다.

15일 차 장 마감 때 가격 동향에서 아무런 강세를 찾을 수 없다.
주가는 하락 출발하여 전일 수준까지 반등하다가 종가에 떨어진다.
다음 날에는 갭 상승이 나온다. 주가는 꾸준하게 상승하면서 강하
게 마감한다. 지지선을 뚫는 실망스런 하방 돌파 이후 상방 갭과 함
께 아주 강력한 스프링이 나온다. 주가는 상승 구간에서 거듭 갭 하
락(20일 차부터 25일 차까지)하지만 반등하여 일간 고점 근처에서 마

감한다. 이 꾸준한 부력은 매수세가 여전히 강하다는 것을 말해준다. 추세는 27일 차에 바뀐다. 여기서 주가는 더 높은 수준에서 시작하지만 전날 저점을 깨고 하락 마감한다. 이는 13일 차 이후 처음 나온 전일 구간을 넘는 하락 반전이다.

약세 그림은 28일 차 이후 더욱 명확해진다. 여기서 6일 차와 같은 변동성 심한 가격 변동이 보인다. 30일 차에도 비슷한 행태가 나온다. 게다가 주가는 전날 고점 아래에서 마감한다. 다음 날, 주가가 4일 차 고점을 걸쳐서 그은 축선 아래로 무너지면서 최대 급락이 나온다. 이 하방 돌파는 축선 위에서 매수한 사람들을 함정에 빠뜨린다. 이후 주가는 반등하여 이 선을 시험한다(35일 차, 43일 차, 48일 차). 그러나 시가는 강하다가 종가에 약해지는 모습을 보인다.

35일 차는 넓은 구간과 많은 거래량으로 두드러진다. 이는 약세의 신호이거나 절정 행동일 수 있다. 결과적으로 하방 후속 진행이 거의 나오지 않고 주가는 안정된다. 예상대로 36일 차의 높은 시가는 약간의 추가 약세로 이어지지만 이번에는 종가에서 반등한다(30일 차, 31일 차, 32일 차, 33일 차, 35일 차와는 다름). 48일 차로 나아가는 상승 구간에서 39일 차, 40일 차, 43일 차의 랠리는 유지되지 못한다. 큰손들이 강세를 활용하여 물량을 처분하고 있음을 추정할 수 있다. 48일 차에 대해서도 같은 말을 할 수 있다. 다만 이날은 랠리가 축선을 넘는 데 실패하기 때문에 더욱 파괴적이다(이 차트를 토대로 내가 포인트 앤드 피겨 방식의 예측을 한다면 48일 차 고점에서부터 시작할 것이다). 51일 차의 반전 행동은 약세론을 증명한다.

와이코프 강좌의 여러 부분에서 U.S. 스틸을 다루는데, [그림 8.3]을 그는 시장 행태의 절묘한 사례로 볼 것이다. 단적으로 47일 차의 매수 절정이 보인다. 여기서 거래량은 6개월 이래 가장 많으며, 매매 구간은 2008년 12월 이후로 가장 넓게 벌어진다. 이후 이틀 동안의 많은 거래량은 매도세의 존재를 알린다. 53일 차에 저거래량 2차 시험이 이뤄진다. 다음 날, 주가가 53일 차 저점 아래로 하락한 것은 매수자들이 주문을 철회했음을 보여준다.

와이코프는 55일 차를 '상승의 근간을 부러뜨리는 결정적인 날'로 지목할 것이다. 꾸준한 매물은 56일 차, 58일 차, 59일 차, 60일 차, 61일 차에 주가를 떨어뜨린다. 마지막 3일은 전체적으로 매도 절정을 나타내며, 마지막에 돌출이 단축된다. 고점에서 시작된 하락은 주가가 12월 초에 더 가파른 추세로 전환하던 지점까지 돌아온다. 66일 차에 주가가 지지선 아래로 떨어진다. 이후 매도자들은 주가를 계속 억누르지 못한다. 늘어난 거래량은 수요가 재부상했음을 말해준다. 이후 3거래일 동안 주가는 3포인트에 걸친 소규모 구간을 이루며, 상승하는 지지선은 강세 종결을 나타낸다. 실제로 70일 차에 주가는 이전 5일 동안의 고점을 넘어선다.

와이코프의 주된 매매 도구는 티커 테이프(그는 이를 토대로 파동 차트를 만들었다), 포인트 앤드 피겨 차트, 그리고 생애 후반기에는 거래량이 표시된 바 차트였다. 또한 주식시장의 활동을 파악하기 위한 그의 지표는 티커 테이프가 시간당 지나가는 거리를 토대로 삼았다. 이는 창의적인 생각이지만 지금은 1시간 만에 티커 테이프가 축구 경기장 길이만큼 나오기 때문에 비실용적이다.

194

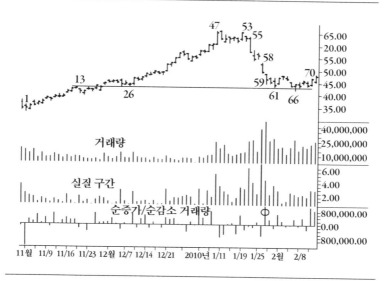

출처: 트레이드스테이션

그림 8.3 U.S. 스틸 일간 차트

나는 와이코프가 [그림 8.3]에서 막대로 표시된 틱 차이 지표의 가치를 알 것이라고 믿는다(틱 거래량(tick volume, 일정한 기간에 이뤄진 가격 변동 횟수 또는 거래 횟수를 말함– 옮긴이)이 아닌 실제 거래량을 활용한다). 이 지표는 시간 길이당 증가 거래량과 감소 거래량의 차이를 보여준다. 모든 수치가 의미 있는 것은 아니다. 그래서 나는 큰 수치를 더 강조한다.

1일 차부터 47일 차까지 순매수가 상승세를 지배한다. 46일 차의 좁은 구간은 적은 거래량을 끌어들인다. 그러나 순증가 거래량은 그때까지 가장 큰 수치다. 나는 이 대규모 매수가 환매수에 따른 것이라고 추정한다. 나약한 롱 포지션 보유자들은 주가가 여전히 더 오를 것임을 감지한다. 48일 차와 49일 차에 순감소 거래량이 크게 증가한다. 이는 주가가 매도세에 직면했음을 나타내며, 총거래량이 많다는 것은 약세 메시지를 강화한다. 53일 차의 더 높은 종가와 순증가 거래량의 급증은 주가가 더 높이 오를 준비가 되었음을 시사한다.

그러나 54일 차에 후속 진행이 나오지 않으면서 주가가 위험에 처한다. 55일 차에 주사위가 던져지고, 수월한 하방 움직임과 많은 거래량이 나온다. 58일 차에도 롱 포지션 보유자들이 달아나면서 많은 거래량, 수월한 하방 움직임, 순감소 거래량의 급증이 나타난다. 매도세는 59일 차에 최고조에 달하고, 거래량은 4,500만 주를 넘어선다. 여기서도 순증가 거래량이 많다는 점에 주목하라(120만 주). 이는 환매수와 신규 매수 물량이 롱 포지션 정리 물량보다 많다는 것을 말해준다.

차트에는 오직 하나의 수평선만 그어진다. 이 선은 소위 교차 지역 중 하나에 걸쳐 있다. 13일 차의 고점은 24일 차, 25일 차, 26일 차에 시험받는다(즉 교차된다). 이후 61일 차와 66일 차에 이 선을 따라 지지선이 형성된다. 66일 차에 61일 차의 저점이 관통되며, 주가는 반등한다. 3일에 걸친 횡보는 70일 차에 종결된다. 여기서 주가는 많은 순증가 거래량과 함께 최근의 고점 위에서 마감한다. 다음 날, 마찬가지로 큰 거래량이 주가를 밀어올린다. 뒤이어 주가는 2010년 1월 고점으로 돌아온다.

나는 앞선 분석에서 많은 설명 없이 실질 구간을 언급했다. 상승 추세에서 실질 구간은 전일 종가부터 금일 고점까지의 거리를 포괄하며, 따라서 갭을 포함한다. 하락 추세에서 실질 구간은 전일 종가에서 다음 바 저점까지의 거리에 해당한다. 내가 관찰한 바에 따르면 넓은 실질 구간은 흔히 많은 거래량과 함께 나타난다. 앞서 본 것처럼 실질 구간은 특히 거래량 데이터가 없는 시장이나 수익률 지수의 경우, 거래량의 대리지표 역할을 할 수 있다.

스털링/엔 교차 환율 일간 차트(그림 8.4)는 이 점을 잘 보여준다. 실질 구간 막대그래프 전체에 걸쳐서 300핍(pip) 수준을 따라 점선이 그어진다. 이 규모 이상의 구간은 움직임의 수월성을 정의하는 데 활용된다. 13일 동안 300핍을 넘는 구간이 나오고, 그중 3일(7일차, 11일 차, 70일 차)만 전일 종가보다 높게 마감한다. 25일 차와 58일 차는 넓은 구간이 나오지 않는다. 그래도 차트를 분석하는 데 중요한 역할을 한다.

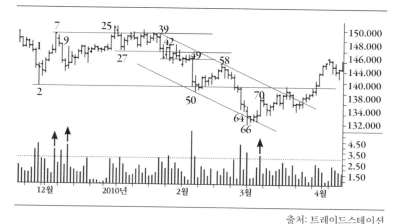

출처: 트레이드스테이션

그림 8.4 스털링/엔 일간 차트

1일 차부터 수월한 하방 움직임을 보인다. 뒤이어 2일 차에 중단 행동이 나온다. 2일 차 종가의 위치는 매수세가 부상했음을 나타낸다. 7일 차에 구간이 넓어지는 것은 절정을 가리키며, 대규모 매도세가 9일 차에 환율을 떨어뜨린다. 매도 압력은 다음 날 멈춘다. 교차 환율은 구간이 좁아지는 25일 차에 약간 높은 신고가까지 오른다. 26일 차의 약세와 후속 진행의 부재는 상방 돌출의 가능성을 경고한다. 27일 차에는 새로운 매도 물량이 쏟아진다. 이후 12일 동안 매수자들은 대기 매물을 흡수하려고 시도하지만 성공하지 못한다. 뒤이어 39일 차와 42일 차에 가파른 반락이 나온다.

46일 차에 스프링을 형성하려는 시도가 이뤄진다. 그러나 이틀 동안 약한 반응이 나오면서 무산된다. 이 이틀의 부실한 마감과 좁은 구간은 이상적인 공매도 기회를 제공한다. 49일 차의 대규모 하방 돌파는 많은 거래량을 수반해야 마땅하다. 49일 차와 50일 차에 2일 차 저점을 걸쳐서 그은 선을 따라 지지선이 형성된다. 이 이틀의 동향은 하락을 잠시 멈추기는 하지만 더 큰 약세를 예고한다.

일간 구간(거래량이라고 말해도 된다)은 58일 차까지 반등하는 동안 250핍 아래에서 유지된다. 이제 랠리는 하방 돌파 지점을 시험했으며, 계속 오르려는 의지를 보이지 않는다. 수월한 하방 움직임은 62일 차에 시작되며, 64일 차와 66일 차에 가속된다. 거래량은 이 하락의 저점에서 절정에 이르러야 한다. 또한 이 통화쌍은 하락 추세 안에서 과매도 위치에 이른다. 70일 차에 추세가 돌아선다. 여기서 7일 차 이후에 범위가 넓은 상승 바가 나온다. 두 매수 지점은 매도가 절정에 이른 66일 차와 후퇴가 나온 72일과 73일 차다.

앞서 외환 트레이더들은 실제 거래량 데이터를 얻을 수 없다고 언급했는데, 그럼에도 일간 차트에서 틱 거래량을 확인할 수 있다. 틱 거래량은 주어진 기간의 거래 횟수를 측정한다. 또한 각 거래에서 매매된 계약 수를 나타내지 않으며, 매매 활동을 그대로 반영한다.

스털링/엔 교차 환율 5분 차트(그림 8.5)에서 틱 거래량은 실질 구간 막대그래프 위의 선으로 표시되어 있다. 이를 보면 실질 구간 의 정상과 골짜기가 틱 거래량과 잘 맞물리는 양상을 바로 알 수 있 다. 실질 구간 아래에는 순증가, 순감소 거래량 차이가 표시되어 있 다. 이 차이의 누적 선은 상승 또는 하락 종가에 기반한 누적 거래량 (on-balance volume)과 다르다.

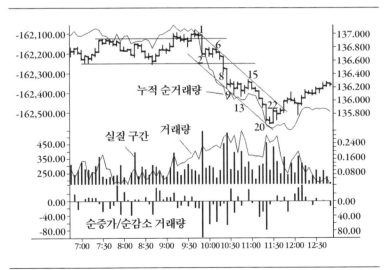

출처: 트레이드스테이션

그림 8.5 스털링/엔 5분 차트

[그림 8.5] 차트는 2010년 3월 8일의 스털링/엔 교차 환율을 보여준다. 여기서 오전장 동안 매매 구간이 바 1에 앞서 나온 상방 돌출로 종결되는 것을 볼 수 있다. 바 2는 약세 전환 행태를 나타낸다. 즉 구간은 30핍으로 넓어지고, 순감소 거래량은 −99틱으로 늘어나며, 총 틱 거래량은 441에 이른다. 이 세 가지 지표는 그때까지의 신고가에 해당한다. 바 3과 6 사이에는 상승 여력이 없다. 순감소 거래량은 2개의 작은 하락 바에서 여전히 많이 나온다. 바닥은 바 8과 9에서 무너진다. 여기서 넓은 구간과 많은 거래량은 매도세가 매수세를 극복했음을 말해준다.

바 11에서 잠정적인 지지선이 형성된다. 이 바의 저점은 바 13에서 관통하고, 여기서 그날의 최대 틱 거래량(546틱)이 나온다. 또한 시장을 하락시키려는 큰 노력과 구간 중단 종가는 스프링이 나올지도 모른다는 것을 시사한다. 그러나 스프링은 바 15에서 하락 채널의 공급선을 뚫는 데 실패한다. 이후 6개 바에서 교차 환율은 계속 더 낮게 마감한다. 바 20에서 넓은 구간과 많은 순감소 거래량은 하락 채널의 바닥 근처에서 절정 행동의 냄새를 풍긴다.

매수세는 바 22에서 부상한다. 여기서 하락이 시작된 이래 상승 바에서 가장 넓은 실질 구간이 나온다. 이 행태 전환은 저위험 매수 기회를 제공한다. 바 1부터 22까지 이어진 급락 구간에서 상승 바는 7개뿐이다. 이 7개의 바에서 순증가 거래량은 순감소 거래량에 비해 너무 적다. 그래서 누적 순거래량은 가격과 발맞춰 움직인다. 흥미로운 점을 말하자면 2010년 3월 8일은 [그림 8.4]의 바 71에 해당한다.

9장

테이프 분석 I

◆

　와이코프는 자서전에서 테이프를 공부하게 된 과정에 대한 이
야기를 들려준다. 그는 당대의 일부 거물 트레이더들이 사무실에
혼자 앉아서 조용히 티커 테이프를 분석하는 모습을 보았다. 그리
고 그는 성공으로 가는 비밀 문이 테이프 분석법을 배우는 데 있다
는 것을 깨달았다. 그는 다음과 같은 말로 이 이야기를 끝맺는다.
"테이프 분석이 낡은 방식이라고 믿는 사람들도 있지만 나는 테이
프 분석에 대한 지식이 월스트리트 트레이더가 보유할 수 있는 가
장 귀중한 역량이라고 단언한다."15 또한 그는 이렇게 덧붙였다. "지
난 40년의 경력이 내게 가르친 것을 아는 상태로 지금 월스트리트
경력을 시작한다면 무엇보다 자체적인 동향을 통해 시황을 판단하
고 예측하는 일에 전념할 것이다."16

　와이코프는 테이프 분석을 위해 파동 차트와 거래량이 포함된
특별한 포인트 앤드 피겨 차트를 고안했다. 차트를 설명하는 와이
코프 강좌의 첫 장 제목이 '파동에 따른 매매'인 것은 우연이 아니
다. 그는 이 장의 서두에서 학생들에게 앞으로는 "파동을 기준으로
생각하라"고 말한다.

　나는 티커 테이프에서 주문이 흘러나오는 모습을 한 번도 본 적

15.　　Richard D. Wyckoff, *Wall Street Ventures and Adventures*(Greenwood
　　　　Press, 1968), 178p.
16.　　상동, 179p.

이 없다. 처음 선물 일을 하던 2년 동안 모든 차트를 수작업으로 그렸다. 일간 차트의 경우 포인트 앤드 피겨 차트를 계속 그리거나, 벽을 차지한 가변식 호가판의 가격 변동을 보고 시간별 차트를 만들어야 했다. 우리가 거래소에 전화를 걸면 누군가가 모든 가격 데이터가 게시되는 칠판을 보고 시간별 거래량을 읽어주었다. 나는 직업의 특성상 42년 동안 계속 시장 앞을 지켜야 했다.

매수자와 매도자는 우위를 놓고 끊임없는 싸움을 벌인다. 매수 파동에 뒤이어 매도 파동이 나온다. 이 시소 같은 전투는 한쪽이 우위를 잡을 때까지 계속된다. 이는 상대의 힘(미는 힘)을 극복하려고 애쓰는 팔씨름과 비슷하다. 팔씨름을 하는 사람의 팔에 전극을 붙이고 혈압, 나트륨 수치, 콜레스테롤 같은 생리 지표를 확인하면 미묘한 힘에 대한 신호를 얻을 수 있다. 이 신호는 한쪽이 우위를 잡는 때를 알려준다. 테이프 분석도 마찬가지다. 우리는 노력의 양(즉 거래량), 그 노력에 대한 보상, 움직임의 수월함 등을 판단하여 추세의 단기 및 중기 변화가 언제 일어날지 파악한다. 일간 차트는 단기 추세 반전을 찾는 데 가장 적합하다. 비결은 가격/거래량 행태에 대한 가장 정확한 그림과 함께 일간 차트를 활용하는 것이다.

월스트리트 초기에 모든 일간 정보는 티커 테이프로 전송되었다. 포인트 앤드 피겨 차트는 기술적 트레이더들 사이에서 인기를 끌었다. 어떤 종목이든 ⅛포인트 변동을 기록하면 하루의 가격 변동을 나타낼 수 있었다. 포인트 앤드 피겨 차트만으로 지지선과 저항선을 파악하고, 추세선과 채널을 긋고, 가격을 예측할 수 있다. 이는 유용한 정보다. 하지만 시장에서 벌어지는 일에 대한 논리적 이야기를 들려주고, 전환점이 언제인지 알려주는 것은 거래량이다.

험프리 닐은 1931년에 다음과 같은 글을 썼다. "테이프 해석은 거래량 동향에 대한 고려에 좌우된다. …거래량 동향은 공급과 수요에 대해 말해준다. 가격은 단지 거래량의 가치를 나타낼 뿐이다."[17] 와이코프는 단일 종목의 일중 가격 동향에 대해 보다 정확한 그림을 그리기 위해 거래량 단위 차트를 고안했다. 이 차트에 대한 개략적인 설명은《테이프 분석법 연구》에 처음 제시되었다.[18] 몇 년 후, 와이코프는 테이프 분석에 대한 교재를 만들었다. 이 책에 거래량 단위 차트(테이프 분석 차트로 명칭을 바꿈)가 자세히 설명했다. 내가 만든 파동 차트인 와이스 파동(Weis Wave) 차트는 와이코프의 테이프 분석 차트에서 파생되었다. 그래서 이 차트에 대한 설명으로 논의를 시작하는 것이 적절할 듯하다.

[그림 9.1]은 와이코프의 거래량 단위 차트를 재현한 것으로 1932년 6월 2일 AT&T 종목의 모든 움직임을 보여준다. 이 차트는 원래 그의 테이프 분석 강좌에 포함되어 있으며, 지금도 애리조나 주 피닉스에 있는 주식시장연구소에서 (수정된 형태로) 구할 수 있다. 이 차트를 보면 일반적으로 포인트 앤드 피겨 차트를 구성하는 '×'와 'ㅇ'가 없는 것을 바로 알 수 있다. 그 자리에는 모든 $\frac{1}{8}$(0.125)포인

17. Humphrey B. Neill, *Tape Reading and Market Tactics*(Fraser Publishing, 1970), 118p.
18. Rollo Tape(가명), *Studies in Tape Reading*(Fraser, 1910), 124p.

트 변동 지점에서 매매된 100주 단위 거래량을 나타내는 숫자가 있다. 와이코프는 같은 가격에서 연속 매매가 이뤄질 때마다 거래량을 합산한다.

AT&T의 주가는 6월 1일에 85$\frac{1}{8}$달러에서 마감하며, 총거래량은 2,300주다. 참고할 수 있도록 해당 종가는 다음 날 시가와 같이 원으로 표시되어 있다. 6월 2일에 주가는 84$\frac{1}{4}$달러로 갭 하락하며, 거래량은 3,100주다. 85달러와 84$\frac{3}{8}$달러 사이의 ○들은 아무런 매매가 이뤄지지 않았음을 나타낸다. 이후 매매는 다음과 같이 전개된다. 400@84$\frac{1}{8}$⋯, 600@84⋯, 1,100@83$\frac{7}{8}$. 첫 번째 상승 틱은 84달러로 올라가며, 거래량은 300주다. 뒤이어 83$\frac{7}{8}$달러로 하락 틱이 나오며, 거래량은 100주다. 후자의 경우 별도의 열에 그려지지 않았다는 점에 주목하라. 대신 해당 매매는 이전 매매 아래에 표시된다. 그에 따라 같은 열에 상승 틱과 하락 틱이 동시에 나온다. 이는 와이코프가 고안한 방식 중 하나다. 어떤 열에도 하나의 수치나 '×' 또는 '○'가 나올 수 없다. 그것은 박스 크기와 반전 단위(reversal unit, 가격 변동의 기준으로 삼는 수치 - 옮긴이)가 같은(즉 1 대 1 비율) 포인트 앤드 피겨 차트의 고유한 특징이다. 1×2, 1×3, 1×6, 2×8, 2×6, 5×15, 100×300 등 반전 단위가 박스 크기보다 큰 모든 조합은 언제나 한 열당 둘 이상의 데이터가 표기된다.

매도자들이 900@83$\frac{3}{4}$달러와 800@83$\frac{5}{8}$달러에서 바로 매도하는 가운데 매도 파동이 계속된다. 83$\frac{3}{4}$달러에서는 겨우 200주가 매수된다. 또한 83$\frac{1}{4}$로 하락하는 동안 총 1,400주가 매매된다. 이 시점에서 매매 구간은 $\frac{1}{4}$포인트로 좁아진다. 83$\frac{3}{8}$달러에서 마지막 상승 틱

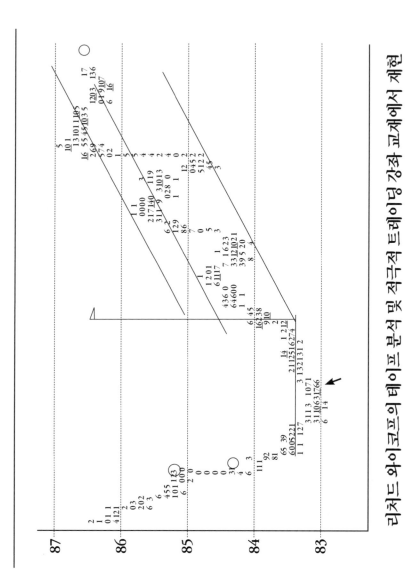

그림 9.1 AT&T 테이프 분석 차트, 1932년 6월 2일

리처드 와이코프의 테이프 분석 및 적극적 트레이딩 강좌 교재에서 재현

이 나오면서 100주가 매매된다. 여기서부터 82$\frac{7}{8}$달러까지 $\frac{1}{8}$포인트 하락하면서 총 1,400주가 매매된다. 6월 1일 오후 2시 30분부터 시작된 하락에서 두 번의 작은 횡보 구간이 나온다.

첫 번째 구간은 85달러 수준 근처에서 형성된다. 6월 2일 시가에서 이 저점이 깨지고, 하락 추세가 가속된다. 두 번째 구간은 83$\frac{1}{4}$달러 선을 따라 그리고 그 위에서 형성된다. 이 선이 깨질 때 지금까지 주가가 약간의 하방 진전만 이뤘다는 사실이 뚜렷하게 드러난다. 다음 상승 파동은 100@83…, 100@83$\frac{1}{8}$…, 700@83$\frac{1}{4}$달러로 진행되며, 이날 첫 $\frac{3}{8}$포인트 상승을 기록한다. 다음 두 하락 틱에서 총 1,100주가 매매되는 가운데 매도자들은 물러서지 않는다. 300@83$\frac{1}{8}$ 이후 또 다른 700주(연속으로 300주와 400주)가 당일 저점을 재시험하는 과정에서 매매된다.

저점에 대한 마지막 시험에서는 400주만 매매된다. 여기서 매도 압력이 약해지고 있다고 추정할 수 있다. 행태의 강세 전환은 다음 상승 틱에서 일어난다. 1,700주(차트에서 최대 상승 거래량)가 83달러에서 매매된다. 뒤이은 랠리는 82$\frac{7}{8}$달러에서 시작된 이전 상승의 고점인 83$\frac{1}{4}$달러에서 저항선을 만난다. 다음 하락 움직임에서 주가는 총 1,300주의 거래량과 함께 $\frac{1}{4}$포인트 하락한다. 즉 큰 노력이 이뤄지지만 보상이 주어지지 않는다. 시장이 궁지에 몰린 듯한 상황에서 주가는 총 400주의 거래량과 함께 83$\frac{3}{8}$달러까지 불규칙하게 오른다. 그에 따라 이전 하락 움직임이 전부 지워진다.

추세 반전의 증거들이 쌓인다. 두 번째 밀집 구간 아래로의 미미한 진전은 하방 추진력이 약해지고 있음을 나타낸다. 저점에 대한 마지막 시험에서 거래량이 줄어든 것은 매도 압력이 지쳐가고 있음을 시사한다. 상승 틱에서 크게 늘어난 거래량(1,700주)은 매수세의 존재를 드러낸다. 83달러로의 마지막 돌파는 새로운 매도세를 끌어들이는 데 실패한다. 뒤이어 저점에서 별다른 노력 없이 이뤄진 랠리는 매도세가 소진되었음을 말해준다. 와이코프는 $82\frac{7}{8}$달러에서의 마지막 시험과 $83\frac{1}{4}$달러로의 뒤이은 랠리 이후, 이 차트를 분석하는 글에서 모든 숏 포지션의 손절매 지점을 $83\frac{1}{4}$달러로 낮추고, 롱 포지션으로 넘어가기 위해 같은 가격에 매수 역지정가 주문을 넣어두라고 말한다. 롱 포지션을 보호하기 위한 손절매 지점은 당일 저점보다 0.25포인트 낮은 $82\frac{5}{8}$달러에 설정된다. 그는 83달러 선과 $82\frac{7}{8}$달러 선을 따라 총 6,300주가 매매되었고, 저점에 대한 두 번의 시험 후에도 주가가 물러서지 않았다는 점을 주목한다. 주가가 $83\frac{1}{4}$달러까지 상승하면서 6,300주는 일간 차트의 맥락에서 잠재적 매집으로 간주된다.

주가가 $83\frac{3}{8}$달러까지 상승한 이후 18번의 가격 변동은 좁은 구간에 갇힌다. 주가가 더 내려가지 않으려는 것은 더 큰 상승 파동을 위한 도약대에 서 있음을 나타낸다. 이 상승 파동은 $1,200@83\frac{1}{2}$로 시작되어 84달러에 이를 때까지 중단 없이 계속된다. 이 상방 돌파에서 총 4,500주가 매매된다. 거래량 증가를 수반하는 수월한 상방 움직임은 바닥 구간에서 가격대 상승을 시작하는 강세의 신호다.

와이코프의 테이프 분석 차트는 포인트 앤드 피겨 차트처럼 만들어진다. 그래서 가격을 예측하는 데 활용할 수 있다. 즉 모든 포인트 앤드 피겨 차트처럼 밀집선을 따라 그려진 박스나 매매의 수를 세고 거기에 반전 단위를 곱하면 된다. 이 차트의 단위는 $\frac{1}{8}\times\frac{1}{8}$이다. 따라서 박스의 수에 $\frac{1}{8}$을 곱한다(1×3 포인트 앤드 피겨 차트의 경우, 밀집 구간의 길이에 3을 곱한다).

오른쪽에서 왼쪽으로 그리고 83$\frac{3}{8}$달러 선에서 나온 마지막 하락 틱(400주)에서부터 세면 24개의 박스가 나온다. 따라서 24×$\frac{1}{8}$=3, 3+83$\frac{3}{8}$=86$\frac{3}{8}$이 된다. 이 포인트 앤드 피겨 산정법은 순전히 기계적이며, 마술적 힘이 없다. 그래서 정확하게 맞히는 때도 있고, 형편없이 틀리는 때도 있다. 오로지 이 산정법만으로 매매해서는 안 된다. 이 산정법은 잠재성을 나타낸다. 포인트 앤드 피겨 차트의 밀집 구간은 이론적으로 잠재적 움직임을 위한 요인 또는 준비의 양을 나타낸다. 포인트 앤드 피겨 산정법에 따른 예측이 맞으면 데이 트레이더나 스윙 트레이더는 손절매 지점을 조정하거나, 일부 이익을 실현하거나, 종료 행동을 더 주의 깊게 살펴야 한다.

84달러로의 상방 돌파 이후 적극적인 등락이 나온다. 83$\frac{3}{4}$달러로의 하락에는 1,200주, 84달러로의 반등에는 700주, 83$\frac{7}{8}$달러로의 하락에는 800주가 거래된다. 그 원인은 일부 롱 포지션 보유자의 빠른 수익 실현, 시가에 매수했다가 다행히 앞선 손실을 대부분 만회할 수 있게 된 매수자들의 포지션 정리, 장 초반 고점에서 또 다른 하락을 바라는 신규 공매도다. 이런 매도세에 직면했는데도 주가가 거의 밀리지 않았다는 것은 매수자들이 84달러 수준에서 매물을 흡수하고 있음을 말해준다.

다음 상승으로 주가는 84$\frac{3}{8}$달러까지 오르며, 총거래량은 1,600주다. 이후 또 다른 얕은 조정이 나와서 84$\frac{1}{8}$달러에서 100주의 거래량과 함께 끝난다. 이는 주가가 $83\frac{3}{8}$달러 밀집선에서 벗어난 후 처음 100주가 거래된 하락 틱이다. 이런 양상은 매도 압력의 부재를 반영한다. 매도자들은 $84\frac{3}{8}$달러에서 $84\frac{1}{2}$달러로 호가를 높인다. 여기서 600주가 매수된다. $84\frac{3}{8}$달러에서 100주가 매수된 후 $84\frac{3}{8}$달러로의 하락 틱에서 1,100주가 매매된다. 후자의 매매는 테이프 분석가의 주의를 끈다. 개장 직후 가장 많은 매도 물량을 끌어내기 때문이다. 이는 주가가 매도세에 직면하기 시작했음을 경고한다. 이 매도세는 롱 포지션 보유자들의 수익 실현에 따른 것일 수 있다. 정확한 원인은 알 수 없다.

주가는 겨우 300주의 거래량과 함께 $83\frac{3}{8}$달러까지 오른다. 상방 진전의 단축과 줄어드는 상방 거래량은 매수세가 지쳐가고 있음을 말해준다. 그래서 테이프 분석가는 손절매 지점을 $83\frac{3}{8}$달러까지 올릴 것이다. $84\frac{1}{2}$달러로의 빠른 하락에는 매도세가 나오지 않는다. 그러나 다음 랠리(100@$84\frac{3}{8}$)에도 매수세는 여전히 약하다. 뒤이어 총 2,000주의 거래량과 함께 주가가 $84\frac{1}{8}$달러로 떨어지자 신규 매수세가 나타난다. $\frac{1}{8}$포인트 상승 틱에 이어 다시 1,700주의 거래량과 함께 84달러로의 하락이 나온다. 하지만 노력에 대한 보상이 거의 없어서 매수세가 존재한다고 추정할 수 있다. 1,900주의 거래량과 함께 84달러에서 $84\frac{1}{4}$달러로 오른 다음 랠리는 매수세가 늘어나고 있음을 말해준다.

84달러로 떨어지는 다음 하락의 총거래량은 2,200주다. 하방 후속 진행의 부재는 다시 한번 매수세의 존재를 증명한다. 앞선 차트 분석에서 매수세가 매도세를 극복하거나(가령 $83\frac{3}{8}$달러에서 84달러로의 상승 구간), 매수자들이 대기 매물을 흡수한 이전의 고거래량 영역을 시험하기 위해 주가가 자주 후퇴하는 양상을 확인했다. 84달러에서 $84\frac{3}{8}$달러로의 활기찬 랠리 이후 $84\frac{1}{4}$달러로 하락하는 동안에는 100주밖에 매매되지 않는다. 매도세가 소진된 것이다. 그에 따라 다시 한번 주가가 상승할 태세를 갖춘다("이 지점을 포착할 수 있는 사람은 누구든 많이 얻고 적게 잃을 것이다."). 그래서 $84\frac{3}{8}$달러로의 상승 틱에서 추가 매수가 가능하며, 모든 손절 지점을 $83\frac{3}{4}$달러로 올릴 수 있다. 공정성을 기하기 위해 밝혀두자면 와이코프는 추가 매수를 언급하지 않았으며, 포인트 앤드 피겨 산정법에 대해서도 말하지 않았다.

매수자들이 매도자들을 압도하는 가운데 주가는 3,300주의 총 거래량과 함께 $85\frac{1}{4}$달러로 수직 상승한다. 이제 마지막 저점인 $83\frac{5}{8}$달러에서 최근 저점인 84달러까지 상승 추세선을 그을 수 있다. 또한 중간 고점인 $84\frac{3}{4}$달러를 걸쳐서 평행선을 그을 수 있다. 가파른 상승 각은 주가를 상승 채널의 공급선 위로 밀어올린다. 그 결과 과매수 여건이 형성된다.

주가는 채널을 무시하고 85달러로의 작은 급락 이후 계속 상승한다. 이 상승은 총 1,600주의 거래량과 함께 $85\frac{1}{4}$달러에 이른다. 매수세가 약간 줄어들지만 매도세의 신호는 보이지 않는다. $85\frac{3}{8}$달러로의 하락 틱에 가해지는 압력은 없다. 하지만 100@$85\frac{5}{8}$ …, 100@$85\frac{3}{4}$으로 나아가는 다음 상승 구간에서 매수세는 분명히 지친 모습을 보인다. 매도자들이 힘을 내면서 주가는 총 800주의 거래량과 함께 $\frac{1}{4}$포인트 하락한다. 1,500주의 신규 매수 주문이 고점을 재시험하지만 노력에 대한 보상은 없다. $85\frac{7}{8}$달러 선 주변의 소규모 지지선은 빠르게 무너지고, 주가는 1,000주의 거래량과 함께 $85\frac{1}{8}$달러로 미끄러진다. 매수자들이 매도세를 흡수하려고 시도하면서 양방향으로 싸움이 벌어진다. 이 싸움은 최후의 시도로 $85\frac{1}{8}$달러에서 300주가 매수되는 것으로 끝난다. 이후 주가는 $84\frac{1}{8}$달러까지 $1\frac{1}{8}$포인트나 떨어진다. 와이코프는 이 급락을 "하락에 가해지는 압력은 약하지도, 강하지도 않다. 이는 정상적인 반응이다"라는 말로 정리한다. 그가 이를 '정상적'이라고 판단한 이유는 $82\frac{5}{8}$달러에서 시작된 상승을 50퍼센트 이상 되돌리지 않기 때문이다. 그래도 거의 그 수준에 근접한다. $84\frac{1}{8}$달러로의 하락에 대해 $85\frac{1}{8}$달러 선을 따라 7개의 지점에 걸쳐 포인트 앤드 피겨를 산정할 수 있다. 그러나 해당 선은 약간 초과된다.

이 하락은 상승 채널의 수요선을 따라 중단된다. 또한 $84\frac{4}{8}$달러와 $84\frac{7}{8}$달러 사이의 이전 저항 구간 위, 그리고 수직 상승 구간 안에 지지선이 형성된다. 와이코프는 프로필 분석을 연상시키는 글에서 테이프 분석 차트가 "다양한 수준에서 거래량을 보여주는 데 특히 유용하다"라고 썼다. $85\frac{1}{8}$달러 위에서 매매된 총주식 수는 8,300주다. 6,300주가 83달러와 $82\frac{7}{8}$달러 사이에서 매매된 것을 소규모 매집으로 볼 수 있다면, 8,300주를 넘는 대규모 거래량은 분산으로 볼 수 있다.

이 중단 행동에 더하여 상승 채널 내에서 주가의 과매수 위치를 고려하면, $85\frac{1}{8}$달러까지 오르는 최후의 랠리 이후 $84\frac{7}{8}$달러에서의 두 번째 매수에 따른 수익을 실현해야 한다. $84\frac{1}{8}$달러에서 저점이 형성된 이후 반응할 시간이 거의 없다. 84$\frac{7}{8}$달러로의 반등과 84$\frac{3}{4}$달러로의 하락 틱은 86$\frac{1}{4}$달러까지 오르는 수직 상승으로 이어진다. 이 상승에 가속이 붙는 순간, 초기 매수분에 대한 손절매 지점을 84$\frac{3}{4}$달러로 올려야 한다. 또한 고점인 85$\frac{3}{4}$달러에 걸치는 평행선을 그려서 상승 채널을 넓혀야 한다. 다만 86$\frac{1}{4}$달러에서 과매수 여건이 이미 존재한다. 가파른 상승 각, 수직 상승 구간에서 나온 총 5,200주의 거래량, 과매수 여건은 절정 행동을 말해준다(5,200주 중에서 2,300주는 86달러 위에서 매매되었다는 점에 주목하라. 이는 주가가 매도세에 직면하기 시작했음을 시사한다).

따라서 롱 포지션을 즉시 정리하지 않을 것이라면 손절매 지점을 이전 고점 85$\frac{3}{4}$달러 바로 밑인 85$\frac{5}{8}$달러로 올려야 한다. 이후 주가는 600주, 700주, 200주의 거래량과 함께 86달러로 떨어진다. 86$\frac{5}{8}$달러로 오르는 마지막 상승 파동의 성격을 주의 깊게 살펴라. 총 4,400주의 거래량은 겨우 $\frac{5}{8}$포인트 상승이라는 보상을 받는다. 상방 돌출이 단축되고 거래량이 증가하는 것에서 주가가 매도세에 직면했음을 알 수 있다.

이 차트에 나오지 않는 더 큰 그림을 보고 매매하는 것이 아니라면 83$\frac{3}{8}$달러에서 구축한 포지션을 정리해야 한다. 와이코프는 이 차트에 대한 논평에서 주가가 86$\frac{1}{4}$달러로 조정되기 전에 1만 주가 86$\frac{1}{2}$달러에서 매매되었다고 언급한다. 트레이더들이 종가에 포지션을 정리하면서 거래량이 늘어나지만 하방 진전은 거의 이뤄지지 않는다. 얕은 조정은 매수자들이 신규 매도 물량을 흡수했음을 증명한다. 실제로 6월 3일에 주가는 89$\frac{1}{2}$달러까지 상승한다.

와이코프의 거래량 단위 차트는 개별 종목의 일간 주문 흐름을 분석하는 데 활용되었다. 와이코프는 더 폭넓은 시장을 따라가기 위해 별개의 종목군에 속하는 5개 주도주에 대한 일간 파동 차트를 만들었다. 그는 거래 시간 동안 오르내리는 해당 종목들의 주가를 종합했다. 그 결과물인 파동 차트는 각 거래일의 동향을 별개의 매수 파동과 매도 파동으로 나누었다. 와이코프는 이 파동들의 길이, 지속 시간, 거래량, 활동을 비교하여 지배적인 추세를 파악하고 추세 변화를 가리키는 조기 단서를 찾아냈다. 우리가 거래량 단위 차트에서 확인한 행태가 파동 차트에서도 확인된다. 가령 상방 돌출이나 하방 돌출의 단축, 수월한 움직임, 거래량 정지, 추세선과 지지선/저항선의 상호 작용 등을 볼 수 있다.

주식시장연구소는 지금도 와이코프의 주도주 파동 차트(현재는 와이코프 파동으로 불림)를 만든다. 다만 시간이 흐르는 동안 많은 변화를 거쳤다. 지수 선물이 등장하면서 주도주 파동 차트의 필요성이 줄어든 것으로 보인다. 그래도 파동 차트는 개별 종목이나 선물을 분석하는 데 유용하다. 와이코프는 테이프 분석 강좌에서 개별 종목의 파동 차트를 계속 만들라고 권했다고 한다. 다만 나는 출판된 그의 글에서 그 사례를 찾지는 못했다. 앞으로 살펴보겠지만 개별 주식이나 선물의 파동 차트는 모든 가격 변동을 토대로 만들 수 있다. 나는 거래량 단위 차트(또는 테이프 분석 차트)를 가지고 실험하는 과정에서 해당 정보를 파동으로 바꾸는 방법을 고안했다.

가격 척도가 시장의 최소 변동 단위와 같은 한 파동 차트와 거래량 단위 차트의 차이점은 없다. 나는 파동 차트를 만든다는 구상을 처음 실험할 때 와이코프의 AT&T 거래량 단위 차트를 계속 이어진 선으로 변환했다. 이 과정은 한 열에 상승 틱과 하락 틱이 같이 나오는 데 따른 모호성을 제거했다. 보다 중요한 점은 $\frac{1}{8}$포인트보다 큰 등락에서 거래량을 집계할 수 있게 해준다는 것이다. 그래서 주가가 매수세나 매도세에 직면한 지점을 더 잘 파악할 수 있다. 다만 한 가지 단점이 있다면 이런 수정이 차트의 크기를 키운다는 것이다. 일간 가격 변동이 수천 회에 달하는 현대 시장에서 이런 차트는 비실용적이다.

내가 마지막으로 만든 버전이 [그림 9.2]다. 보다시피 고거래량 구간이 선명하게 드러난다. 이 차트를 만들기 위해 나는 일부 데이터를 걸러야 한다고 즉시 판단했다. 데이터를 걸러내는 가장 쉬운 방법은 최소 파동의 크기를 키우는 것이다. 나는 $\frac{1}{8}$포인트 척도와 $\frac{1}{4}$ 포인트 파동 또는 반전을 적용하여 거래량 단위 차트를 파동 차트로 바꾸었다. 이 방식은 파동 안에서 모든 $\frac{1}{8}$포인트 반작용을 걸러내고, 같은 열에 상승 틱과 하락 틱이 나오지 않도록 해주며, 차트의 크기를 줄여준다. 그래서 박스 크기가 $\frac{1}{8}$이고 반전 단위가 $\frac{1}{4}$인 $\frac{1}{8} \times \frac{1}{4}$ 포인트 앤드 피겨 차트처럼 작동한다. 덕분에 정보가 더욱 분명해진다.

이 차트의 도움을 받으면 이야기가 분명하게 드러난다. 먼저 당일 저점을 시험하는 지점에서 2,800주가 매매된 것을 볼 수 있다. 여기서 큰 노력은 하방 후속 진행을 만들지 못한다. 2,700주와 2,800주의 거래량이 나온 다음 두 번의 랠리는 적극적인 매수세를 말해준다. 84달러로의 상방 돌파에서 매매된 5,800주는 가격대 상

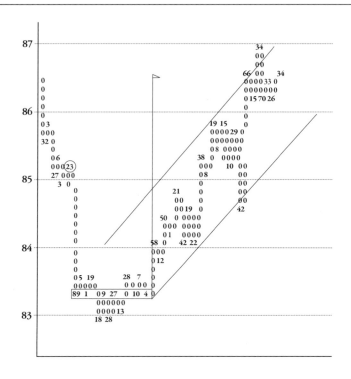

그림 9.2 수정된 AT&T 테이프 분석 차트, 1932년 6월 2일

승을 시작한다. 나중에 4,200주의 거래량과 함께 84달러로의 급락이 나온 이후 매도 압력은 재시험 때 2,200주의 거래량으로 절반이나 약해진다. $85\frac{3}{4}$달러로 나아가는 다음 상승 파동에서 거래량(1,900주)은 가격대 상승이 시작된 이래 가장 적은 수준으로 줄어든다. 이는 하락 반전이 임박했음을 경고한다.

3개의 파동 후 $85\frac{3}{8}$달러로 상승할 때 2,900주로 거래량이 늘어난 것은 큰 매수 노력이 보상을 얻지 못했음을 보여준다. 이 역시 급락이 임박했음을 나타낸다.

이 차트는 1932년의 가격/거래량 데이터로 만들었다. 그러나 거기에 드러난 행태는 지난 80년 동안 바뀌지 않았다. 이런 차트에서 같은 행동이 반복되는 양상은 실로 흥미롭다. 예전에 놀림받기는 했지만, 나는 이런 반복적 행태를 일출과 일몰에 비유한 적이 있다. 11장에서 우리가 여기서 다룬 모든 행태를 주식, 선물, 외환 차트에서 확인할 수 있을 것이다. 와이코프의 $\frac{1}{8} \times \frac{1}{8}$ 거래량 단위 차트에 담긴 보다 미묘한 정보는 이 차트에 나오지 않는다. 그러나 가격/거래량 행태를 분석하는 데 능한 사람은 [그림 9.2]를 참고로 매매하는 데 어려움이 없을 것이다.

앞서 살핀 대로 와이코프의 거래량 단위 차트는 모든 매매를 토대로 제작된다. 1990년대에는 채권 선물에서 매매별 거래량 데이터가 제공되지 않았다. 그래서 틱 거래량을 활용했으며, 그 수치는 아주 작았다. 나는 매매당 거래량을 부여하기 위해 하루 동안의 모든 '매매'를 집계하는 기준을 각 1분의 종가로 삼았다. 이 방식은 차트(주간 거래만 해당)를 만들기 위해 조사하는 데이터를 400번의 가격 변동(즉 하루당 400분)으로 한정했다. 또한 보다 중요하게는 각 가격 변동에 대한 거래량 수치를 제공했다. 뒤이어 나는 각 거래일에 속하는 400분의 데이터를 정리한 표를 만들었다. 그다음 같은 가격이 연이어 나오면 거래량을 합산했다. 1분 종가를 기준으로 거래량 단위 차트를 만들 때 같은 가격에 연속 종가가 나오지 않으면 한 거래일에 400개의 데이터 포인트가 나올 수 있다. 이런 일은 통계적으로는 가능하지만 한 번도 일어나지 않았다.

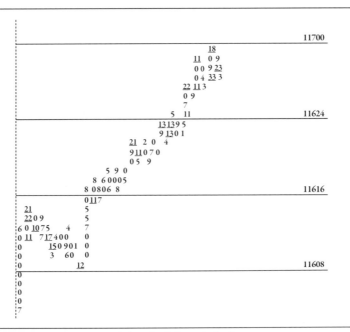

그림 9.3 1993년 12월물 채권 1틱 테이프 분석 차트

[그림 9.3]은 1분 종가를 토대로 만든 $\frac{1}{32} \times \frac{1}{32}$ 테이프 분석 차트의 예다. 척도와 반전 단위가 1:1이기 때문에 [그림 9.1]처럼 한 열에 상승 틱과 하락 틱이 같이 나올 수 있다. 다음 목록(테이프)은 1993년 12월물 채권 선물에 대해 1993년 11월 29일 오전 7시 20분부터 8시 48까지 이뤄진 가격 변동을 나열한다. 전날 종가는 11603포인트이다.

7:20 11612-6 ㅣ 가격이 11603포인트에서 11612포인트로 갭 상승한다. 시가가 전날부터 시작된 상승을 이어가기 때문에

갭을 반영하기 위해 같은 열에 ○들을 표기한다.

7:21 11611-11 | 다음 열에 이 하락 틱을 표기한다.

7:22 11613-10

7:23 11613-12 | 같은 가격에 연이어 1분 종가가 나올 수 있기 때문에 가격 변동이 일어난 후에만 내역을 표기한다. 표기 내역은 총거래량이다. 11611포인트에서 이전 표기 위에 거래량(22틱)을 표기한다. 한 열에 적어도 2개의 수치가 있어야 한다는 점을 명심하라. 이 열에는 11611포인트까지 내려가는 하나의 하락 틱밖에 없기 때문에 그 위에 11613포인트까지 올라가는 상승 틱을 넣는다.

7:24 11614-11

7:25 11614-10

7:26 11612-10 | 이 가격 변동 이후 11613포인트에서 22틱, 그 위의 11614포인트에서 21틱을 기입한다. 1993년의 채권 일중 거래량에 대해 아는 사람은 이전 4분 동안의 급격한 증가를 시가 랠리가 끝났다는 증거로 볼 것이다. 대규모 매수 노력은 가격을 시가 고점 위로 $\frac{1}{32}$포인트만 올렸을 뿐이다.

7:27 11613-9; 7:28 11612-7; 7:29 11611-7; 7:30 11612-5 | 11614포인트에서 고점이 찍힌 이후 2번의 상승 틱(밑줄 친 시간들 참고)에서 나온 거래량은 각각 9틱과 5틱으로 줄어든다. 테이프 분석가는 이 상승 틱들에서 매수세가 약화되는 것을 인지할 것이다. 이는 급락이 끝나지 않았음을 가리킨다.

7:31 11611-11; 7:32 11611-6(총 17); 7:33 11610-9;

7:34 11610-6(총15); 7:35 11609-3 | 총 35의 하락 거래량과 함께 갑작스런 매도세가 나온다.

7:36 11611-4 | 11610에서 ○ 기입

7:37 11610-3; 7:38 11610-4; 7:39 11610-2(총9) | 11609 로의 하락 이후 매매 활동이 저조해진다.

7:40 11612-4

7:41 11609-6

7:42 11610-1 | 11609포인트선은 두 번 시험받는다. 그래서 실시간으로 11609포인트선을 걸쳐서 지지선을 그을 수 있다. 적게 유지되는 거래량은 매도 압력이 약해지고 있음을 시사한다. 11614포인트에서 11612포인트의 마지막 상승 틱 고점을 걸쳐서 그은 소규모 하락 추세선은 쐐기 또는 꼭짓점을 형성한다. 가격 등락 폭이 이런 패턴으로 좁아지는 것은 대치 국면이 곧 해소될 것임을 경고한다.

7:43 11608-6; 7:44 11608-6(총12) | 11609포인트에 형성된 지지선이 뚫리면서 일시적으로 우위가 매도자들에게 넘어간다. 11614포인트의 고점에서 11608포인트로의 급락에는 24분이 걸린다. 이후 5분 동안 동향을 주시해야 한다.

7:45 11611-5; 7:46 11612-7; 7:47 11613-5; 7:48 11614-5; 7:49 11616-8 | 가격이 큰 보폭으로 신고가를 향해 오르면서 하방 후속 진행이 나오지 않는다. 수월한 상방 움직임은 행태의 강세 변화를 알린다. 테이프 분석가는 여기서 매수하고 11607포인트에 손절매 지점을 정할 것이다.

11616포인트로의 상승 이후 가격은 저렴하게 매수할 기회를 주지 않고 이전 고점인 11614포인트 위에서 유지된다. 랠리는 계단식으로 계속된다. 급증한 거래량(21틱)은 11621포인트에서 잠정적으로 상승을 멈춘다. 11624포인트를 넘으려는 첫 번째 노력은 롱 포지션 보유자들이 대개 약 $\frac{1}{4}$포인트 단위로 수익을 실현하기 때문에 무산된다. 수익 실현 물량이 흡수된 후 가격은 하나의 하락 틱만 만들면서 11612포인트에서 11630포인트로 상승한다(8:21에서 8:31까지). 11700의 접근은 더 많은 수익 실현을 꼬드긴다. 가격은 거의 이전 조정의 저점에서 그은 상승 채널의 최상단까지 오른다. 게다가 11527포인트선에 걸친 대부분의 포인트 앤드 피겨 예측이 실현된다. 그럼에도 매도세가 매수세를 극복하고 있다는 증거는 보이지 않는다.

이제 11630포인트에 고점이 찍힌 8:31 지점부터 테이프를 분석해보자.

8:32 11628-4; 8:33 11627-3 | 이 저거래량 조정은 적극적인 매도를 반영하지 않는다.

8:34 11628-7; 8:35 11628-8; 8:36 11628-4; 8:37 11628-8; 8:38 11628-6 | 당일 최대 거래량(33틱)에도 불구하고 가격은 5분 동안 $\frac{1}{2}$포인트밖에 오르지 않는다. 이렇게 1분 종가가 11628포인트에서 밀집하는 것은 상방 진행에 어려움이 있음을 말해준다.

8:39 11629-9; 8:40 11631-8; 8:41 11631-10(총 18) | 가

격은 60틱의 총거래량과 함께 11627포인트의 저점에서 8:31 고점보다 1틱 높은 11631포인트까지 오른다. 이는 큰 노력에 대한 작은 보상이다. 이 상승 파동은 $\frac{5}{32}$포인트에 걸쳐 있지만 전 고점 위로는 $\frac{1}{32}$포인트밖에 오르지 않는다. 거래량은 11608에서 11616로 오르는 랠리, 그리고 11621포인트에서 11628포인트로 오르는 상승 파동보다 많다. 이처럼 큰 노력에도 상방 진전이 나오지 않는 것은 매도세에 직면했음을 말해준다. 따라서 롱 포지션의 경우 11628포인트로 손절매 지점을 올리거나 즉시 정리해야 한다. 이제 매도자들이 매수세를 극복했다는 첫 번째 증거가 나온다.

8:42 11630-9

8:43 11629-3; 8:44 11629-4; 8:45 11629-8; 8:46 11629-4; 8:47 11629-4(총 23); 8:48 11628-3 | 11629포인트의 총거래량은 11월 28일 이후 나온 하락 틱에서 가장 많다. 11631포인트에서 11628포인트로의 급락은 11608포인트의 저점 이후 가장 많은 거래량을 수반한다.

채권의 $\frac{1}{32}$ 거래량 단위 차트는 1분 종가와 거래량 데이터에 더하여 거래량 수치를 기입할 수 있을 만큼 칸이 넓은 차트지를 필요로 한다. 이런 차트를 만들고 일간 가격 변동을 열심히 분석하는 인내심을 가진 사람은 누구나 시장이 돌아가는 방식에 대해 많은 것을 배울 수 있다. 이 차트는 많이 수정되기는 했지만 이면의 개념은 와이코프의 테이프 분석 강좌에서 파생된 것이다. 다만 그 해석은 주로 분석과 관찰로 얻은 단순한 논리에 따라 이뤄진다. 테이프에 대한 논리적 분석을 통해 다음에 일어날 일에 대한 감을 얻을 수 있다.

[그림 9.3]에서 거래량이 4틱에 해당하는 11621포인트의 마지막 저점으로부터 시작되는 상승을 보라. 이 저점에서 가격은 하나의 하락 틱만 만들면서 $\frac{5}{32}$포인트 상승한다. 최후의 상승 파동에서 돌출이 단축된다. 거래량은 당일 가장 많은 60틱에 해당한다. 다음 하락 파동에서 나온 35틱의 거래량은 스프링 저점 이후 가장 많다. 그 메시지를 이해하기는 어렵지 않다. 와이코프는《테이프 분석법 연구》에서 이렇게 말한다.

"테이프 분석은 신속하고 직관적이어야 한다. …테이프 분석가는 각각의 연이은 매매를 토대로 시장의 만화경에서 일어나는 모든 변화를 추론하려고 노력한다. 또한 새로운 상황을 파악하고, 번개처럼 빠르게 두뇌라는 분석기를 통과시키며, 냉정하고 정확하게 실행에 옮길 결정에 이르고자 노력한다.[19]"

또한 와이코프는 자서전인《월가에서의 투자와 모험》에서 이렇게 말한다.

"《테이프 분석법 연구》에서 제시한 방법론을 공부하고 지속적으로 적용하는 데는 '직관적 판단력'을 개발하고자 하는 목적이 있다. 몇 달, 몇 년에 걸

---

19.   Rolle Tape(가명), *Studies in Tape Reading*, 10p.

처 매주 27시간씩 티커를 분석하다 보면 자연스럽게 그런 판단력이 생긴
다.[20]"

그가 말하는 '방법론'은 티커 테이프를 논리적으로 분석한 사례
들을 말한다. 그가 제시하는 정보들을 폄하하려는 의도는 전혀 없
다. 와이코프는 테이프 분석을 일련의 구체적인 규칙으로 환원할
수 없다는 사실을 알았다. 그것은 춤과 비슷하다. 즉 기본적인 스텝
을 배우는 것은 가능하지만 춤을 추려면 음악을 느껴야 한다. 와이
코프의 테이프 분석 강좌는 테이프 분석 차트를 만드는 법을 설명
한다. 그는 이를 주도주 파동 차트와 통합하는 방법을 보여주었다.

와이코프가 시장을 공부하기 시작했을 때는 다우나 다른 지수
의 일간 호가가 없었다. 각 거래일이 끝날 때 나오는 종가가 그날의
동향을 알 수 있는 유일한 척도였다. 앞서 말한 대로 와이코프는 대
여섯 주도주의 파동 차트를 만들었다. 그는 매수 파동과 매도 파동
에 거래량을 표시했다. 이는 전반적인 시장의 여건을 판단하는 데
아주 유용한 방식이었다. 와이코프가 데이터를 5분 바나 60분 바
차트가 아니라 파동 차트로 제시했다는 점은 흥미롭다. 테이프 분
석가는 가격 변동이 동일한 시간 단위가 아니라 파동으로 전개된다
는 사실을 알 것이다.

채권의 전체 $\frac{1}{32}$ 거래량 단위 차트는 가격의 역사를 연속적으로
보여주기에는 너무 거추장스럽다. 하지만 반전 단위를 $\frac{8}{32}$포인트로

20.　　Wyckoff, *Wall Street Ventures and Adventures*, 176p.

224

바꾸면 하루당 파동 전환의 수를 줄일 수 있다. 가령 1993년 11월 29일의 완전한 $\frac{1}{32}$ 차트는 최대 400개의 파동 중에서 258개의 파동을 지닌다.

[그림 9.4]는 단위를 수정한 차트로 반전(이를 파동이라 부르자)의 수를 줄인다. [그림 9.3]과 같이 1분 종가를 토대로 만들어진 이 $\frac{3}{32}$ 파동 차트는 놀라운 이야기를 들려준다. 가령 11631포인트에서 상방 돌출이 단축되고 거래량이 줄어드는 것, 11627(62틱)포인트와 11626(119틱)포인트로 내려가는 하락 파동에서 매도세가 부상하는 것, 11700(48틱)포인트의 마지막 고점에서 약한 매수세와 함께 상

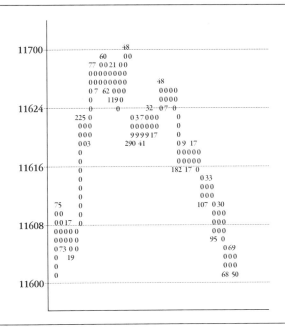

그림 9.4 1993년 12월물 채권 3틱 테이프 분석 차트

방 돌출이 나오는 것, 11621(290틱)포인트로 내려가는 급락에서 매도세가 매수세를 극복하면서 고거래량 돌파가 나오는 것, 11628(48틱/7틱)포인트로 올라가는 두 번의 상승 파동에서 저거래량 2차 시험이 이뤄지는 것을 볼 수 있다. 이 지점에서부터 매도세는 꾸준히 매수세를 압도한다. 그에 따라 가격은 거래일 내내 하락 추세를 보인다. 차트 칸 안에 세 자릿수 거래량을 기입하는 것은 비실용적이다. 이를 해결하기 위한 다음 조정은 쉽게 이뤄진다. 거래량을 해당하는 가격 변동 아래에 막대로 표시하면 된다.

이제 파동 차트를 만드는 기본적인 재료들을 알았으니 파동과 그 거래량을 파악하고 차트에 표시하는 방법을 살펴보자. $\frac{1}{32}$ 파동 차트의 경우 '1분 테이프'로 불리는 자료에서 시작한다. 이는 각 분의 종가와 해당 거래량을 나열한 것이다. 이전처럼 어떤 기간 동안 아무런 매매도 이뤄지지 않으면 그 칸은 수평선으로 채운다. 우리가 살필 것은 2001년 9월물 채권의 2001년 6월 15일 가격 변동이다. 전날, 상승 파동이 오후 2시 직후에 10123포인트에서 정점을 찍었다. 이후 가격이 하락하여 10118포인트에서 마감했다. 하락 구간의 총거래량은 160틱이었다. 6월 15일 개장 시 가격이 더 낮아진다면 10123포인트에서 시작된 하락 파동이 $\frac{1}{32}$포인트 이상의 반전이 나올 때까지 계속될 것이다. 첫 11분 동안의 '테이프'는 다음과 같다.

08:20 10112-10 170

08:21 12-8 178

08:22 13-11

08:23 11-12 201

08:24 12-3

08:25 12-4

08:26 13-3

08:27 13-3

08:28 13-3

08:29: 10-11 228

08:30 18-7 7([그림 9.5]는 이 지점의 가격 변동을 보여준다.)

첫 1분이 끝날 때 가격은 $\frac{5}{8}$포인트 낮은 10112포인트로 마감한다. 이 지점은 6월 14일 종가보다 아래이므로 거래량을 계속 더해야 한다. 첫 1분 동안에 10틱이 이전 총거래량인 160틱에 더해진다. 따라서 새로운 총거래량은 170틱이다. 2분째의 종가인 10112포인트는 기존 하락 파동의 일부로 간주되며, 거래량은 이전 거래량에 더해진다. 새로운 총거래량은 178틱이 된다. 3분째에 10113포인트로의 상승 틱은 하락 파동을 되돌리기에 충분치 않다. 4분째에 파동의 신규 저점이 나온다. 이제 3분째와 4분째의 거래량이 이전 총거래량에 더해진다. 새로운 총거래량은 201틱이 된다. 이후 5분 동안 가격은 좁은 구간에서 유지되며, 총거래량은 16틱이다.

가격이 10분째에 10114포인트나 그 위에서 마감한다면 집계하지 않은 16틱은 새로운 상승 거래량의 일부가 될 것이다. 하지만 10분째에 10110포인트로의 하락이 나온다. 총거래량은 228틱으로 늘어난다. 채권의 경우 8:30은 많은 정부 보고서가 발표되는 시간

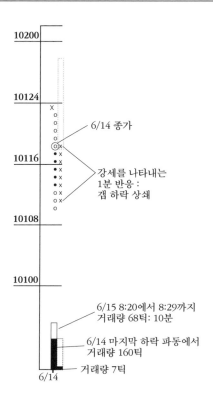

10200

10124

6/14 종가

10116

강세를 나타내는
1분 반응 :
갭 하락 상쇄

10108

10100

6/15 8:20에서 8:29까지
거래량 68틱: 10분

6/14 마지막 하락 파동에서
거래량 160틱

6/14   거래량 7틱

그림 9.5 2001년 9월물 채권 3틱 파동 차트

이기 때문에 흔히 변동성이 커진다. 가격이 $\frac{8}{32}$포인트 높은 10118포
인트로 급등하기 때문에 분명 호재가 발표된 것으로 보인다. 그에
따라 즉시 방향이 바뀐다. 새로운 상승 거래량은 7틱이다. 이제 이
전 파동이 끝난 8:29 지점을 걸쳐서 선이 그어진다. 데이터를 기록
할 때 누계를 내는 것은 유용하다.

가격이 계속 낮아지지 않거나 파동의 기존 저점에서 매매되는

기간에는 총거래량이 합산되지 않는 점에 주목하라. 이런 빈칸은 시장의 속도에 대한 감을 제공한다. 이 정보는 큰 의미를 지니지는 않는다. 그래도 테이프를 계속 관찰하지 않은 상태에서 해당 거래일의 전환점에서 매도나 매수가 얼마나 많았는지 알고 싶은 사람에게 유용할 수 있다. 시장은 갭 하락하면 약세로 시작한다. 그러나 이후로 연이은 가격 하락이 나오지는 않는다. 이런 정보는 실시간으로 시장을 파악하는 단서가 된다.

다음은 1분 테이프 데이터에서 가져온 이후 51개의 수치다.

08:31 18-8 15	08:48 23-2	09:05 25-6
08:32 19-9 24	08:49 24-5	09:06 25-6
08:33 19-8 32	08:50 24-4	09:07 25-2
08:34 19-10 42	08:51 24-5	09:08 25-2
08:35 19-1 43	08:52 24-2	09:09 26-2
08:36 18-5	08:53 24-4	09:10 27-3 23
08:37 19-3 51	08:54 26-2	135 09:11 27-4 27
08:38 19-2 53	08:55 28-4	139 09:12 26-9
08:39 21-6 59	08:56 28-9 148	09:13 27-3 39
08:40 22-5 64	08:57 29-7 155	09:14 27-2 41
08:41 22-4 68	08:58 —	09:15 30-10 51
08:42 24-7 75	08:59 28-10	09:16 31-11 62
08:43 24-7 82	09:00 27-3	09:17 10200-10 72
08:44 24-10 92	09:01 26-7 20	09:18 30-8

08:45 23-5　　　　09:02 25-11 31　09:19 30-4

08:46 25-8 105　<u>09:03 24-5 36</u>　09:20 29-7 19

08:47 23-6　　　　09:04 25-3　　　09:21 27-12 31

([그림 9.6]은 9:21까지의 동향을 보여준다.)

8:30에 시작된 상승 파동은 28분에 걸쳐 나아간다. 총거래량은 155틱이며, 가격은 $\frac{19}{32}$포인트 상승한다. 상승 움직임의 속도에 주목하라. 가격은 계속 오르거나 28분 중 19분 동안 파동의 고점에서 머무른다. 이는 강력한 상승 파동이다. 하지만 우리는 9:01까지 상승 파동이 끝났음을 알지 못했을 것이다. 여기서 가격은 10126포인트까지 $\frac{3}{32}$포인트 하락한다. 따라서 차트를 갱신해야 한다. 10129포인트에서 시작된 급락은 6분밖에 지속되지 않는다. 9:10에 가격은 10127포인트에 이른다. 이후 4분 동안 같은 지점에서 더 많은 매매가 이뤄진다. 10124포인트의 저점 이후 11분 동안 가격은 41틱의 거래량과 함께 $\frac{5}{32}$포인트 상승한다. 이는 그다지 인상적인 랠리가 아니다. 그러다가 갑자기 10@30…, 11@31…, 10@00으로 매수세가 나타난다. 이 구간에서 3분 동안 31틱이 나온다(이 시점까지 최대 3분 거래량). 반면 이전 11분 동안의 거래량은 41틱이다.

험프리 닐은 전환점에서의 동향에 대해 이렇게 말한다. "사람들은 거래량이 아니라 가격 변동에 이끌린다. 다시 말해 그들은 거래량의 동향을 분석하지 않는다."[21] 3분 후, 가격은 $\frac{3}{32}$포인트 하락한다.

21.　　　Neill, 같은 책, 41p.

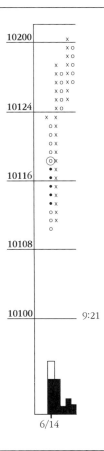

그림 9.6 2001년 9월물 채권 3틱 파동 차트 2

이제 차트에 2개의 상승 파동이 생긴다. 첫 번째 파동은 28분 동안 지속되면서 159틱의 거래량과 함께 $\frac{19}{32}$포인트 상승한다. 두 번째 파동은 14분 동안 지속되면서 72틱의 거래량과 함께 $\frac{8}{32}$포인트 상승한다. 이는 약 50퍼센트의 노력과 보상에 해당한다. 두 번째 상승 파동은 첫 번째 상승 파동의 최상단을 $\frac{2}{32}$포인트만 넘어선다. 상승 추세에서 매수 파동의 지속 시간, 길이, 거래량이 줄어들기 시작하면 추세 변화의 가능성에 주의해야 한다. 매도 파동의 지속 시간, 크기, 거래량이 늘어나기 시작할 때도 마찬가지다([그림 9.4]의 천장에서 이 점이 극명하게 드러난다). 안타깝게도 대부분의 테이프 분석 결과를 보면 이는 확고한 규칙이 아니다. 그래서 그냥 지침으로 삼는 것이 좋다(상승장의 상승 파동에서 매도세 부재로 거래량이 줄어드는 경우가 있다. 이런 양상은 매도세가 나타날 때까지 계속된다). 우리 삶의 모든 측면을 밝게 또는 어둡게 만드는 이원성이 시장 해석에도 존재한다. 10200포인트에서 끝나는 두 번째 매수 파동 이후 매도 파동이 시작된다. 두 번째 매수 파동에서 거래량이 줄고 상방 돌출이 단축되면서 추세 변화의 가능성을 걱정하게 만든다. 그러나 명확한 약세 동향은 나오지 않는다. 그러면 테이프를 더 살펴보자.

09:22 10127-12 43	09:40 25-2 48	09:58 25-1
09:23 28-7	09:41 25-4 52	09:59 26-1
09:24 29-7	9:42 25-2 54	10:00 29-7 56
09:25 29-2	09:43 26-2	10:01 29-10 66
09:26 30-3 19	09:44 25-3 59	10:02 28-3
09:27 30-2 21	09:45 26-7	10:03 28-4
09:28 29-3	09:46 24-4 70	10:04 26-4 11
09:29 29-6	09:47 25-9	10:05 27-7
09:30 26-9 18	09:48 27-2 11	10:06 27-2
09:31 28-6	09:49 25-4	10:07 24-7 27

232

09:32 28-2	09:50 26-8	10:08 23-7 34
09:33 28-3	09:51 26-2	10:09 23-4 38
09:34 28-3	09:52 25-9	10:10 22-5 43
09:35 28-7	09:53 25-4	10:11 23-5
09:36 27-1	09:54 26-1	10:12 23-6
09:37 26-1 41	09:55 —	10:13 23-3
09:38 27-3	09:56 25-3	10:14 22-3 60
09:39 25-2 46	09:57 26-5	10:15 21-7 67

([그림 9.7]은 이 지점까지의 동향을 보여준다.)

10200포인트에서 시작된 매도 파동은 작고, 5분만 지속된다. 이 행태에는 약세를 말해주는 부분이 없다. 하지만 다음 매수 파동을 보라. 이 파동은 28분과 14분 동안 지속된 이전 랠리 때와 달리 5분만 지속된다. 그에 따른 상승은 $\frac{5}{32}$포인트만큼 오르면서 고점이 낮아지고 거래량은 줄어든다. 매수세가 지쳐가고 있는 것이다. 행태의 약세 전환은 다음 매도 파동에서 이뤄진다. 이 파동은 이날 나온 모든 하락 파동보다 지속 시간이 길고 거래량이 많다. 10124포인트에서 저점이 찍힌 2분 후, $\frac{5}{32}$포인트의 반전이 나온다. 10124포인트에서 10129까지 오르는 상승 속도를 보라. 이 15분 동안의 매수 파동에서 가격은 3회만 상승하거나 고점에 머문다. 이런 행태는 약한 매수세와 관심을 반영한다.

이제 시장은 더 큰 하락 반전에 취약해진다. 반전은 10:04에 10126포인트로 내려가는 하락 틱으로 이뤄진다. 테이프 분석가는

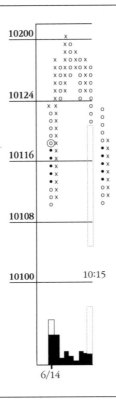

그림 9.7 2001년 9월물 채권 3틱 파동 차트 3

여기서 숏 포지션을 취하고 10200포인트 위에 손절매 지점을 정할 것이다. 그 뒤로도 가격은 계속 하락한다. 10:15에는 10121포인트가 테이프에 찍힌다. 지난 3개의 매도 파동 중 2개를 중단시킨 10124포인트의 지지선이 뚫린 것이다. 다음은 이후 동향이다.

10:16 10122-5

10:17 23-5

10:18 23-6

10:19 21-6 89(하방 진전은 없지만 거래량이 계속 쌓인다. 이 거래량은 이전 매도 파동의 거래량보다 많다.)

10:20 20-7 96

10:21 18-9 105

10:22 19-3

10:23 18-9 117

10:24 19-11

10:25 17-10 138(트레이더들은 가격이 마이너스 구간으로 들어섬에 따라 전날 종가이자 일부 매매 시스템의 '전환점'인 10118포인트 아래에 손절매 지점을 정한다.)

10:26 18-4

10:27 18-6

10:28 16-8 156

10:29 16-9 165

10:30 15-7 172(험프리 닐은 "시장은 촘촘한 매수 주문과 매도 주문으로 구성된다"라고 말한다. 트레이더들이 매수 주문과 매도 주문을 넣을 때 선호하는 지점은 정수와 반수 지점이다. 따라서 10116포인트 근처에서 공매자들의 수익 실현과 매수자들의 신규 매수로 가격이 주저하는 것은 놀라운 일이 아니다.)

10:31 16-3

10:32 15-7 182

10:33 15-6 188

10:34 16-5

10:35 15-3 196

10:36 15-7 203

10:37 15-2 205

10:38 15-2 207

10:39 14-10 217

10:40 13-7 224

10:41 14-5

10:42 15-1

10:43 15-6

　가격은 10116포인트와 10115포인트 사이에서 11분 동안 머문다. 이후 10113포인트로의 하락은 추가 약세의 시작으로 보인다. 뒤이어 가격이 다시 10115포인트로 돌아왔을 때 하락이 끝났다고 생각할 수도 있다. 여기서 당신이 공매도 투자자라면 환매수할 것인가? 생각을 너무 많이 하면 잡음과 의미 있는 신호의 차이를 구분할 수 없는 경우가 많다. 의심스러울 때는 섣불리 나서지 마라. 그냥 손절매 지점을 조정하여 위험을 낮추고 심리적 안정을 기하라.

10:44 15-1

10:45 13-6 243

10:46 09-10 253(이 기간에 나온 $\frac{3}{3}$포인트의 하락은 가격이 오전 저점인 10110포인트 아래로 떨어진 데 따른 손절매 물량 때문이다.)

10:47 08-9 262

10:48 10-3

10:49 08-8 273

10:50 07-9 282

10:51 07-8 290

10:52 05-10 300

지난 7분 동안 하락 폭이 커지고 거래량이 급증한다. 이는 훨씬 큰 폭락의 시작이거나, 더 긴 가격 역사의 관점에서만 파악할 수 있는 알려지지 않은 규모의 중단 지점일 수 있다. 우리가 관찰한 소량의 가격 변동으로는 그것이 더 큰 하락 추세의 일부인지, 상승 추세의 일시적 반락인지, 더 넓은 매매 구간의 일부인지 알 수 없다. 평균 일 구간이 약 $\frac{29}{32}$포인트라면 데이 트레이더는 수익을 실현하고 다른 상황이 전개될 때까지 기다리는 것이 좋다.

10:53 06-7

10:54 06-8

10:55 08-2 17

이 시점에서 매도 파동은 10105포인트에서 끝났음을 알 수 있다. 그 크기는 $\frac{24}{32}$포인트, 거래량은 300틱, 지속 시간은 51분이다. 경험을 통해 $\frac{3}{32}$ 파동 차트에서 300틱의 거래량은 대단히 이례적임을 알 수 있다. $\frac{8}{32}$ 파동 차트나 $\frac{16}{32}$ 파동 차트에서 300틱은 두드러지지 않는다. 하지만 이 차트에서는 약세의 주요 신호로 대량의 매도 공세를 반영한다.

10:56 10-4 21

10:57 08-10

10:58 10-6 37

10:59 11-5 42

11:00 11-2 44

11:01 10-5

11:02 09-3

11:03 09-5

11:04 09-2

11:05 08-5 20(10111포인트로 오르는 매수 파동은 공매도자들의 수익 실현일 가능성이 크며, 달리 말해주는 것은 없다.)

11:06 09-4

11:07 09-7

11:08 10-9

11:09 10-2

11:10 11-1 23(10108포인트로의 매도 파동에서 매도세가 나타나지 않는다.)

11:11 12-3 26

11:12 11-5

11:13 11-2

11:14 11-2

11:15 11-2

11:16 11-2

11:17 10-5

11:18 10-6

11:19 10-2

11:20 09-5 31(여기서 매수 파동이 10112포인트에서 끝났음을 알 수 있다. 이 파동은 인상적이지는 않지만 10111포인트로 올라가는 이 전 매수 파동의 고점을 약간 넘어선다.)

11:21 09-8 39

11:22 08-5 44

11:23 08-6 50

11:24 08-2 52([그림 9.8]은 이 지점까지의 동향을 보여준다.)

11:25 09-3

11:26 09-2

11:27 —

11:28 09-2

11:29 10-1

11:30 10-2

11:31 09-1

11:32 10-3

11:33 09-3

11:34 11-6 23(마지막 매도 파동은 지지선이 형성되는 10108포인

트에서 전 저점을 재시험한다.)

11:35 10-1

11:36 10-2

11:37 12-2 28

여기서 가격은 이전 두 매수 파동의 고점 위로 상승한다. 일정

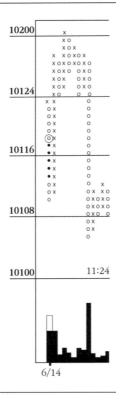

그림 9.8 2001년 9월물 채권 3틱 파동 차트 4

한 규모의 조정이 이뤄진다. 아직 숏 포지션을 보유하고 있다면 수익을 전부 또는 일부 실현할지, 아니면 손절매 지점을 낮출지 결정해야 한다. 어느 수준에서 가격이 저항에 직면할까? 와이코프가 10121포인트에서 숏 포지션을 잡았다면 아마 절정 저점에서 또는 고점을 높이는 경향을 보인 직후에 수익을 실현했을 것이다. 또한 더 큰 잠재력을 보고 매매하는 쪽을 택했다면 50퍼센트 되돌림 수준의 바로 위에 손절매 지점을 정했을 것이다. 일부 데이터를 걸러낸 우리의 1분 차트에서는 10200포인트에서 10105포인트에 걸친 하락 구간이 보인다. 따라서 그 50퍼센트는 대략 10118포인트에 해당한다. 하락의 실제 고점과 저점은 10201포인트과 10105포인트로서, 정확한 50퍼센트 조정 지점은 10119포인트다. 하지만 하락 구간 안에서 손절 지점을 위에 둘 지지 구간이 있는가? 차트에는 아무것도 나타나지 않는다. 다만 테이프에 기록된 양상으로는 10116포인트와 10115포인트(10:28과 10:44) 사이에서 가격이 횡보한다. 이 구간은 모든 조정성 랠리에서 저항선 역할을 할 수 있다. 이처럼 테이프를 열심히 들여다보면 머릿속에 저항선을 예측할 수 있는 그림이 그려진다.

11:38 13-3 31

11:39 14-3 35(이제 가격은 상승 파동의 전고점을 넘어선다.)

11:40 13-1

11:41 13-4

11:42 13-2

11:43 13-2

11:44 14-1 44

11:45 14-2 46

11:46 13-1

11:47 13-2

11:48 —

11:49 —

11:50 14-1 50

11:51 15-3 53(이제 가격은 10115포인트와 10116포인트 사이의 소규모 밀집 구간까지 상승한다. 이 상승이 어느 정도의 진전을 이루는지 보자.)

11:52 15-4 57

11:53 14-1

11:54 13-1

11:55 14-5

11:56 —

11:57 15-3

11:58 —

11:59 15-2 69

12:00 15-2 71

12:01 14-1

12:02 —

12:03 13-1

12:04 13-4

12:05 12-3 9

　이 반전과 함께 새로운 매도 파동이 시작된다. 마지막 매수 파동은 36분 동안 71틱의 거래량과 함께 $\frac{7}{32}$포인트 상승한다. 이후 가격은 10200포인트에서 10105포인트까지 크게 하락하는 과정에서 50퍼센트 되돌림에 실패하며, 10116포인트와 10115포인트 사이의 저항선을 넘지 못한다. 지금까지 이 상승 파동은 하락 추세에서 나오는 전형적인 저거래량 조정처럼 보인다.

12:06 —

12:07 11-1 10

12:08 12-1

<u>12:09 11-1 12</u>

12:10 —

12:11 12-1

12:12 13-1

12:13 14-1 3(10115포인트에서 10112포인트까지 내려가는 짧은 매도 파동에서 나온 12틱은 매도세의 부재를 반영한다. 가격은 분명 10115~10116포인트의 저항선을 뚫고 다시 상승을 시도할 것이다.)

12:14 —

<u>12:15 15-1 4</u>(바로 여기다!)

12:16 13-2

12:17 —

12:18 —

12:19 —

12: 20 12–1 3

10115포인트에서 거래량이 6분 동안 4틱에 그치면서 시장이 정
체된다. 마지막 매수 파동은 10105포인트에서부터 올라온 상승 구

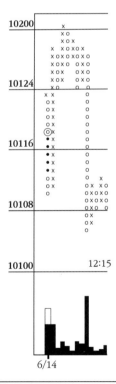

그림 9.9 2001년 9월물 채권 3틱 파동 차트 5

간 안에서 최초로 고점을 높이는 데 실패한다. 마지막 하락 파동이 매도세를 끌어들이지 못하면서 가격은 더 높이 올라갈 입지에 서지만 매수세가 사라진다. 미국 동부 시간대에 사는 트레이더들이 점심을 먹으러 나가면서 이 시간에 매매가 시들해지는 것은 드문 일이 아니다. "절대 시장이 조용할 때 매도하지 마라"는 오랜 격언이 옳다고 믿는가? [그림 9.9]는 12:15에 끝난다.

12:21 12-2 5

12:22 —

12:23 13-1

12:24 13-2

12:25 —

12:26 12-1 9

12:27 11-1 10

12:28 12-1

12:29 —

12:30 —

12:31 12-2

12:32 12-2

12:33 12-2

12:34 —

12:35 —

12:36 13-1

12:37 12-1

12:38 11-1 20

23분에 걸친 이 매도 파동은 10105포인트의 저점 이후 나온 모든 이전의 매도 파동보다 길다. 또한 이전 매수 파동의 지속 시간보다 상당히 길다. 지금까지 느린 하락 속도는 시장이 그저 표류하고 있음을 시사한다.

12:39 —

12:40 11-4 24

12:41 12-3

12:42 11-1 28

12:43 —

12:44 12-1

12:45 —

12:46 —

12:47 13-1

12:48 —

12:49 13-2

12:50 13-2

12:51 —

12:52 12-1

12:53 11-1 36

12:54 11-2 38

12:55 10-3 41

　10105포인트의 저점 이후 모든 반작용은 연이어 더 높은 수준에서 멈춘다. 그러다가 여기서 저점을 낮추는 첫 매도 파동이 나온다. 지속 시간은 40분이다. 이 급락에서 나온 겨우 $\frac{5}{32}$포인트의 하락을 10129포인트에서 10105포인트까지 51분에 걸쳐 지속된 하락 파동에서 나온 $\frac{24}{32}$포인트의 하락과 비교해야 할까? 그래서 매도 압력이 누그러진다고 가정해야 할까? 아니면 이 하락을 10105포인트에서 시작된 랠리의 맥락에서만 판단하는 것이 더 나을까? 그 답은 명백하다. 두 하락 파동 사이에는 아무 연관성이 없다. 첫 번째 하락 파동은 차트를 지배한다. 두 번째 하락 파동은 10105포인트에서 시작된 무기력한 랠리 이후 매도자들이 다시 우위를 잡고 있음을 나타낸다.

12:56 11-3(아직은 당면한 매도 파동이 끝났는지 알 수 없다.)

12:57 —

12:58 11-2

12:59 —

13:00 11-1

13:01 12-3

13:02 12-2

13:03 13-1 12(이제는 매도 파동이 10110포인트에서 끝난 것이 확

실해진다. 다음 상승 파동의 성격이 아주 중요하다.)

13:04 —

13:05 13-2 14

13:06 13-4 18

13:07 —

13:08 —

13:09 —

13:10 —

13:11 — (매매 활동이 지지부진하면서 빈칸이 많아지는 것에 주목하라.)

13:12 12-1

13:13 —

13:14 12-2

13:15 —

13:16 —

13:17 —

13:18 —

13:19 —

13:20 —

13:21 14-4 25

13:22 14-2 27

13:23 14-4 31

13:24 14-4 35

13:25 14-2 37

13:26 13-1

13:27 14-3 41

가격은 마지막 매도 파동과 같은 거래량을 수반한 채 32분 동안 $\frac{5}{32}$만큼 반등한다. 또한 지금까지 전 고점인 10115포인트로 돌아가지 못한다.

[그림 9.10]에서 볼 수 있듯이 이 매수 파동은 이제 끝났다. 10:52에 형성된 저점인 10105포인트에서 시작된 9개의 완전한 파동이 보인다. 덧붙이자면, 아무런 매매도 이뤄지지 않은 모든 1분 기간은 제외했다. 일반적인 1분 바 차트는 이 기간들을 공란으로 비워둔다. 1분 종가 차트는 마지막 가격에서 해당 기간으로 연장되는 선을 긋는다. 그에 따라 차트 전체에 걸쳐 긴 수평선이 생긴다.

마지막 두 파동은 각각 40분과 32분 동안 지속된다. 앞서 10115 포인트 위에 생긴 소규모 밀집 구간에 대해 언급했다. 시간은 10:28 부터 10:44 사이에 해당한다. 이 짧은 횡보 이후 하락 추세가 가팔라지고 거래량은 늘어난다. 가격은 $\frac{10}{32}$ 떨어진 10105포인트에 이른다. 바 차트에서 본 대로 조정이 이뤄질 때 많은 거래량과 함께 추세가 가속된 구간을 시험하는 것은 드문 일이 아니다. 그에 따라 10105포인트에서 시작된 랠리는 매도자들이 매수자들을 압도한 수준으로 되돌아온다.

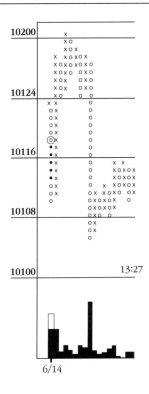

그림 9.10 2001년 9월물 채권 3틱 파동 차트 6

13:28 13-3

13:29 —

13:30 13-3

13:31 13-1

13:32 13-4

13:33 13-4

13:34 12-3

13:35 11-3 21

13:36 10-3 24

13:37 09-5 29(앞선 매도 파동은 10110포인트에서 끝난다. 10114포인트로의 약한 랠리 이후 저점이 다시 더 낮아진다. 최근의 저점인 10105포인트가 시험받거나 무너지지 않을 것이라고 믿을 근거는 없다. 자세한 양상은 [그림 9.11]에 나온다.)

13:38 08-5 34

13:39 09-1

13:40 08-1 36

13:41 08-1 37

13:42 09-3

13:43 08-1 41

13:44 08-2 43

13:45 09-5

13:46 —

13:47 —

13:48 —

13:49 —

13:50 —

13:51 08-1 49

13:52 07-1 50

13:53 04-5 55(가격은 차트의 신저가로 떨어진다. 이제는 추가 매도세가 얼마나 나오는지 지켜봐야 한다.)

13:54 05-3

13:55 05-2

13:56 02-5 65

13:57 02-4 69

13:58 04-4

13:59 02-1 74

14:00 02-2 76

14:01 02-2 78

14:02 02-6 84

14:03 03-1

<u>14:04 02-1 86</u>(이는 10105포인트로의 하락 이후 가장 큰 하락 파동이다. 이 파동은 많은 거래량을 수반한다. 노력이 가중되었음에도 가격은 10105포인트의 저점 아래로 $\frac{3}{10}$포인트만 떨어진다.)

14:05 03-1

14:06 04-1

14:07 03-5

14:08 —

14:09 05-2 9(여기서 매도 파동이 14:04에 끝났다는 사실이 명백해진다. 하방 돌출의 단축은 매도 압력이 지쳐가고 있다는 표시일 수 있다.)

14:10 04-3

14:11 05-1 13

14:12 04-1

14:13 05-3 17

14:14 04-1

14:15 04-2

14:16 —

14:17 —

14:18 05-1 21

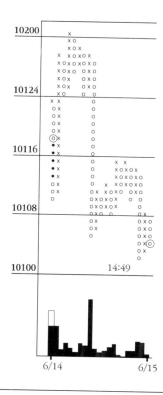

그림 9.11 2001년 9월물 채권 3틱 파동 차트 7

가격은 10200포인트에서의 하락 이후 일시적 지지선이 형성된 가격 수준인 10105포인트까지 상승한다. 10105포인트에서 저점이 찍힌 후 첫 두어 개의 매도 파동은 10108포인트에서 멈춘다. 따라서 10105포인트와 10108포인트 사이에서 대기 매물에 주의를 기울이는 것이 좋다. 알다시피 하락 추세에서 이전 지지선은 흔히 저항선 역할을 한다.

14:19 05-2 23

14:20 04-3

14:21 05-1 27

14:22 —

14:23 06-3 30

14:24 07-3 33

14:25 06-5

14:26 06-2

14:27 —

14:28 07-1 41

14:29 —

14:30 06-1

14:31 07-1 43

14:32 08-1 44

14:33 08-4 48

14:34 07-1

14:35 —

14:36 08-5 54

14:37 —

14:38 08-1 55

14:39 —

14:40 08-5 60

14:41 08-2 62

14:42 —

14:43 —

14:44 06-4

14:45 07-1

14:46 07-2

14:47 —

14:48 07-4

<u>14:49 08-1 74</u>

14:50 06-4

14:51 06-4

14:52 06-2

14:53 —

14:54 05-3 13

10108포인트로부터의 $\frac{5}{32}$ 포인트 하락은 매수 파동이 14:49에
끝났음을 알린다. 이 파동은 10105포인트와 10108포인트 사이

의 매물대를 돌파하지 못했다. 이는 또한 저점인 10105포인트와 10102포인트 사이에서 나온 돌출 단축이 일시적일 뿐임을 시사한다.

    14:55 04-5 18
    14:56 05-5
    14:57 05-7
    14:58 06-11
    14:59 05-27

장내 거래 종료 후 14:55에 10104포인트로 내려가는 매도 파동이 진행된다. 마지막 4분 동안 결정적인 일은 일어나지 않는다. 남은 거래량은 50틱이다. 다음 날 시가가 10104포인트 이하라면 이 50틱이 거래량에 추가된다. 그렇지 않고 시가가 10107포인트 이상이라면 50틱은 새로운 상승 거래량 총합의 일부가 된다. 50틱의 거래량은 검은 실선으로 그어지며, 새로운 상승 거래량은 그 위에 빨간색으로 그어진다. 와이코프의 주도주 파동 차트는 언제나 그날의 종가로 끝난다. 그러나 파동은 종가를 제대로 존중하지 않는다. 전날에서 다음 날로 파동을 이어가면 누계로 나타나는 힘을 더 잘 파악할 수 있다.

월요일인 6월 18일에 시가가 상승하지만 이후 대부분의 시간 동안 하락한다. [그림 9.12]는 6월 19일에 파악된 21개의 파동을 보여준다. 그 시작은 갭 하락하는 매도 파동이다. 이 지점에서부터 단기 추세가 약세에서 강세로 전환되고 있음을 나타내는 3개의 파동을 파악할 수 있는가? 매도 파동의 길이와 거래량(지속 시간)이 줄고 매수 파동이 늘어나면 추세가 상방으로 반전한다는 사실을 기억하라. 파동 1은 $\frac{13}{32}$포인트에 걸쳐 있다. 파동 3은 $\frac{8}{32}$포인트에 걸쳐 있으며, 파동 1의 바닥을 넘어선다. 파동 5는 $\frac{5}{32}$포인트밖에 내려가지 않으며 신저가를 만들지 않는다. 이는 행태의 첫 번째 강세 전환이다.

파동 6은 강세론에 무게를 더한다. 그에 따라 최대 상승 거래량과 함께 당일의 최대 상승 파동이 나온다. 파동 9의 행태는 가격이

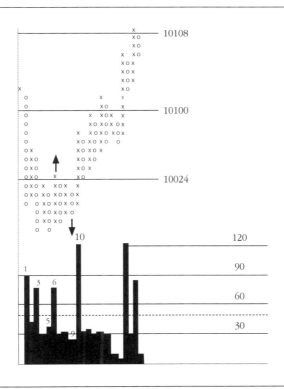

그림 9.12 2001년 9월물 채권 3틱 파동 차트 8

도약대에 섰음을 말해준다. 여기서 당일의 최소 파동이 나오며, 매도 압력이 없다. 파동 10에서 가격대 상승이 시작된다. 10100포인트 근처에서 우위를 차지하기 위한 다툼이 벌어진다. 여기서 가격은 6월 18일에 형성된 첫 지지선을 찾는다. 10100포인트 아래로의 마지막 작은 하락 파동은 매도세가 완전히 결여된 가운데 수월한 하방 움직임이 이뤄지지 않는다. 그에 따라 멋진 상방 반전이 완성된다. 나는 이 포인트 앤드 피겨 형식을 몇 년 동안 활용했다. 이는 언제나 내가 가장 좋아하는 형식 중 하나였다. 파동 차트가 진화하는 과정의 다음 단계는 더 나은 정보와 더 큰 유연성을 제공하는데, 이것이 10장의 주제다.

하루 동안의 가격 변동을 분 단위로 분석하는 일은 엄청나게 지루해 보일 것이다. 하지만 나는 와이코프처럼 그런 노력의 가치를 증언할 수 있다. 이 장에서 자세히 설명한 과정은 나의 차트 분석 능력을 열 배나 향상시켰다. 게다가 나는 이런 작업을 오랫동안 계속했다. 오늘날의 시장은 엄청나게 변동성이 심하며, 번개처럼 빠른 속도로 예측이 바뀐다. 그래도 와이코프가 1909년에 관찰한 행태는 엄청난 이점을 제공한다.

10장

테이프 분석 II

◆

　내가 파동과 파동 거래량을 나타내기 위해 쓰는 또 다른 방법은 종가 선 차트를 거래량 막대와 함께 활용하는 것이다. 이 방법 역시 많은 도움이 되었다. 다만 한 가지 빠진 요소가 있는데, 바로 시간이다. 그래서 나는 파동의 지속 시간이 이례적으로 길 때마다 차트에 표기했다. 그러다가 나중에는 파동 차트를 만드는 프로그램을 만들어줄 사람을 찾았고, 이후로는 더 이상 파동을 등거리로 표시할 필요가 없었다. 파동 사이의 거리는 파동의 지속 시간을 반영했고, 거래량 막대의 넓이도 시간에 따라 달라졌다. 덕분에 테이프 분석에 필요한 세 가지 요소, 즉 파동의 길이, 거래량, 지속 시간을 모두 확보했다.

　앞서 2001년 6월 15일과 19일의 채권 가격 동향을 다룰 때 이세 가지 요소를 아주 많이 언급했다. 데이터를 표 형태로 나열한 것이 이런 일을 가능하게 만들었다. 새로운 차트는 이런 요소들이 한눈에 드러난다. 또한 모든 기간에 걸쳐서 파동 차트에 대한 실험을 할 수 있다. 나는 이 차트를 통해 며칠 동안 지속되는 가격 파동을 보았다. 또한 파동 거래량은 시간별 또는 일별 차트보다 더 나은 이야기를 들려주었다. 그 이유는 단순하다. 가격 변동은 동일한 시간 단위로 전개되지 않으며, 파동 형태로 전개된다. 와이코프와 초기 테이프 분석가들은 이 사실을 분명하게 이해했다. 그래서 주식 티커에서 번갈아 나타나는 매수 파동과 매도 파동을 분석했다. 가격 변동을 시간 단위로 나누는 것은 추세를 파악하는 데 방해가 되지 않는다. 하지만 거래량을 동일한 시간 단위로 나누는 것은 매수와 매도의 진정한 힘을 파악하는 능력을 저해한다. 거래량의 메시지가 시간 속에 묻힌다고 말할 수 있다.

그 예로 2012년 12월물 유로 차트(그림 10.1)를 제시한다. 먼저 차트에 대한 설명부터 하도록 하겠다. 나는 외환 일간 매매의 경우 민감한 틱 바(tick bar) 차트를 선호한다. 또한 시간 기반 차트도 살핀다. 틱 바는 정해진 시간의 제약을 받지 않는다. 그래서 변동성이 심한 매매 여건에서는 하나의 250틱 바가 몇 초 동안 지속되기도 하고, 20분 이상 지속되기도 한다. 또한 더 큰 틱 바 차트는 폭넓은 가격 구조를 시각적으로 파악하는 데 유용하다. 가령 나는 때로 외환 5,000틱 바나 S&P 9,000틱 바를 확인한다.

[그림 10.1]은 2012년 9월 18일의 250틱 바 종가로 만든 3핍 파동을 보여준다. 각 틱 바의 거래량도 포함되었다. 차트의 왼쪽에서부터 보면 5,400계약의 거래량을 수반하는 대규모 상승 파동이 먼저 눈에 띈다. 이는 약 4시간 동안 가장 많은 상승 거래량이다. 상승 파동에서 나온 상방 돌출의 단축이 명확하게 두드러진다. 이는 추세가 지쳐가고 있음을 말해준다. 첫 하락 파동에서 매도세가 나타난다. 여기서 나온 4,100계약의 거래량은 지금까지 가장 많은 수준이다. 이 행태의 약세 전환을 매수세가 처음 나타난 [그림 9.12]의 파동 6과 비교해보라. 뒤이은 상승 파동에서 나온 1,100계약의 거래량은 약한 매수세를 알려주며, 공매도를 위한 탁월한 진입 지점을 제공한다.

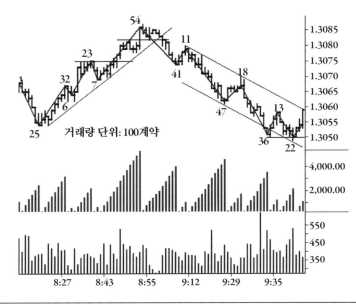

출처: 트레이드스테이션

그림 10.1 2012년 12월물 유로 250틱 바 차트

　　대부분의 경우 틱 바 거래량은 수평선의 나무들과 비슷하게 보인다. 거래량 사이의 차이는 거의 찾을 수 없다. 반면 누적 파동 거래량은 매매 활동의 정상과 골짜기를 보여준다. 이 점은 틱 바 거래량이 거의 변화를 보이지 않는 1,100계약의 후퇴 지점에서 더없이 중요해진다. 마찬가지로 고점에서 나온 4,100계약 하락은 틱 바 막대에서는 거래량이 많은 것으로 두드러지지 않는다. 이 하락 구간 안에서 하락 파동은 각각 13핍, 19핍, 19핍, 4핍 동안 지속된다. 파동당 개별 시간은 10분, 16분, 4분, 2분이다. 이 그림에 파동 거래량의 감소를 더하면 9:38에 시작되는 저점에서의 반전이 당연해진다.

마지막으로 관찰할 부분은 마지막에서 두 번째 하락 파동이 앞선 파동과 같은 거리(19핍)를 지난다는 것이다. 하지만 지속 시간은 4분에 불과하다. 이 하락 파동의 속도는 절정 행동을 반영한다. 함정에 빠진 롱 포지션 보유자들은 서로에게 걸려 넘어지면서 서둘러 매도한다. 이는 숏 포지션 보유자들에게 수익을 실현하고 마지막 매매가 이뤄진 지점의 몇 틱 안으로 매수 역지정가 주문을 넣으라고 말한다. 잠재적 매수자들은 환매수 랠리를 예상하고 주의를 기울여야 한다. 마지막 저점이 찍히고 22분이 지난 후 유로는 1.3077 포인트에 거래된다.

[그림 10.2]는 2011년 6월물 호주 달러의 3분 차트를 보여준다. 개별 5분 바는 삭제되었다. 최소 파동 크기 또는 반전 단위는 3핍이다. 파동당 지속 시간은 파동 전환점에 표시된다. 13:15부터 시작되는 상승 구간을 보라. 3개의 상승 파동이 각각 12분, 36분, 6분 동안 지속된다. 그 길이는 10핍, 21핍, 5핍이다. 또한 거래량은 1,896계약과 2,038계약 그리고 1,305계약이다. 이 파동들에서 시간, 길이, 거래량이 줄어드는 것은 약화하는 시장 여건을 드러낸다. 또한 테이프 분석가에게 롱 포지션의 수익을 실현하라고 말한다.

와이코프는 이런 자리에서 수익을 실현하고 즉시 숏 포지션을 잡는 쪽을 지지할 것이다. 거래량 막대는 누적된다. 27분에 걸친 하락 파동은 9개의 3분 단위 기간으로 구성된다. 총거래량은 이 파동의 9번째 기간까지 일정하게 늘어난다. 여기서 파동이 불거진다. 이 형식은 파동의 천장이나 바닥에서 흔히 나타나는 거래량의 급증을 파악하는 데 도움을 준다.

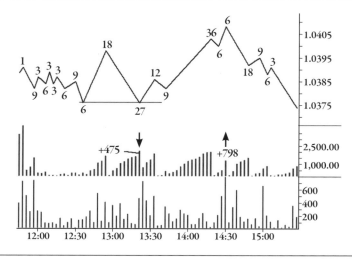

그림 10.2 2011년 6월물 호주 달러 3분 차트

또 다른 사례로 고점까지 오르는 6분에 걸친 상승 파동의 마지막 기간에 거래량이 급증하는 것을 보라. 고점에서 하락하는 구간 안에서 모든 랠리는 작고 짧다. 이런 양상은 숏 포지션을 추가하거나 천장을 파악하는 데 실패한 경우 숏 포지션에 올라타는 데 참고할 수 있다. 앞선 랠리에서 나오는 작은 저거래량 조정에 대해서도 같은 말을 할 수 있다. 외환 선물과 그에 해당하는 외환시장은 3핍 파동 크기를 활용할 수 있다는 점에서 특이한 속성을 지닌다. 이는 트레이더가 파동 구성을 바꾸지 않고 최고의 구도를 찾아 한 시장에서 다른 시장으로 이동할 수 있도록 해준다.

나는 매매 시 흔히 파동 차트를 가격 바 위에 겹친다. 그러면 정확한 고점과 저점에서 추세선, 추세 채널, 지지선/저항선을 그을 수 있다. 가격 바가 숨겨진 호주 달러 차트 같은 것에 그은 선들은 여전히 잘 통한다. 나는 항상 최대한 많은 데이터를 걸러낸다. 그러면 일간 차트의 잡음과 모호성이 많이 제거된다. 일간 가격 바는 복합적인 메시지를 제시할 수 있다. 그래서 가격 바를 제거하면 다른 경우에는 성급하게 정리할 수도 있었던 포지션을 유지하기가 더 쉽다. 많은 트레이더가 이런 문제에 시달린다.

[그림 10.3]은 2011년 5월물 NY 구리 파동 차트의 모든 주요 선을 보여준다. 이 차트는 5분 종가와 0.0025포인트 반전 단위를 토대로 만들어졌다. 구리의 최소 틱은 12.50달러에 해당하는 0.0005포인트다. 따라서 4.38달러에서 4.39달러로 1센트가 오르는 것은 250달러가 오르는 것과 같다. 이 차트는 파동 분석의 힘을 보여준다. 파동 시간과 거래량은 전환점에서 표시된다. 구리 가격은 8:40 저점에서 시작하여 35분 동안 2.5센트 상승한다. 그다음으로 거래량이 줄어드는 가운데 횡보하는 7개의 파동이 보인다.

다섯 번째 파동에서 약 300계약의 거래량과 함께 가격이 1.40센트 하락하는 양상에 주목하라. 다음 하락 파동은 200계약의 거래량과 함께 0.60센트만큼 나아간다. 두 파동의 지속 시간은 각각 5분과 10분이다. 대개 연이어 나올 경우, 10분 파동이 5분 파동보다 많은 거래량을 수반한다. 후자의 적은 거래량과 작은 크기는 가격이 롱 포지션을 잡기에 이상적인 도약대에 서 있음을 말해준다. 뒤이은 상승 파동은 55분 동안 2.65센트만큼 오르며, 강한 매수세를 말해준다. 10분에 걸친 반작용에서 매도세는 나오지 않는다. 다음 상승 파동에서 가격은 25분 만에 1.25센트 오른다. 하지만 거래량이 급감한다. 이는 매수세가 약해진다는 첫 신호다. 이 지점부터 매도자들의 행동이 차트를 지배하기 시작한다.

하락하고 상승하는 2개의 작은 파동 이후 뚜렷한 행태의 약세 전환이 일어난다. 하락 폭은 얕지만 지속 시간이 30분이나 된다. 이는 8:40 저점 이후 가장 긴 하락 시간이다. 또한 가격이 도약대에서 상승한 이후 가장 큰 폭의 하락이기도 하다. 그러다가 전 고점을 넘는 빠른 상승이 나온다. 이 랠리의 세 번째 5분 바에서 파동 거래량은 세 배로 늘어나며, 종가는 고점에서 멀리 떨어진다. 이는 잠재적 상방 돌출이다.

다음 하락 파동은 전 급락 구간의 저점보다 약간 아래로 이어진다. 이 파동은 더 크며, 다시 30분 동안 지속된다. 추세 변화는 명확

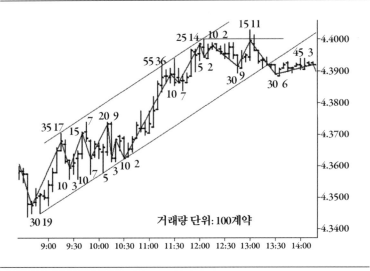

출처: 트레이드스테이션

그림 10.3 2011년 5월물 구리 파동 차트

해진다. 가격은 이후 45분 동안 겨우 0.30센트 오른다. 이는 매수세의 완전한 부재를 뚜렷하게 드러낸다(와이코프는 이를 가격 하락 이전의 도약대 위치라고 말한다). 이 마지막 상승 파동의 낮은 상승 각은 상승이 얼마나 힘겨웠는지 보여준다. 이런 정보는 테이프 분석 차트에서는 이만큼 분명하게 나타나지 않는다. 이후 9거래일 동안 가격은 4월 21일 고점에서 40센트 하락한다.

[그림 10.4]는 2011년 6월물 S&P의 0.50포인트 5분 바 차트로서 5월 6일의 매매 양상을 보여준다. 이 차트를 보면 매일 접하는 유형의 방향 전환이 나온다. S&P의 경우 파동 거래량이 1,000계약 단위로 표시된다. 이 차트에서는 1349.50포인트에 형성된 저항선이 보인다. 이 저항선은 몇 시간 후 관통된다. 거래량은 이전의 모든 상승 파동보다 많다. 이는 더 큰 상승의 시작처럼 보인다.

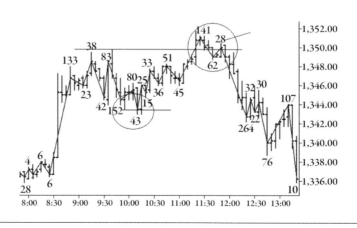

출처: 트레이드스테이션

그림 10.4 2011년 6월물 S&P 5분 차트

S&P를 자주 매매하는 사람은 신고가나 신저가가 나올 때마다 휩소를 경계한다. 이는 시장이 지닌 속성이다. 이 고점에 대한 반작용은 5개의 마지막 하락 파동에서 최대 거래량을 이끌어낸다. 그러나 이 점은 명확하게 드러나지 않는다. 이 파동들은 크기가 작아서 덜 위협적으로 보인다. 하지만 다음 상승 파동은 수월하지 않은 상방 움직임, 매수세 부재, 이전 상승 파동에서 나오는 잠재적 상방 돌출을 우리에게 말한다. 전고점과의 차이는 0.75포인트 또는 계약당 37.50달러에 불과하다. 이보다 더 나은 상황을 바라기는 어렵다. 파동이 0.50포인트 반전을 보이는 순간 숏 포지션에 진입할 수 있다. 25분 후, 가격은 7.25포인트 하락한다. 또한 14:40에는 11포인트나 추가 하락한다. 이 모두는 은근한 행태 변화에서 나온다.

파동 차트를 가치 있게 만드는 것은 거래량이다. 앞서 언급한 대로 시간 기반 거래량은 흔히 매수와 매도의 진정한 힘을 드러내지 못한다. 이 점은 수치가 거의 비슷하게 나오는 일간 거래량에서 더욱 분명하게 드러난다. 일간 주식 거래량이 특히 그렇다.

U.S. 스틸 일간 차트(그림 10.5)의 파동들(최소 크기 10센트)은 전형적인 이야기를 들려준다. 나는 파동 거래량의 명확성과 비교할 수 있도록 일간 거래량을 포함했다.

2010년 10월의 급락은 각각 5,600만 주와 6,400만 주의 거래량을 수반하는 2개의 큰 하락 파동으로 구성된다. 두 번째 파동이 끝나는 날, 실제 거래량은 차트에서 가장 많은 1,900만 주로 증가한다. 10월 27일 저점 이후 주가는 7일 연속 상승으로 마감하며, 총거래량은 3월 초 이후 가장 많은 9,100만 주에 이른다. 같은 기간의 실제 거래량은 두드러지지 않으며, 10월 초 수치와 아주 비슷하게 보인다. 파동 거래량은 10월 저점에서 절정에 이른 것처럼 보이지만 롱 포지션에 진입할 만한 저거래량 하락은 나오지 않는다. 그래도 저점에서 나오는 긴 상승 바는 매수세의 존재를 알려준다.

고거래량 증가는 매수세가 매도세를 극복했음을 나타낸다. 또한 11월 조정 구간에 속하는 3개의 하락 파동에서 파동 거래량이 크게 줄어드는 것은 매도세의 부재를 반영한다. 특히 1,900만 주의 거래량을 실은 하락 파동이 그렇다. 이후 17거래일 동안 각각 9일

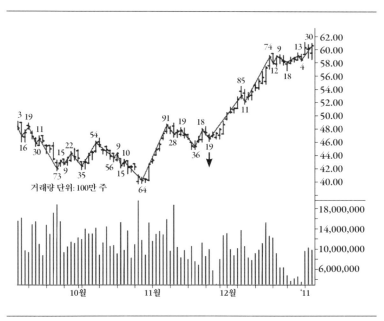

출처: 트레이드스테이션

그림 10.5 U.S. 스틸 일간 차트

과 7일 동안 전개되는 2개의 상승 파동이 나온다. 이 두 파동 사이에서 하루짜리 조정이 이뤄진다. 강한 매수세가 두 개의 상승 파동에서 들어온다.

12월의 얕은 조정 이후 주가는 2011년 1월의 첫 거래일에 또 다른 신고가를 만든다. 매수세 부재를 나타내는 적은 파동 거래량에 주목하라. 이 고점은 대규모 급락 이전에 몇 달 동안 지속하는 천장 형태의 시작을 나타낸다.

파동 자체가 거의 이동평균처럼 행동하는 양상을 보라. 가격대 상승 단계에서 주가는 종가 기준으로 조정 없이 10일 이상 상승할 수 있다. 실제로 화살표로 표시된 저점에서 17일 동안 상승이 이뤄진다. 조정은 하루밖에 가지 못한다. 이는 파동이 이동평균처럼 중단 없이 움직이는 완벽한 사례다. 한 번의 작은 조정은 사실 모멘텀 트레이더를 위한 매수 기회였다.

[그림 10.6의] 보잉 차트(파동 크기 10센트)는 트레이더가 자주 접하는 가장 흔한 양상을 보여준다. 바 차트만 살피면 2011년 4월 말의 수직 주가 상승이 보인다. 이 행태는 분명 매수 절정의 모든 특징을 지니지만 실제 거래량은 첫 하락 파동의 매도세를 알려주지 못한다. 반면 파동 거래량은 훨씬 명확한 그림을 제공한다. 누적 거래량은 2010년 12월 중순 이후 가장 강한 매도 압력을 드러낸다. 뒤이어 고점에 대한 저거래량 2차 시험이 이뤄진다. 약세 파동 거래량은 매매를 수월하게 만들어준다. 또한 나중에는 첫 하락 파동의 저점을 걸쳐서 그은 명확한 선이 도움을 준다. 이 선이 관통된 후 두 번의 소규모 랠리가 여기에서 중단된다. 하락 채널의 바닥에서 나

온 마지막 파동에서 매도세가 마른다. 이에 주가가 잠깐 상승한다. 그러나 고점 이후 만들어진 첫 저점 위로 올라가지는 못한다. 8월에 주가는 56달러 수준에서 지지선을 찾는다.

앞서 본 대로 와이코프의 테이프 분석 차트를 만들려면 모든 가격 변동을 조사해야 한다. 오늘날의 변동성을 감안하면 이는 다소 비실용적인 방식이다. 나는 이런 문제를 피하기 위해 1분부터 하루까지 모든 기간의 종가를 바탕으로 하는 파동 차트를 활용한다. 다만 나는 여전히 시간 기반 데이터에 의존하기 때문에 맞지 않는 부분이 있다. 이 불일치를 피하기 위해 나는 틱 바 차트를 자주 활용한

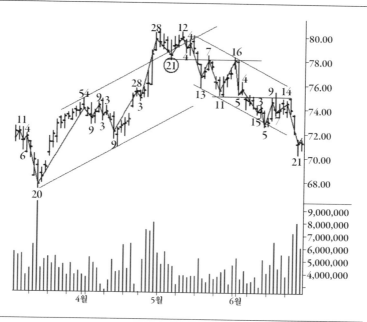

출처: 트레이드스테이션

그림 10.6 보잉 일간 차트

다. 틱 바 차트는 미리 정해진 수의 틱 또는 가격 변동에 기반한 개별 가격 바로 구성된다. 가령 모든 3,000틱 바는 같은 수의 가격 변동을 지닌다. 일반적인 매매 여건에서 S&P의 3,000틱 바 차트는 약 5분 동안 지속된다. 반면 경제 보고서가 발표된 후 매매 활동이 증가하면 3,000틱짜리 바 3개가 각각 5분 안에 나올 수 있다. 이처럼 틱 바 차트는 매매 활동을 반영한다. 개별 틱 바 아래에 표시된 거래량은 매매된 실제 주식이나 계약의 수를 보여준다. 다만 틱 바의 지속 시간은 다르다. 한 바는 4분 동안 지속되고, 다음 바는 18분 동안 지속될 수 있다. 이는 모두 매매 속도에 좌우된다.

와이코프는 매매 활동의 중요성을 인식하고 있었지만, 그에게는 틱 바 차트를 만들 수 있는 방법이 없었다. 그래서 주식시장의 활동을 대체로 판단할 수 있는 조악한 방법을 활용했다. 그것은 파동당 티커 테이프가 지나간 거리를 인치 단위로 측정하는 것이었다.

2012년 12월물 금의 500틱 바 차트(그림 10.7)는 명확한 행태의 최고 사례를 제시한다. 이 차트를 보면 9월 25일에 나올 하락 파동에 대한 단서가 넘쳐난다. 이날은 S&P와 많은 주식도 대규모 매도세에 타격을 입었다(11장 참고). 이 이야기는 고점으로 향하는 마지막 상승 파동에서 나온 상방 돌출의 단축으로 시작된다. 이 지점에서 거래량(2,000계약)이 크게 줄어든다. 보다 명백한 단서는 각각 5,900계약과 5,100계약의 거래량을 수반하는 다음 2개의 하락 파동이다.

천장에 대한 2차 시험에서 파동 거래량은 4,100계약으로 늘어난다. 이 큰 노력에도 불구하고 금 가격은 신고가 만들기를 거부한

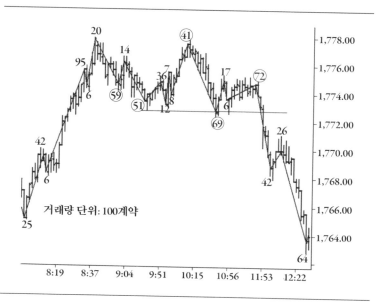

출처: 트레이드스테이션

그림 10.7 2012년 12월물 금 500틱 바 차트

다. 이제 우리는 시장이 매도세에 직면했음을 알게 된다. 뒤이은 급락에서 나온 하락 파동 거래량(6,900계약)은 지금까지 차트에서 가장 많다. 이 저점에서 비교적 평평한 3파 패턴이 전개된다.

　세 번째 파동의 메시지는 명백히 약세다. 이 파동은 7,200계약으로 구성되고, 54분 동안 지속되며, 아주 낮은 상승 각을 지닌다. 여기서 아주 많은 시간과 거래량으로도 상방 진전이 이뤄지지 않는다(그림 10.3에도 나옴). 이는 약세를 여실히 드러낸다. 파동 차트에서 이런 행태가 나타나면 항상 긴밀한 주의를 기울여야 한다. 높은 확률의 매매 구도를 제공하기 때문이다.

　2012년 1월 동안 [그림 10.8]의 테넌트 코퍼레이션(Tennant

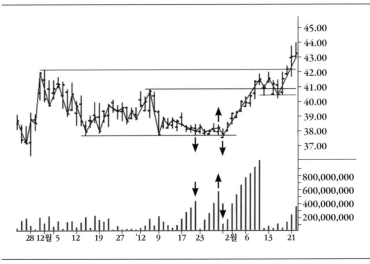

그림 10.8 테넌트 코퍼레이션 일간 차트

Corp.) 차트에서도 비슷한 행태가 나온다. 이 차트의 경우 일간 주가에 10센트 단위 파동이 적용된다. 2011년 12월에 지지선이 형성된다. 그러나 이 저점에서 시작된 첫 번째 랠리는 상승을 지속하기에 충분한 매수세를 끌어들이지 못한다. 주가가 저점 바로 위에서 며칠 동안 맴도는 가운데 재시험은 상당한 우려를 안긴다.

이 횡보 기간에 나온 하나의 하락 파동은 5일 동안 지속된다. 아주 많은 거래량과 비교적 평평한 하락 각을 수반한 느린 진행은 매도자들이 매수세를 전부 흡수하고 있는 것으로 해석할 수 있다. 강세 해석은 매수자들이 모든 매물을 꾸준히 받아내는 가운데 손실 포지션 끌어안기가 진행되고 있다는 것이다. 매수자들은 2개의 상승 파동 이후 속셈을 드러낸다. 주가는 더 많은 거래량을 싣고 상승한다. 마지막 하락 파동에서 매도자들은 지지선을 돌파하는 데 성공한다. 그러나 하방 후속 진행이 나오지 않으며, 주가는 강하게 상승한다. 거의 평평한 이 파동은 압축 과정을 나타낸다.

가장 흔한 매매 구도 중 하나는 돌출 단축을 수반한다. 트레이더들은 흔히 돌출 단축을 스프링 및 상방 돌출과 혼동한다. 명칭은 별로 의미가 없다. 돌출 단축은 고점에서 고점까지 또는 저점에서 저점까지의 거리로 측정되는 진전이 줄어드는 것이다. 돌출 단축이 아주 많은 거래량 또는 아주 적은 거래량을 수반하는 경우 메시지가 명확해진다. 돌출 단축은 최소 3개의 추진 파동을 필요로 한다. 이 파동들이 반드시 파동선과 일치하는 것은 아니다.

[그림 10.9]의 클리프스 내추럴 리소시즈(Cliffs Natural Resources)의 5분 차트는 이 행태를 많이 보여준다. 내가 소수의 종목을 전문적으로 다루고자 했다면 이 종목을 선택했을 것이다. 10센트 단위 파동 크기가 잘 통하고, 거래량과 변동성도 풍부하기 때문이다. 2011년 10월 13일에 주가는 거래량 증가(15만 9,000주)에도 불구하고 오전 11시에 이전 저점을 유지한다. 그에 따라 소규모 쌍바닥이 나왔다. 뒤이어 정연한 3파 추진 파동이 시작된다. 이 파동들은 고점들 위로 수평선을 그어서 파악할 수 있다.

세 번째 파동에서 상방 돌출의 단축이 명확하게 두드러진다. 이 지점의 거래량(4만 1,000주)은 앞선 상승 파동의 거래량보다 훨씬 적다. 이 고점에서 최근의 랠리가 조정을 받는다. 다음 추진 파동은 4개의 고점으로 구성된다. 마지막 파동에서 돌출 단축이 나온다. 이 구간의 상승 거래량(3만 6,000주)은 오전 11시의 저점 이후 가장 적

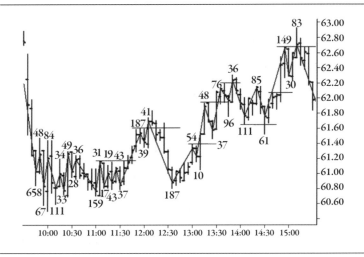

출처: 트레이드스테이션

그림 10.9 클리프스 내추럴 리소시즈 5분 차트

다. 이 고점에서 2파동 패턴이 나온다. 두 번째 파동은 돌출 단축이 아니라 스프링을 만든다. 마지막 랠리는 2개의 상승 파동으로 나눠진다. 다만 가격 바는 3개의 상승 파동을 보여준다. 나는 언제나 파동의 전환점이 아니라 가격 바를 토대로 돌출 단축을 측정한다.

돌출 단축은 일간 차트에서 가장 흔한 매매 구도로 두드러진다. 그래서 나는 몇 가지 지침을 만들었다. 다만 이를 철칙으로 삼아서는 안 된다.

1. 위아래로 서너 개의 연속적인 파동 또는 추진이 나온 후 마지막 파동에서 돌출 단축을 찾아라. 이 파동은 대개 거의 진전을 이루지 않으며, 거래량은 감소한다. 이는 매수세가 지쳤거

276

나 동력이 상실되었음을 가리킨다. 파동 거래량이 많을 때도 있지만 돌출 단축은 큰 노력이 보상을 거의 얻지 못했음을 말해준다. 소위 쓰리 푸시 투자법(Three-Push Method)은 같은 행태를 오실레이터의 분산과 연계하지만 돌출 단축을 언급하지 않는다.

2. 5개 이상의 연속적 파동이 나오고 돌출 단축이 지속되면 반대로 매매하기에는 추세가 너무 강할 수도 있다.

3. 2개의 파동만 있고, 두 번째 파동에서 작은 진전이 나오면 스프링이나 상방 돌출의 가능성을 고려하라. 이상적으로는 거래량이 적어야 하지만 거래량이 많은 작은 진전도 받아들일 수 있다.

4. 돌출 단축은 주로 파동의 전환점이 아니라 가격 바의 고점과 저점을 토대로 판단한다. 다만 파동 거래량은 매수세와 매도세의 강함 또는 약함에 대한 이야기를 들려준다.

1번에 대한 추가 설명이 필요하다. 돌출 단축이 나타나면 항상 더 큰 그림을 고려하라. 그렇다고 주간 차트나 월간 차트를 볼 필요는 없다. 하지만 일간 차트에서 시장의 위치를 점검하는 것은 도움이 된다. 예를 들면 가격이 3개월에 걸친 매매 구간의 최상단 위로 상승한 후 반락한다. 이 경우 상방 돌출의 가능성이 주된 고려사항이 된다. 두어 개의 작은 하락 파동 이후 하방 돌출이 단축되면 매수 기회를 시사한다. 하지만 이런 상황에서는 매수를 피하거나 반응이 약해지면 빨리 발을 빼는 것이 좋다. 가격이 이전 상승/하락 파동 동안 나온 전환점 위/아래로 나아가고, 추세선을 깨면 추세에 맞서는 매매를 할 때 매우 신중해야 한다. 돌출 단축이 나왔을 때 행동할 시점을 판단하는 것은 자동으로 진행되는 매매법이 아니라 하나의 예술이다.

많은 파동 구도에서 매매 기회를 찾는 일은 흔히 [그림 1.1]의 상황을 중심으로 이뤄진다. 스프링, 상방 돌출, 흡수, 상방 돌파 및 하방 돌파에 대한 시험이 혼합된 매매 구도는 아주 잘 통한다. 스프링/상방 돌출이 나오면 행태의 강세/약세 전환을 살펴라. 매도/매수 압력이 다음 후퇴에서 줄어들면 포지션을 잡고 항상 극단의 아래/위에 가깝게 손절매 지점을 정하라. 고거래량 상방 돌파/하방 돌파의 경우도 마찬가지다. 많은 거래량과 함께 이런 일이 생기면 후퇴의 성격을 살펴라. 이 지점에서 적은 거래량은 상방 돌파/하방 돌파에 대한 성공적인 시험을 나타낸다. 그에 따라 추세가 재개될 것이다. 손절매 지점은 후퇴 전환점의 바로 아래/위로 정한다.

데이 트레이더는 모든 거래일에 모습을 드러내는 이런 유형의 매매 기회가 얼마나 많은지 알고 놀랄 것이다. 다만 두 가지 기본적인 요건이 있다. 그것은 매매 구도가 나올 때까지 인내심 있게 기다려야 한다는 것과 편견 없이 매매해야 한다는 것이다. 시장에게 무엇을 해야 하는지 말하지 말고 시장이 말하게 하라.

앞서 일간 매매를 위해 하나의 특정 종목이나 시장을 전문으로 삼는 것에 대해 언급했다. 나는 흔히 세밀한 내역을 살피기 위해 100틱 바 차트를 활용한다. 이 차트는 장중에 다양한 매매 구도를 확인하는 데 도움을 준다. [그림 10.10]은 10센트 반전 단위를 기준

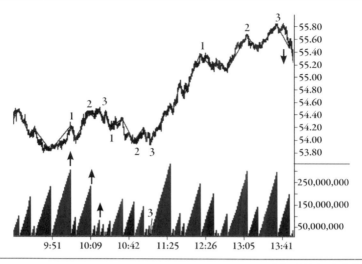

출처: 트레이드스테이션

그림 10.10 뉴몬트 마이닝 100틱 바 차트

으로 만든 뉴몬트 마이닝(Newmont Mining)의 2012년 9월 26일 100 틱 바 차트를 보여준다. 첫 상승 파동의 많은 거래량은 적극적인 매 수세를 반영하면서 이날의 분위기를 만든다. 첫 3개의 추진 파동에 서 상방 돌출의 단축이 보인다. 세 번째 추진 파동에서 거래량이 급 감하는 것은 하락 움직임이 나올 것임을 경고한다. 이 파동은 3개의 추진 파동으로 나눠진다.

　세 번째 하락 파동에서 돌출 단축과 거래량 감소가 나타난다. 이 저점에서 반등이 나올 때 롱 포지션을 잡고 세 번째 파동의 저점 아 래에 손절매 지점을 정해야 한다. 빠른 대규모 매수로 주가가 오전 고점 위로 오른다. 뒤이어 작은 4분짜리 후퇴 이후 다음 상승 파동 이 시작된다. 가격대 상승이 이뤄지는 동안 3개의 추진 파동이 나온다. 이번에도 상방 돌출이 단축된다. 거래량은 높게 유지되지만 돌출 단축은 주가가 매도세에 직면했음을 경고한다. 이 고점에서 나온 첫 번째 하락 파동은 행태의 약세 전환이다. 여기서 11:00 저점 이후 가장 많은 하락 거래량이 나온다. 또한 이 하락 파동은 오전 고점 돌파 이후 가장 크다. 이 두 가지 사실은 이날의 랠리가 끝났음을 말해준다.

나는 대개 100틱 바 차트를 따를 때 개별 바를 구분할 수 없을 정도로 최대한 밀집시킨다. 가격 행태가 만드는 형태와 선들이 제공하는 구조에만 관심이 있기 때문이다. 이 두 가지 요소는 매우 알기 쉬운 이야기를 들려준다. [그림 10.11]은 거기에 해당하는 0.75 포인트 파동 단위의 2012년 6월물 S&P 차트다. 이 차트는 설명이 거의 필요 없다. 가장 중요한 행태는 고점에서의 저거래량 상방 돌출과 급락 구간 안에서 나온 하방 돌출의 단축이다. 1339.75포인트로 내려가는 하락 파동의 중단 거래량은 끝이 가까웠음을 말해준다. 최종 저점으로 내려가는 하락 구간에서 돌출이 단축되고, 하락 파동의 거래량이 줄어든다. 저점에서 벗어나는 상승 파동의 거래량이 아주 많은 점에 주목하라. 이는 이후 1시간 동안 1,356.75포인트로 오르는 랠리의 시작을 알린다. 어떤 사람들은 이런 매매가 너무 자잘하다고 말할지 모른다. 하지만 나는 일중 트레이더에게 아주 좋은 이점을 안긴다고 생각한다. 아마 와이코프도 좋아했을 것이다.

내가 좋아하는 차트 구성 중 하나는 크기가 다른 2개의 파동선을 활용하는 것이다. [그림 10.12]는 7핍 단위 파동과 3핍 단위 파동을 토대로 만든 유로/달러 250틱 바 차트다. 외환 차트는 틱 거래

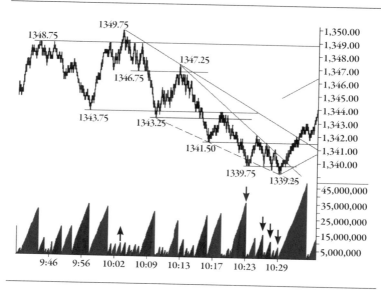

출처: 트레이드스테이션

그림 10. 11 2012년 6월물 S&P 100틱 바 차트

량을 쓴다. 따라서 각 틱 바의 총거래량은 250틱이다. 또한 파동 차
트의 경우 누계를 쓴다. 22:51 저점에서부터 7개의 7핍 파동이 나
타난다. 이보다 작은 3핍 파동선은 더 큰 파동을 따라 오르내린다.
2,000틱의 거래량을 수반하는 22:51 저점으로의 하락 구간에서 두
파동이 겹친다. 작은 파동은 시장의 방향에 대한 은근한 단서를 제
공한다. 그래서 저위험 매매에 도움을 준다.

　22:51 저점을 벗어나는 첫 3핍 상승 파동에서 거래량은 전날 정
오 이후 모든 상승 파동의 거래량을 넘어선다. 또한 다음 후퇴에서
매도세가 나오지 않는다. 나는 이를 강세 전환 행태로 볼 것이다. 그
래서 저점 아래에 손절매 지점을 정하고 롱 포지션에 진입할 것이

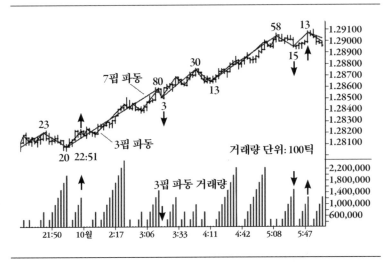

출처: 트레이드스테이션

그림 10. 12 유로달러 250틱 바 차트

다. 이후 상승 추세가 정연하게 재개되다가 1,500틱의 하락 파동에서 매도세가 나타난다. 마지막 상승 파동에서 돌출이 단축되면서 매수세(1,300틱)는 줄어든다. 이 지점에서 시장의 메시지는 수익을 실현하라는 것이다.

나는 2012년 9월 5일에 0.50포인트 단위 파동과 1.25포인트 단위 파동을 같이 표시한 S&P 1,000틱 바 차트를 살폈다. 3시간에 걸친 하락 구간에서 고점과 저점 사이에 9개의 1.25포인트 파동이 나타났다. 0.50포인트 단위 파동과 거래량에서 매도세 또는 약한 매수세 때문에 가격이 하락할 것임을 나타내는 지점은 화살표로 표시했다. 차트를 보면 분명 남은 시간 내내 매도자들이 주도권을 잡고 가격을 낮추는 양상을 파악할 수 있을 것이다.

나는 시장을 바라볼 때 무리하게 매매 기회를 찾아내려 하지 않는다. 잭 슈웨거(Jack Schwager)는 《새로운 시장의 마법사들》에 익명의 트레이더와 가진 인터뷰 내용을 실었다. 이 트레이더는 고객들로 하여금 많은 돈을 벌게 했지만 인터뷰에서 밝힌 투자 철학을 고객들이 좋아하지 않을 것이라고 생각해서 인터뷰 내용을 2페이지로 줄이고 이름을 밝히지 않기로 했다. 그는 인터뷰 말미에 이렇게 말했다. "궁술에서와 마찬가지로 매매에서도 노력, 억지, 긴장, 버둥거림, 애쓰는 행위 따위가 개입되면 실패할 확률이 큽니다. 그러면 시장과 어긋나 조화를 이룰 수 없습니다. 별다른 노력을 기울이지 않고도 매매할 수 있어야 완벽하다고 할 수 있습니다."[22] 나는 이 말에 전적으로 동의한다. 와이코프가 테이프 분석가를 자동 인형에 비유한 의미가 거기에 있다. 끝으로 티베트 격언에 담긴 정서는 테이프 분석가의 마음가짐에 대해 많은 것을 말해준다.

"생각하지 말고, 성찰하지 말고, 분석하지 말라.

수양하지 말고, 의도하지 말라.

그저 저절로 해결되도록 놔두어라."

---

22.   Jack Schwager, *New Markt Wizards*(Harper Business, 1992), 412p.

11장

포인트 앤드
피겨와 렌코

◆

　지금 같은 알고리즘 매매와 초단타 매매의 시대에 포인트 앤드 피겨 차트는 거의 주의를 끌지 못한다. 그래서 기술적 분석의 도서관에서 먼지 낀 구석에 방치된다. 포인트 앤드 피겨 차트에 대한 초기 저작을 쓴 사람은 '호일(Hoyle)'이라는 익명의 저술가와 조셉 클라인(Joseph Klein)이다. 와이코프는 《테이프 분석법 연구》(1910)에서 포인트 앤드 피겨 차트를 소개했다. 그는 이 차트를 폭넓게 활용했으며, 원래 강좌(1932)에서 대부분 장에 걸쳐 포인트 앤드 피겨 차트를 다뤘다. 와이코프의 초기 동료 중 한 명인 빅터 드빌리어스(Victor deVilliers)는 1933년에 유명한 책인 《포인트 앤드 피겨 투자법(The Point and Figure Method)》을 펴냈다. 포인트 앤드 피겨 차트 제작에 대한 탁월한 개요는 H. M. 가틀리(H. M. Gartley)가 쓴 《주식시장에서의 수익(Profits in the Stock Market)》(1981년판)에서 찾을 수 있다.

　와이코프의 종목 선정법은 어느 종목 및 종목군이 폭넓은 시장 추세와 관련하여 가장 강한 위치에 있는지 파악하는 일에서 시작된다. 그는 해당 종목 및 종목군의 포인트 앤드 피겨 차트를 살펴서 가장 많은 양의 준비가 이뤄진 지점을 파악한다. 그는 강좌의 한 단락에서 이렇게 쓴다. "최고의 성과를 올리던 시기에 나는 50개 종목의 일간 평균 가격을 거래량과 함께 나타내는 수직선 차트와 약 150개 주도주의 피겨 차트만 남기고 나머지를 다 버렸다." 뒤이어 그는 "피겨 차트가 수직(바) 차트보다 더 가치 있다"라고 덧붙인다.

이 장에서는 포인트 앤드 피겨 차트 제작의 가장 중요한 두 가지 측면을 살필 것이다.

1. 포인트 앤드 피겨 박스 크기와 반전 단위를 선택하는 법
2. 밀집선의 위치를 정하고 동향을 예측하는 법

1:1 및 1:3 비율로 포인트 앤드 피겨 차트를 만드는 방법은 앞에서 살펴보았다. [그림 9.3] 1993년 12월물 채권 차트는 1:1 비율 또는 1포인트 유형의 전형적인 사례다. [그림 9.12]는 1:3 비율 또는 3포인트 반전 단위의 사례다. [그림 9.2]는 덜 흔한 1:2 비율 차트를 보여준다. 와이코프가 주로 활용한 것은 주당 가격에 기반한 1포인트 차트다. 물론 그는 모든 가격 변동을 조사하여 차트를 만들었다. 하지만 지금은 변동성을 감안하여 다양한 기간의 종가를 토대로 대부분의 포인트 앤드 피겨 차트를 만든다.

나는 먼저 가격이 조밀한 구간을 찾는다. 외환 선물을 공부할 때 파운드 일간 연속 차트를 살핀 적이 있다. 파운드 가격의 경우 2012년 8월과 2011년 9월 사이에 매매 구간이 조밀하게 좁아진다. 월간 차트를 잠깐 훑어보면 이 조밀한 양상이 2009년까지 이어진다는 것을 알 수 있다. 따라서 선물을 매매하기보다 영국 파운드 ETF인 FXB에 롱 포지션을 잡는 것이 비과세 계좌의 경우 위험이 낮은 것처럼 보였다. 또한 한 계약에서 다른 계약으로 포지션을 계속 이월하는 경우도 없었다. 일간 가격은 8월 10일에 저점인 154.52포인트에서 상승한다. 이는 롱 포지션이 타당하다는 것을 말해준다.

다음 단계는 박스 크기와 반전 단위를 정하는 것이다. 우선 일간 종가로 계산한 1×1 비율 차트(그림 11.1)를 만들어보자. 154포인트 선을 따라 7개의 아주 조밀한 열이 생긴 것을 바로 알 수 있다. 이는 161포인트로의 상승을 예측한다(상승 움직임을 산정할 때는 항상 저가를 기준으로 삼는다는 점에 주목하라. 하방의 경우는 고가를 활용한다). 나는 주로 상승 움직임이 본격적으로 시작된 지점에서 산정한다. 내가 아는 일부 트레이더는 전체 구간에 걸쳐 바로 측정하고 최대치까지의 상승을 기대한다. 나는 가장 보수적인 구간부터 시작하여 여러 구간으로 나눠서 산정하는 방식을 선호한다. 그렇게 하는 가장 쉬운 방법 중 하나는 가격이 상승 또는 하락하는 '벽'까지 산정하는 것이다. 이 차트에서는 161포인트까지 최소 7포인트, 175포인트까지 최대 21포인트 상승을 예측하는 4개의 구간이 나온다. 4개 목표치의 평균은 168.75포인트까지 나아가는 움직임을 예측한다. 이런 규모의 움직임은 2009~2011년 고점들 사이의 구간으로 연장될 것이다. 하지만 우리는 아직 상승 움직임이 어디서 정점에 이를지 알 수 없다.

결국 포인트 앤드 피겨의 예측은 참고사항일 뿐이다. 그래도 놀라울 정도의 정확성을 지닌다. 164포인트선을 따라 산정한 11개의 열은 153포인트로의 하락을 예측한다. 실제로 한 달 후에 주가는 해당 지점에 이른다. 이 산정에 활용된 11개의 열 중에서 4개의 열에서 가격 변동이 나오지 않았다는 점에 주목하라. 주가가 164포인트의 밀집선에서 7달러 넘게 떨어진 후에는 더 많이 산정해야 한다는 사실이 명확해질 것이다.

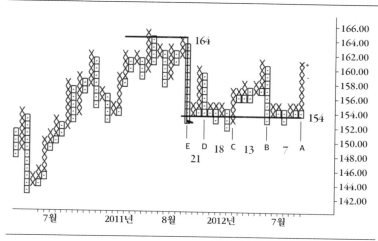

출처: 트레이드스테이션

그림 11.1 FXB 1×1 포인트 앤드 피겨 차트

그다음으로 4포인트 박스 크기와 12포인트 반전 단위(즉 4×3)를 사용하는 1:3 비율 차트를 살펴보자. 이 차트는 S&P 일간 현물 가격(그림 11.2)을 토대로 삼는다. 1,344포인트선에 걸치는 밀집 구간은 2011년 2월과 7월 사이에 5개월 동안 이어진다. 그 결과인 1100포인트로의 하락 예측은 겨우 8포인트 차이로 실제 저점을 초과한다. 이 글을 쓰는 지금, 이 차트에서 산정한 예측 중 2개를 제외한 모든 것이 실현되었다. 최대 산정치는 2011년 11월과 8월 사이에 1160포인트선을 따라 형성된 17개의 열로 구성된다. 그에 따른 예측 포인트를 1160포인트선에 더하면 1484포인트가 목표치가 된다. 그러나 산정 구간의 저점에 예측 포인트를 더하여 다르게 산정할 수도 있다.

그 결과로 덜 극단적인 1424포인트가 나온다. 포인트 앤드 피겨

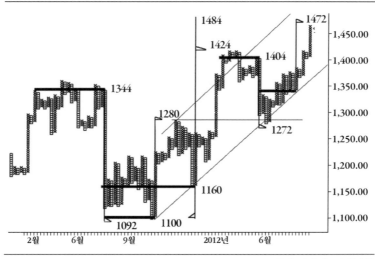

출처: 트레이드스테이션

그림 11.2 현물 S&P 500 4×3 포인트 앤드 피겨 차트

차트는 가격 데이터를 걸러내서 가격 변동의 폭넓은 틀을 보여주는 것이 특징이다. 이는 가격 반전 단위와 데이터 필드를 현미경의 초점을 맞추듯이 최대한 명료한 수준으로 조정하는 방식으로 이뤄진다. 그 적절한 균형을 찾는 것은 연습을 통해 익힐 수 있다.

포인트 앤드 피겨 차트를 위해 최선의 박스 크기, 반전 단위, 데이터 필드를 선택하는 일에는 연습이 필요하다. 비교적 저가주인 헤클라 마이닝(Hecla Mining)의 주간 차트(그림 11.3)를 예로 들어보자. 2012년 8월 3일, 금요일 장 마감 이후를 기준으로 2012년 8월과 1월 사이에 조밀한 패턴이 보인다. 4~5월의 약세는 주가를 지지선 아래로 떨어뜨린다. 이후 5월 25일에 끝나는 주에 상방 반전이 나온다. 이는 스프링으로 볼 수 있다.

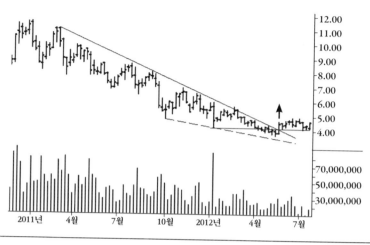

출처: 트레이드스테이션

그림 11.3 헤클라 마이닝 주간 바 차트

　이후 주가는 81센트 구간 안에서 10주 동안 횡보하는 가운데 도약대에 서서 촉매를 기다린다. 나는 포인트 앤드 피겨 차트를 만들 때 일간 데이터로 시작하는 것을 선호한다. 더 조밀한 패턴을 만드는 경향이 있기 때문이다. 1:1 비율 차트에는 대개 횡보가 더 많이 나온다. 박스 크기와 반전 단위를 25센트로 잡을 수 있지만 이 값은 주가의 약 6퍼센트에 해당한다. 이보다 작은 퍼센트는 더 많은 가격 변동을 보여준다. 다만 몇 가지 수치만 조정하면 매개변수를 바꿀 수 있다. 예상대로 [그림 11.4]는 만족스럽지 않다.

　첫째, 4.25포인트선에 걸친 밀집이 9개의 열만 포괄한다. 계산 결과 (9×0.25)+4.25포인트는 6.50포인트로의 상승을 예측한다. 이 정도면 괜찮은 수익을 안겨주지만 횡보한 시간의 양과 비례하지

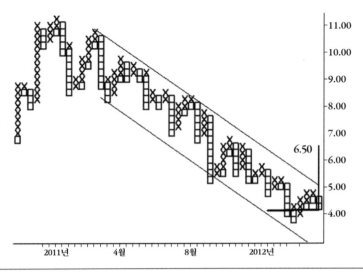

그림 11.4 헤클라 마이닝 0.25×1 포인트 앤드 피겨 차트

않는다. 둘째, 2012년 1월 저점이 보이지 않는다. 일간 종가를 기준으로 삼아서 일간 저점과 고점을 걸러냈기 때문이다. 일간 종가를 기준으로 삼은 모든 포인트 앤드 피겨 차트는 같은 문제를 지닌다.

[그림 11.5]는 다른 접근법을 취한다. 이 차트는 시간별 종가를 토대로 계산한 보다 작은 박스 크기와 반전 단위 (0.05×3)을 활용한다. 포인트 앤드 피겨 차트에 익숙한 사람은 누구나 이 구도를 좋아할 것이다. 이 차트에서는 각각 7.15, 8.50, 11.20포인트의 목표치를 생성하는 3개의 다른 구간이 보인다.

와이코프는 이 차트를 보고 복합 조작자(composite operator)가 8개월 동안 매집한 양상을 설명할 것이다. '복합 조작자'는 와이코

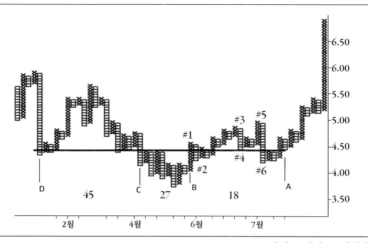

출처: 트레이드스테이션

그림 11.5 헤클라 마이닝 0.05×3 포인트 앤드 피겨 차트

프가 만든 개념으로 내부자와 투자 기금을 가리킨다. 그들은 캠페인 매매에 대비하여 주식의 매집과 분산을 통해 수익을 얻는다. 이 차트에서 큰손들이 4월에 매도 물량을 얼마나 끌어낼 수 있는지 확인하기 위해 주가를 매매 구간 아래로 떨어뜨리는 것이 보인다. 지점 1에서의 50센트 상승은 2월 고점 이후 최대치로 매수세를 반영한다. 다음 후퇴는 상승 폭의 50퍼센트를 되돌리는 데 실패한다. 이는 강세 여건을 조성한다. 그러나 지점 3(#3)으로 오르는 과정에서 매수자들이 매수 주문을 거둬들이면서 상방 돌출이 단축된다. 지점 4(#4)와 6(#6) 사이의 가격 동향은 복합 조작자가 선을 완성하기 위해 주가를 누르려고 시도하는 것을 보여준다. 지점 6의 저점에서부터 강한 세력이 주가를 주도한다. 그에 따라 변동성이 줄면서 꾸준한 상승이 나온다.

나는 시장에서 이처럼 큰 힘들이 작용하는 것을 의심치 않는다. 다만 그들의 활동에 관심의 초점을 맞추지는 않는다. 4.45포인트선을 따라 3개의 구간으로 나눠서 산정이 이뤄진다. AB 구간은 8월 초에서 6월 말까지의 가격 변동을 포괄한다. AC 구간은 하방 돌파가 나오는 4월 10일까지 왼쪽으로 연장된다. AD 구간은 2012년 1월 11일 저점까지의 모든 가격 변동을 담아낸다. 이 차트는 2012년 9월 25일에 끝나며, 매매 구간을 벗어나는 강력한 상승을 보여준다. 마지막 상승의 정점은 AB 구간의 목표치보다 겨우 20센트 아래인 6.94포인트다. 다음 후퇴에서 주가가 4.45달러 위에서 유지된다면 앞으로 더 큰 산정이 충족될 수 있다.

2011년 3월물 5년 국채 차트(그림 11.6)는 내가 가장 좋아하는 사례 중 하나다. 이 계약의 최소 틱은 0.25/32로서 7.8125달러의 가치를 지닌다. 이 포인트 앤드 피겨 차트는 0.25/32(0.0078125) 박스 크기와 그보다 2배 큰 반전 단위(0.015625)를 지닌다. 다시 말해 1:2 비율을 따른다. 또한 3분 종가를 기준으로 삼는다. 이 차트에서는 각 열(또는 파동)의 지속 시간이 표시된다. 11715.5포인트인 장 초반 저점이 최종 저점으로 내려가는 급락에서 관통되는 것이 보인다. 첫 번째 하락은 33분 동안 8틱을 나아간다. 두 번째는 18분 동안 6틱에 걸쳐 진행되었다. 세 번째는 단 9분 만에 3틱을 나아간다. 여기서 파동 차트에서와 마찬가지로 구간이 좁아지고 시간이 줄어드는 양상을 볼 수 있다. 이는 하락 구간에서 하방 움직임이 수월하지 않고 시간이 줄어드는 것을 반영한다. 이 저점에서 이후 33분 동안 12틱에 걸친 상승이 이뤄진다. 이날의 고점으로 오르는 구간에서 대부분의

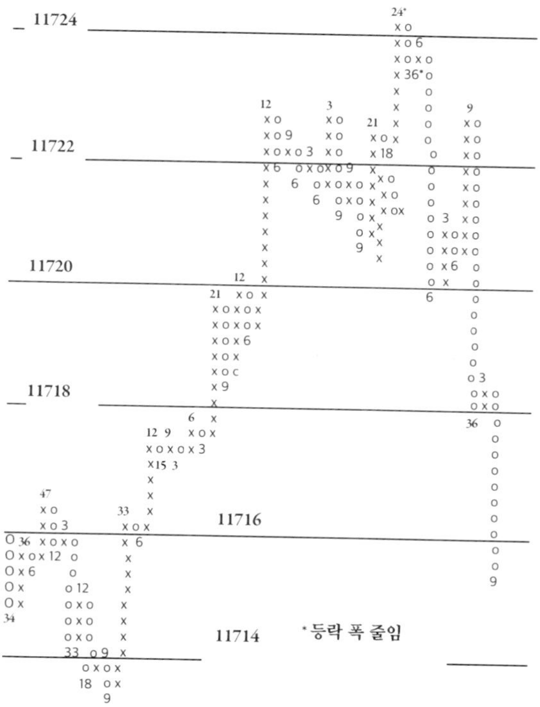

```
_ 11724 _____                    24*
                                                         x o
                                                         x o 6
                                                         x o x o
                                                         x 36*o
                                                         x    o
                       12          3              21   x o    x o
                       x o         x o                 x o 9   x o
                       x o 9       x o      x o x      x 18    x o
 _ 11722 _____  x o x o 3   x o      x 18         o     x o ____
                       x 6  o x o x o 9     x            o     x o
                       x    6  o x o x o x o x o         o     x o
                       x    6  o x o x x o x o           o 3   x o
                       x       9  o x x o x              o x o x o
                       x          o x x                  o x o x o
   11720 _____  x          9 x                    o x 6 o ____
                       12     x                          o x   o
                       21   x o x                        6     o
                       x o x o x                               o
                       x o x o x                               o
                       x o x 6                                 o
                       x o x                                   o 3
                       x o c                                   o x o
                       x 9                                     o x o
   11718 _____  x                                       o x o ____
                             6   x                             36  o
                       12 9  x o x                                 o
                       x o x o x 3                                 o
                       x 15 3                                      o
                                 x                                 o
              47              x                                    o
              x o             x                                    o
              x o 3    33     x o                                  o
  O 36 x o x o     x 6   11716 _____     o ____
  O x o x 12 o     x                                              o
  O x 6    o       x                                              9
  O x      o 12    x
  O x      o x o   x
  34       o x o   x
           o x o   x                                 *등락 폭 줄임
           33  o 9 x          11714 _____
               o x o x
               18 o x
               9
```

그림 11.6 2011년 3월물 5년 국채 0.25/32×2 포인트 앤드 피겨 차트

하락 파동은 3분에서 9분 동안 지속한다.

다만 15분과 18분 동안 지속된 2개의 하락 파동은 예외다. 이 두 하락 파동은 최소 2틱 반전 단위와 같은 길이를 지니며, 이는 또 다른 이야기를 들려준다. 가격은 24분 동안 활기차게 상승하여 천장 (11724.75)에 이른다. 상승 구간이 수작업으로 만든 이 차트의 최상단을 넘어서기 때문에 전체 등락 폭을 짧게 줄였다. 저점에서 상승이 시작된 이후 나온 모든 상승 파동 중에서 이 파동이 가장 많은 시간을 차지한다. 또한 확실한 절정 거래량이 나온다.

다음 하락 파동은 비교적 짧은 거리를 지난다. 반면 36분이라는 지속 시간은 가장 긴 하락 시간으로 두드러진다. 아무런 회복 능력 없이 이 긴 시간을 보낸다고 상상해보라. 아마 와이코프는 복합 조작자가 숏 포지션을 더 늘리기 위해 시장을 떠받치려 하고 있다고 말할 것이다. 이는 명백한 행태의 약세 전환이며, 그날의 가장 큰 하락으로 이어진다. 이 하락 파동이 악재성 재무부 경매 결과에도 6분 동안만 지속하는 것에 주목하라. 천장 형태에서 나온 마지막 상승 (11722.75)은 9분 동안 지속된다. 이후 가격은 36분 동안 급락한다. 이 선에 걸친 19개의 박스는 11713.25포인트로의 하락을 예측한다. 가격은 11715.25포인트라는 보수적인 목표치를 충족한다. 이는 그날의 고점을 기준으로 계산한 것이다.

참고로 5년 국채는 자본과 경험이 부족한 트레이더에게 아주 좋은 투자 수단이다. 또한 낮은 증거금 비율과 많은 거래량 덕분에 대형 트레이더는 매매 규모를 쉽게 키워서 보다 작은 등락의 가치를 높일 수 있다.

시간으로 거래량을 대신할 수 있다는 점은 명백하다. 이 정보를 모든 포인트 앤드 피겨 차트에서 보다 쉽게 접근할 수 있도록 나의 친구가 단순한 지표를 만들었다. 이 지표는 각 열의 지속 시간을 가격 변동 아래에 막대로 표시한다.

[그림 11.7]은 1분 종가에 기반한 2012년 12월물 은의 포인트 앤드 피겨 차트(0.01×3)에 이 지표를 넣은 것이다. 지점 1에서 처음 매도세가 등장한다. 다음 상승 파동(지점 2)은 전고점을 시험한다.

이 지점에서 매수자들이 우위를 잡을 기회를 얻는다. 그러나 지점 3에서 상방 후속 진행의 부재와 하방 움직임의 수월함은 매도세가 더 강하다는 사실을 말해준다. 뒤이어 50분 동안 횡보가 이어지다가 지점 4에서 매수세가 등장한다. 가격은 25분 동안 3센트 단위 반전 없이 탄탄하게 유지된다.

강세론은 매수자들이 매도 물량을 흡수하고 있다고 말한다. 따라서 가격이 계속 상승해야 한다. 그러나 17분 동안 주춤하던 가격

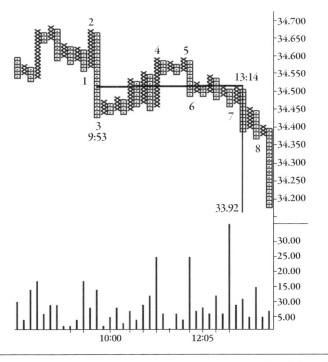

출처: 트레이드스테이션

그림 11.7 2012년 12월물 은 0.01×3 포인트 앤드 피겨 차트

은 지점 5로 표류한다. 이 지점의 상승 시간은 4분에 불과하다. 지점 4에서의 행동 이후 시장은 상승 능력을 잃는다. 그래서 우리는 시장이 매도세에 직면했음을 알 수 있다. 25분 동안 지속된 지점 6에서의 하락 파동은 강세론을 잠재운다. 매도자들은 지점 7에서 추가로 36분 동안 시장에 압력을 가한다. 매도세는 지점 4의 저점을 돌파한 데 이어 아주 짧은 시간에 가격을 더 낮춘다. 이를 모두 합산하면 34.51달러의 밀집선에 걸친 모든 밀집은 33.85달러로의 하락을 예측한다. 장 마감 전 은 가격은 33.92달러에 이른다.

지점 3과 7의 저점 사이에 매매가 이뤄진 시간은 3시간 21분이다. 지점 7에서의 행동은 매도자들이 36분 동안 계속 압력을 가하는 가운데 특히 시사적이다. 이 기간에 22개의 파동이 형성된다. 이는 201개의 12분 가격 바보다 훨씬 관리하기 쉽다. 가격 변동을 걸러낼 수 있다는 점은 포인트 앤드 피겨 차트를 활용하는 데서 생기는 장점 중 하나다. 다만 [그림 9.3]에서 보듯이 따로 표시하지 않으면 각 'ｘ'와 'ｏ'의 시간과 거래량을 파악할 길이 없다. 이 차트는 각 열의 지속 시간을 알려주지 않는다.

렌코 차트는 이 정보를 제공하기 때문에 완전한 테이프 분석 도구다. 아마 와이코프는 렌코 차트를 본 적이 없을 것이다. 하지만 봤다면 분명히 그 장점 때문에 깊은 관심을 가졌을 것이다. 렌코 차트에 대한 책과 글들을 보면 같은 정보가 반복적으로 언급된다. 그것은 일본인들이 1세기 전에 렌코 차트를 고안했으며, 블록 또는 '렌가(煉瓦)'로 구성된다는 것이다. 이 차트는 지지선과 저항선을 아주 잘 보여주며, 시간과 거래량을 무시하고 가격 변동만 다룬다. 다행히 컴퓨터로 만드는 렌코 차트는 각 블록의 거래량과 지속 시간을 제공한다. 그래서 파동 거래량을 렌코 차트의 가격 변동 아래에 표시할 수 있다. 이 방식은 와이코프가 만든 원래의 테이프 분석 차트를 가장 가깝게 재현한다. 다만 그의 차트는 파동 사이의 시간을 보여주지 않는다.

렌코 차트는 포인트 앤드 피겨 차트처럼 바 차트가 수반하는 잡음과 모호성을 많이 걸러낸다. [그림 11.8]은 렌코 블록의 형태를 보여준다. 우리가 1달러 크기의 많은 상승 블록을 보고 있다고 가정하자. 최종적으로 완성된 상승 블록은 10달러에서 멈춘다. 또 다른 상승 블록을 만들려면 주가가 11달러에서 매매되어야 한다. 방향을 바꾸거나 하락 블록을 완성하려면 주가가 마지막 저점보다 1달러 아래인 8달러로 떨어져야 한다. 따라서 주가는 새로운 블록이 형성되기 전에 2.50달러 구간 안에서 움직일 수 있다.

새로운 블록은 완성되기 전까지 50분 동안 지속될 수 있다. 이 기간에 5분 바 차트는 복합적인 메시지를 드러내기도 한다. 그래서 트레이더가 성급하게 포지션을 정리하거나 다가오는 움직임을 완전히 놓칠 수도 있다. 이런 부분에서 렌코 차트는 마음의 평화를 안겨준다. 또한 결정의 수를 줄여준다. 블록당 시간의 길이는 블록 크기와 매매 속도에 좌우된다. 가격 변동 속도가 빠르면 블록이 1분만 지속될 수도 있다. 반대로 지지선이나 저항선에서 흡수가 이뤄질 경우 블록의 시간이 길어질 수도 있다.

S&P 1190포인트와 1191포인트 사이에서 형성된 1포인트 블록

을 생각해보라. 이 블록이 상방 진전에서 가장 최근에 나온 것이라고 가정하자. 다음 블록이 형성되는 동안 지수는 1191.75포인트와 1189.25포인트 사이(2.50포인트)에서 오르내릴 수 있다. 이는 1192포인트나 1189포인트에 도달하기 전까지 계속될 수 있다. 블록 크기가 0.50포인트라면 당연히 블록당 시간은 훨씬 짧을 것이며, 훨씬 많이 나올 것이다. 물론 3포인트짜리 블록은 훨씬 오래갈 것이다. 외환시장이나 외환 선물시장의 데이 트레이더는 5핍 블록(0.0005)을 쓸 수 있다. 반면 스윙 트레이더는 20핍 블록(0.002)을 쓸 수 있다.

렌코 차트의 두드러진 특징 중 하나는 기간 설정이 자유롭다는

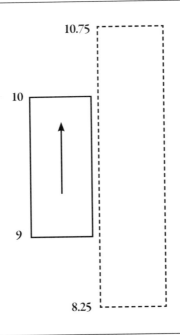

그림 11.8 렌코 차트의 블록 형태 표시

것이다. 하나의 블록이 채워지는 순간 다른 블록이 시작된다. 그래
서 가격 변동이 일정한 기간과 연계되지 않는 와이코프의 테이프
분석 차트와 비슷하다. 이 점은 렌코 차트의 파동도 마찬가지다.

[그림 11.9]는 2011년 12월물 호주 달러의 12월 9일자 5핍 렌코
차트다. 이 차트를 보면 50분 동안 지속되는 이중 천장이 나온다. 두
번째 정점에 해당하는 블록의 855계약 거래량은 그때까지 가장 많
다. 이 블록은 7분만 지속된다. 다음 상승 블록에서 거래량은 21분

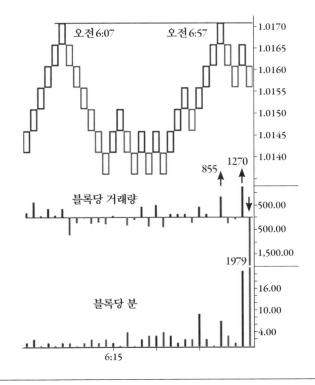

출처: 트레이드스테이션

그림 11.9 2011년 12월물 호주 달러 렌코 차트

에 걸쳐 1,270계약으로 늘어난다. 이 블록은 오랜 시간을 들이고도 추가 상승을 이루지 못한다(노력 대 보상). 결국 다음 블록에서 반락이 나온다. 여기서 우리는 매도자들이 가격을 더 높이 올리려는 매수자들의 시도를 극복했음을 알 수 있다. 이를 바라보는 또 다른 관점은 매도자들이 매도 호가에 매도하고 있을 가능성을 고려하는 것이다. 다시 말해서 그들은 매수 호가에 매도하는 것이 아니라 더 많은 계약을 보유하기 위해 더 많은 돈을 지불하는 매수자들에게 매도하고 있다.

이는 와이코프가 테이프 분석 차트에서 관찰한 것과 같은 수준의 분산이다. 매수 노력은 가격을 더 높이 올리는 데 실패한다. 뒤이어 다음 하락 블록에서 더 많은 양의 매도(1,979계약)가 나온다. 여기서 22분에 걸친 다툼이 벌어진다. 마지막 상승 블록 이후 매수세가 없다는 점을 감안할 때 매도자들이 더 강한 위치에 서 있는 것으로 보인다. 또 다른 하락 블록이 전개된다면 가격이 하락할 가능성이 아주 커진다. 따라서 숏 포지션을 잡는 것이 타당하다. 손절매 지점은 마지막 상승 블록의 고점 바로 위에 정해야 한다. 약 90분 후 가격은 1.0103에 이른다.

이제 [그림 11.10]을 보자. 이 차트를 보면 TVIX의 2011년 9월 초 동향을 거의 확실하게 볼 수 있다. 블록 크기는 20센트로 보인다. 장전 바닥에서부터 모든 저점은 더 높은 수준에서 유지된다. 블록 1, 3, 6에서 하락 거래량이 많고 하락 시간이 긴 것에 주목하라. 그 메시지는 무엇일까? 이는 [그림 11.6]에서 본 것과 같다. 해당 차트에서 5년물 국채 가격은 2개의 작은 2틱 후퇴에서 15분과 18분을 보낸다. 누군가가 사들이고 있다는 뜻이다. TVIX의 경우, 3개의 블록이 매집을 부각한다.

와이코프는 미리 설정된 정적인 모형이 아니라 이런 유형의 매집에 대해 글을 썼다. 상상해보라. 지점 3에서 주가가 20분 동안 머무는 가운데 거래량은 20만 주로 늘어난다. 뒤이어 주가가 60센트나 급등한다! 지점 6에서 거래량은 90분 동안 25만 주를 넘어선다. 주가는 다시 더 내려가기를 거부한다. 지점 7에서의 저거래량 후퇴는 주가를 도약대에 세운다. 이 차트에는 하나의 측면이 더 있다. 지

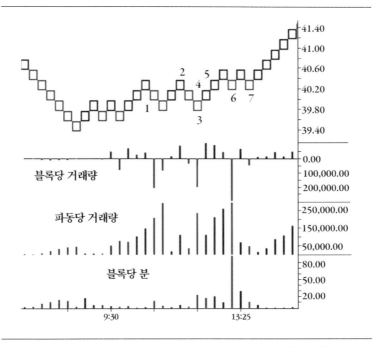

그림 11.10 TVIX 렌코 차트

점 3의 저점에서 맨 좌측의 하락 구간까지 9개의 파동을 셀 수 있다. 9에 0.20을 곱하고 저점(39.80)을 더하면 41.60달러의 목표치가 나온다. 이처럼 렌코 차트를 활용하여 포인트 앤드 피겨 차트처럼 가격을 예측할 수 있다.

나는 처음 렌코 차트를 가지고 수작업으로 실험할 때 등락을 수직으로 표시했다. 그러면 포인트 앤드 피겨 차트와 더 비슷해지기 때문이다. 이 방식은 밀집선을 더 두드러지게 만들었다. 그러나 그로부터 얼마 되지 않아서 나의 학생 중 한 명이 블록 안에 거래량과 시간을 표시하는 방식을 고안했다. [그림 11.11] 2012년 12월물 S&P 차트는 2012년 8월 25일의 동향을 보여준다. 이 차트는 0.75 포인트 단위의 블록으로 구성된다. 블록 안의 위쪽 숫자는 거래량이고, 아래쪽 숫자는 시간이다. 파동 거래량과 지속 시간은 파동 전환점에 입력된다. 그 결과물은 표기 단위당 시간이 추가된 강력한 테이프 분석 차트([그림 9.1] 및 [그림 9.3]과 비교할 때)다.

이 차트는 와이코프가 만든 어떤 차트보다 뛰어나다. 천장 블록은 형성되는 데 15분이 걸리고, 거래량은 3만 5,000계약으로 늘어난다. 이 큰 노력은 추가 상승을 이루는 데 실패한다. 그에 따라 매도세가 매수세를 극복했다는 의심이 제기된다. 다음 2개의 블록은 43분 동안 지속되며, 총거래량은 8만 6,000계약이다. 이제는 마지막 상승 파동에서 매도세에 직면했다는 사실이 명백해진다. 이 천장에서 내려오는 첫 번째 대규모 하락 파동은 78분 동안 18만 9,000계약을 이끌어낸다. 이는 훨씬 큰 하락의 시작을 알린다.

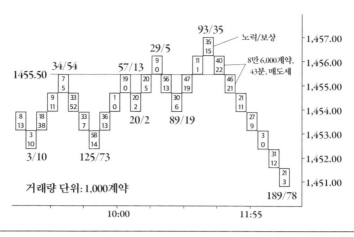

출처: 트레이드스테이션

그림 11.11 2012년 12월물 S&P 렌코 차트

다음 0.25×3 포인트 앤드 피겨 차트(그림 11.12)를 보자. 이 차트는 2012년 9월 25일에 형성된 천장 전체를 보여준다. 1455.25포인트선에 걸친 산정은 1436.50포인트로의 하락을 예측한다. 이는 종가 저점보다 1.5포인트 위다. 이 차트는 작은 일중 가격 변동에 기초한 포인트 앤드 피겨 차트의 정확성을 보여준다. 다만 시간 외 데이터를 다루는 방식이 유일한 단점이다. 밤에는 가격 변동이 느리다. 그래서 열당 시간이 이례적으로 길어지고, 장중 데이터를 압도하는 경향이 있다. 그래서 나는 기본적으로 큰 수치를 줄이는 방식으로 척도를 조정했다. 그 결과, 명확한 단순성을 지닌 지표가 되었다. 여기서 상방 돌출 이후의 반락은 35분 동안 지속된다. 이는 개장 이후 가장 긴 하락 시간(거래량 참고)이다. 다음 상승은 4분 동안 지속된다. 이후 가격은 이전 하락 파동의 저점(1454.50) 아래로 떨어진다.

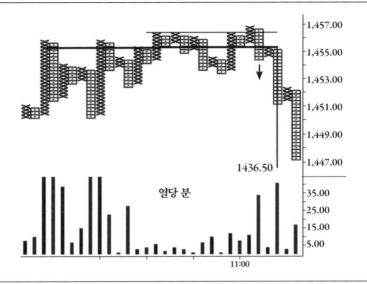

1436.50

열당 분

11:00

출처: 트레이드스테이션

그림 11.12 2012년 12월 S&P 포인트 앤드 피겨 차트

그 메시지는 분명하게 "숏 포지션으로 가라"고 말한다.

와이코프는 《테이프 분석법 연구》에서 이렇게 말한다. "테이프 분석가는 팩트는 이러하고, 그에 따른 지표는 이러하며, 따라서 나는 이렇게 할 것이라고 말할 수 있어야 한다."[23] 나는 이를 어떤 움직임이 나올 것이라고 감을 잡는 '인식의 순간'이라 부른다. 이런 깨달음은 행동을 취하도록 이끈다.

2012년 9월 25일 2012년 12월물 S&P 0.75포인트 파동 차트(그

23.　　　Rollo Tape(가명), *Studies in Tape Reading*(Fraser, 1910), 16p.

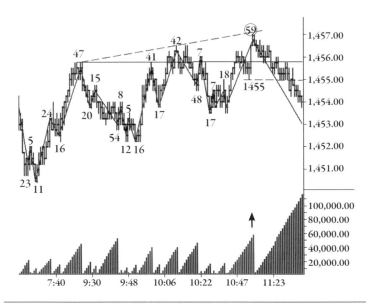

그림 11.13 2012년 12월물 S&P 파동 차트

림 11.13)를 분석해보면 렌코와 포인트 앤드 피겨 차트의 메시지와 같은 통찰을 얻을 수 있다. 마지막 상승 파동(5만 9,000계약)의 상방 돌출 단축과 큰 노력을 보라. 파동 거래량은 해당 지점까지 오르는 과정에서 가장 많다. 하지만 가격은 전고점을 0.5포인트만 넘어선다. 매수세가 더 큰 매도세에 직면한 가운데 메시지를 전달하는 것은 대규모 파동 거래량이다. 전저점(1455) 아래로의 급락은 주사위가 던져졌으며, 즉각적인 행동이 요구된다고 말한다. 여기서 행태의 약세 전환(즉 상방 돌출과 보상 없는 큰 노력)은 저거래량 후퇴로 이어지지 않는다. 가격은 18만 7,000계약의 거래량과 함께 3포인트 하락한 후 1452.50포인트로 소규모 조정을 거친다.

참고로 [그림 11.14]는 같은 날의 2012년 12월물 S&P 5분 바 차트를 보여준다. 나는 시간별 바 차트와 5분 바 차트를 공부한 적이 있다. 그래서 여기에 담긴 약세 이야기를 읽을 수 있다. 상방 돌출 및 상방 단축은 명확하게 두드러진다. 고점을 오르는 마지막 가격 바에서 종가의 위치는 시장이 매도세에 직면했음을 가리킨다. 하지만 매도자들이 우위를 잡았음을 말해주는 거래량 증가는 없다. 앞서 말한 대로 "매수세의 진정한 힘은 시간 속에 묻힌다." 다만 모든 상황에서 그런 것은 아니다. 또한 아주 드물기는 하지만 5분 바 차트가 사건의 그림을 더 잘 보여줄 때가 있다.

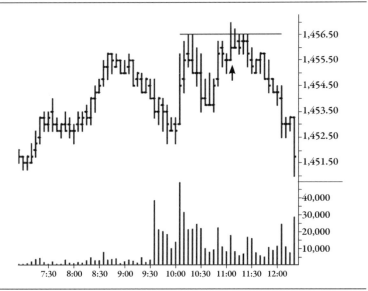

그림 11.14 2012년 12월물 S&P 5분 바 차트

와이코프는 일간 가격 변동을 토대로 만든 주도주 파동 차트를 관리했다. 원래 이 차트는 보다 정밀한 방식으로 만들어졌다. 그러나 지금은 1분 또는 5분 종가를 기준으로 삼는다. 와이코프는 주도주 파동 차트를 테이프 분석 차트와 같이 표시하여 두 차트의 파동을 비교하는 방식을 보여주었다. S&P 선물의 파동 차트는 내게 시장 전반에 대한 지표 역할을 한다. 나는 시장의 방향에 대한 단서를 얻기 위해 SPY의 파동을 관찰하는 트레이더들을 안다.

2012년 9월 25일에 분명히 수백 개 종목의 파동 차트 또는 렌코 차트가 S&P와 같이 약세 메시지를 드러냈을 것이다. 그중에서 무작위로 유니언 퍼시픽의 10센트 단위 렌코 차트(그림 11.15)를 골

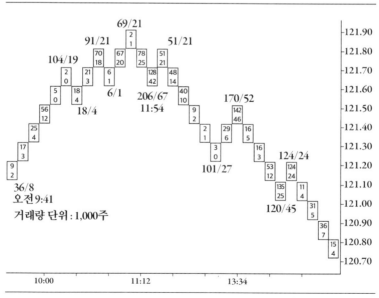

출처: 트레이드스테이션

그림 11.15 유니언 퍼시픽 렌코 차트

랐다. 이 차트를 보면 바로 약세에 대한 증거가 두드러진다. 여러분의 눈에도 그것이 보이기를 바란다. 차트의 전환점에 파동 거래량(단위 : 1,000주)과 분을 기록해두었다. 무엇을 예상해야 할지 말해주는 하나의 블록을 골라야 한다면 12만 8,000주의 거래량을 수반하는 11:54의 하락 블록을 골라야 할 것이다. 이 하나의 10센트짜리 블록에 수반되는 거래량은 60센트짜리 상승 파동에 수반되는 10만 4,000주보다 많다. 11:54 저점으로 내려가는 하락 구간의 총 파동 거래량은 이전 두 상승 파동의 거래량을 합친 것보다 많다. 따라서 여기가 앞으로 무슨 일이 벌어질지 알 수 있는 지점이다. 11:54 저점으로의 하락은 S&P 파동 차트에서 가격이 1455포인트 아래로 내려간 지 약 8분 후에 나온다. 다만 유니언 퍼시픽의 주가는 다시 21분 동안 유지되다가 S&P를 따라 하락한다. 이 지체 시간은 유니언 퍼시픽을 매매하는 모두에게 혜택을 안겼을 것이다.

중기 등락을 보고 매매할 때는 더 큰 블록 크기가 아주 잘 통한다. 나는 주당 20달러 이상인 종목의 경우 30센트 단위 블록을 즐겨 활용한다.

[그림 11.16]은 S&P 연속 데이터로 계산한 4포인트 블록들을 보여준다. 이 차트는 아주 많은 일간 잡음을 걸러내서 계약당 20포인트 이상 포지션을 유지하는 일을 더 쉽게 해준다. 첫 대규모 상승 파동은 474만 계약의 거래량과 함께 거의 3거래일 동안 지속된다. 이 거래량의 4분의 1에 해당하는 거래량이 파동의 두 번째 블록(지점 1)에서 그리고 마지막 블록(지점 2)에서 다시 나온다. 한 블록은 원동기 역할을 하고, 다른 블록은 중단성 행동을 알린다. 이 절정 행

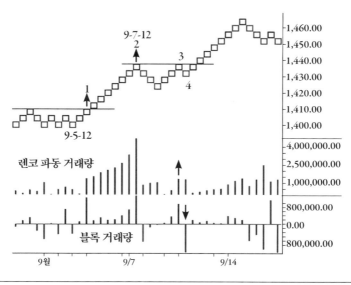

그림 11.16 S&P 연속 렌코 차트

동 이후 하락 블록이 형성되자마자 수익을 실현해야 한다. 이 두 블록 사이에 28포인트가 포획된다. 뒤이은 하락 구간의 파동 거래량은 상승 파동의 두 번째 블록보다 적다.

지점 3에서 대기 매물을 흡수하려는 시도가 이뤄진다. 다음 하락 파동(지점 4)에서는 하나의 블록만 찍히며, 많은 거래량이 실린다. 수평선 위에 블록이 형성되는 순간, 많은 거래량의 의미를 알 수 있다. 그것은 흡수가 완료되었으며, 매수자들이 통제력을 얻었다는 것이다. 이는 롱 포지션을 재구축하기에 이상적인 자리다. 뒤이어 다시 24포인트를 오르는 상승이 나온 다음 매도세가 나타난다.

앞서 내가 렌코 차트를 가지고 실험하던 초기에 블록이 수직으로 전개되는 방식을 썼다고 언급했다. 이 방식은 전통적인 대각선 진행 방식보다 차트에 더 많은 가격 데이터가 나오도록 해준다. 또한 밀집선을 활용하여 가격이 얼마나 멀리 나아갈지 예측할 수 있다.

[그림 11.17]은 손으로 직접 만든 2012년 3월물 S&P의 12월 16일자 차트다. 블록 크기는 1포인트다. 처음 만든 이 차트는 말 그대로 공책에 휘갈긴 것이다. 각 가격에 1,000계약 단위의 거래량이 표기되어 있다. 처음에는 블록당 분을 넣지 않았다. 해당 데이터는 나중에 추가되었다. 고점에서 내려가는 하락 구간에서 거래량이 각각 18만 2,000계약과 10만 2,000계약으로 늘어나는 2개의 블록에 주목하라. 여기서 매도자들이 분명하게 우위를 잡으면서 63분 동안 28만 6,000계약의 총거래량이 나온다. 당일 고점으로 오르는 상승 직전에 이뤄지는 저거래량 후퇴(9,000계약)에 주목하라. 이는 매도 압력의 완전한 부재를 반영하면서 탁월한 매수 기회를 제공한다.

1218.75포인트선에 걸친 포인트 앤드 피겨 밀집선은 9,000계약의 거래량을 수반하며, 고점보다 1포인트 낮은 1223.75포인트로의 상승을 예측한다. 천장의 가격을 확인하라. 여기서 블록 거래량은 7만 9,000계약으로 급증한다. 이는 차트에서 가장 많은 수치다. 이제 이런 차트가 유용하다는 사실을 알 수 있을 것이다. 지금도 개선이 이뤄지고 있다.

내가 와이코프 투자법에 대해 처음 들었을 때 그에 대한 이야기는 은밀하게 오갔다. 누구도 꼭꼭 감춰둔 매매 비법이 너무 많은 사람에게 알려지기를 원치 않았다. 심지어 지금도 내 친구 중 한 명은

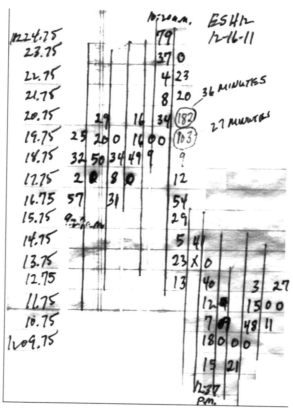

그림 11.17 2012년 3월물 S&P 차트(스캔 이미지)

내가 이 모든 정보를 공개하지 않기를 바란다. 그 이유는 단순하다. 시장에서 통하는 투자법을 굳이 공개할 필요가 없다는 것이다. 들어가는 글에서 말한 대로 나는 아무것도 숨기지 않는다. 분명 와이코프도 그랬을 것이다.

그가 밝힌 목표는 트레이더들이 '모 아니면 도'식으로 투자하는 것이 아니라, 시장이 자신에 대해 하는 이야기를 읽어내는 직관적 판단력을 개발하도록 돕는 것이었다. 그는 《테이프 분석법 연구》에서 이렇게 말했다.

"테이프 분석(차트 분석)을 통해 앞으로 일어날 일을 예측해야 돈을 벌 수 있다. 그저 변화가 일어날 때까지 기다렸다가 대중과 함께 움직여서는 돈을 벌 수 없다."[24]

나는 그가 이 책의 이면에 담긴 메시지에 동의할 것이라고 확신한다.

24.   Rollo Tape(가명), *Studies in Tape Reading*(Fraser, 1910), 18p.

와이코프 패턴

초판 1쇄 발행 2024년 4월 26일
　　　2쇄 발행 2024년 7월 26일

지은이 데이비드 와이스
옮긴이 김태훈

펴낸곳 (주)이레미디어
전화 031-908-8516(편집부), 031-919-8511(주문 및 관리) | **팩스** 0303-0515-8907
주소 경기도 파주시 문예로 21, 2층
홈페이지 www.iremedia.co.kr | **이메일** mango@mangou.co.kr
등록 제396-2004-35호

편집 정은아, 이병철 | **디자인** 이유진 | **마케팅** 김하경
재무총괄 이종미 | **경영지원** 김지선

ISBN 979-11-93394-26-7 (03320)

·가격은 뒤표지에 있습니다.
·잘못된 책은 구입하신 서점에서 교환해드립니다.
·이 책은 투자 참고용이며, 투자 손실에 대해서는 법적 책임을 지지 않습니다.

당신의 소중한 원고를 기다립니다.
mango@mangou.co.kr